O MASCULINO
E O FEMININO
NO EPIGRAMA GREGO

FUNDAÇÃO EDITORA DA UNESP

Presidente do Conselho Curador
Herman Jacobus Cornelis Voorwald

Diretor-Presidente
José Castilho Marques Neto

Editor-Executivo
Jézio Hernani Bomfim Gutierre

Conselho Editorial Acadêmico
Alberto Tsuyoshi Ikeda
Célia Aparecida Ferreira Tolentino
Eda Maria Góes
Elisabeth Criscuolo Urbinati
Ildeberto Muniz de Almeida
Luiz Gonzaga Marchezan
Nilson Ghirardello
Paulo César Corrêa Borges
Sérgio Vicente Motta
Vicente Pleitez

Editores-Assistentes
Anderson Nobara
Henrique Zanardi
Jorge Pereira Filho

LUIZ CARLOS MANGIA SILVA

O MASCULINO E O FEMININO NO EPIGRAMA GREGO
Estudo dos livros 5 e 12 da *Antologia palatina*

© 2011 Editora UNESP

Direitos de publicação reservados à:
Fundação Editora da UNESP (FEU)

Praça da Sé, 108
01001-900 – São Paulo – SP
Tel.: (0xx11) 3242-7171
Fax: (0xx11) 3242-7172
www.editoraunesp.com.br
www.livraria.unesp.com.br
feu@editora.unesp.br

CIP – BRASIL. Catalogação na fonte
Sindicato Nacional dos Editores de Livros, RJ

S581m

Silva, Luiz Carlos Mangia
O masculino e o feminino no epigrama grego: estudo dos livros 5 e 12 da *Antologia palatina* / Luiz Carlos Mangia Silva. São Paulo: Editora Unesp, 2011.
Inclui bibliografia
ISBN 978-85-393-0155-3

1. *Antologia palatina* – Crítica e interpretação. 2. Helenística. 3. Epigramas gregos. 4. Erotismo na literatura. 5. Papel sexual – Grécia. 6. Poesia grega – Traduções. 7. Literatura grega – História e crítica. I. Título.

11-4214 CDD: 881
CDU: 821.14'021

Este livro é publicado pelo projeto *Edição de Textos de Docentes e Pós-Graduados da UNESP* – Pró-Reitoria de Pós-Graduação da UNESP (PROPG) / Fundação Editora da UNESP (FEU)

Editora afiliada:

À minha irmã, Juliana da Silva, dedico este livro.
Sua crença nas minhas capacidades me serve de estímulo hoje e sempre.
Com saudades tanto maiores quanto maior o tempo,
para ela estas páginas e meu fraterno sentimento. Em memória...

À minha filha dedico também este livro
Chegando no melhor momento, seu sorriso,
feito do meu sorriso, me convida à poesia da vida mais que à dos livros.
Com esperança, para você, Maísa, este trabalho...

AGRADECIMENTOS

A meus pais, Cleusa e José, no começo e no fim agradeço. Seus afetos, seus carinhos e sua atenção foram as bases imprescindíveis sobre as quais pude desenvolver meu gosto por estudo e poesia. Juntos até aqui, mais longe seguiremos ainda...

A Fernanda, cúmplice na trajetória e no amor. Companheira das horas de trabalho e de lazer, dos poemas me esquecia em seus braços, para me lembrar do amor. Com paixão crescente, são para ela os melhores versos deste livro.

À professora Maria Celeste Consolin Dezotti, a quem devo tudo o que de melhor aprendi na Academia.

Agradeço à Fundação de Amparo à Pesquisa do Estado de São Paulo (Fapesp), pela concessão de bolsa de estudos e reserva técnica.

Agradeço, particularmente, à professora doutora Marília Pulquério Futre Pinheiro, catedrática da Universidade de Lisboa.

A meus amigos agradeço pela amizade desinteressada e pelas ocasiões de trocas de ideias, tão proveitosas para a vida e para o estudo.

Agradeço, em particular, ao meu tio Pedro, pelo tempo gasto nas conversas sobre literatura e afins, lá atrás, nos verdadeiros começos da minha vida letrada. Sem aquelas tardes e aquelas palavras, menos reluziriam as linhas da literatura.

Sumário

Introdução   11

1 O epigrama grego: das origens à Helenística   25
2 Masculino e feminino na Grécia antiga:
   um estudo de gênero   65
3 *Androginia*: os epigramas sem gênero
   na *Antologia Palatina* 5 e 12   113
4 Navegamar: as representações da água
   no epigrama erótico helenístico   155
5 A feminilização dos cortesãos   203

Conclusão : *gênero* e os epigramas eróticos helenísticos   251
Referências bibliográficas   257
Anexos   267

INTRODUÇÃO

O foco deste livro é a produção de epigramas eróticos helenísticos abrigada nos livros 5 e 12 da *Antologia palatina*. Por meio de uma análise literária dos epigramas, questionamos os pressupostos que sustentam a ideia de que tais poemas testemunham duas espécies de produção erótica, dirigidas ora a parceiras femininas (as cortesãs), ora a parceiros masculinos (os cortesãos). Com base nesse critério de classificação dos epigramas, segundo os parâmetros da *Antologia palatina*, nossa investigação intenta revelar as diferenças ou as afinidades entre as representações do cortejo erótico masculino e feminino.

Inicialmente, ao trabalharmos apenas com a produção helenística recolhida no livro 5 (o livro das cortesãs), pudemos conhecer o universo literário característico desses epigramas e desenvolver uma análise das representações das cortesãs nessa produção, assim como de suas principais metáforas. No entanto, apenas o livro 5 não saciou nossa curiosidade acerca da produção erótica helenística, já que, igualmente importante, e por nós ainda ignorada, a produção erótica do livro 12 (dos cortesãos) impedia-nos de tentar generalizações sobre a representação do desejo nos epigramas helenísticos. Muitas vezes, os mesmos nomes de poetas abrigados no livro 5 repetiam-se no livro 12, de maneira que, para atingir nosso objetivo, seria necessário desenvolver uma pesquisa também sobre os epigramas pederásticos (livro 12).

Com base nisso, decidimos cotejar as duas produções. Considerando a separação por sexo/gênero do amante cortejado, cogitamos a possibilidade de encontrar, de fato, materiais heterogêneos, já que a *Palatina* procedeu à separação dos poemas.

Grande foi nossa surpresa quando, ao realizarmos as traduções de todos os poemas helenísticos alocados na AP 12, a que se somaram os já traduzidos da AP 5, vimos que ambas as produções de epigramas eróticos fazem uso das mesmas metáforas, das mesmas imagens poéticas, ou seja, da mesma *tópica* literária. Pudemos ver, já com o trabalho de tradução dos 117 epigramas do livro 12 (pederástico), somados aos 140 do livro 5, que toda essa produção constitui uma só produção, ou seja, por sua semelhança de linguagem, pela homogeneidade de sua poética, os livros 5 e 12 não constituem, necessariamente, duas produções.

A seguir, foi necessário traçar o histórico da separação dos poemas, com o fim de entendê-lo. Os resultados a que chegamos – como, aliás, era de se esperar – revelaram-nos que o critério da *Antologia palatina* é tardio e deriva de uma compreensão da esfera erótica centrada em uma visão cristã (portanto, externa à natureza "pagã" dos epigramas), que não admite a poesia homossexual como "saudável" – daí que o livro 12 tenha tido uma história mais acidentada (e mesmo condenada) do que a produção heterossexual. Uma vez percebido que o critério da *Antologia* é avesso à compreensão dos gregos sobre sua própria produção de epigramas eróticos, partimos para a análise dos critérios antigos, ligados à circulação e classificação desses poemas nas antologias que originalmente os abrigaram.

A Antiguidade não separou os epigramas segundo o teor pederástico ou heterossexual dos versos. Ao contrário, nas antologias antigas em que estiveram reunidas (principalmente na de Meléagro de Gádara, de onde provém a grande maioria do nosso *corpus*), ambas as produções (do livro 5 e 12) circularam juntas, aliás, intercaladas não segundo a presença de interlocutores masculinos ou femininos, mas segundo a tópica cultivada. Assim, constituindo

O MASCULINO E O FEMININO NO EPIGRAMA GREGO **13**

um todo em que os mesmos lugares-comuns eram visitados pelos poetas, os epigramas eróticos talvez estivessem ainda recolhidos em um único papiro (dos quatro, que virtualmente constituíram a antologia de Meléagro). Nesse sentido, tem bastante peso a afirmação de Foucault (1984, p.168), a saber: os gregos jamais conceberam dois tipos de desejo sexual, ou dois tipos de práticas eróticas, que poderíamos chamar hetero e homossexual. Afirmar que foram bissexuais (o que seria acertado, ao considerar, por exemplo, os epigramas eróticos helenísticos) é ignorar que eles possuíam apenas uma sexualidade (e não duas), cuja atenção dirigia-se mais aos papéis desempenhados no ato sexual (ativo ou passivo, segundo uma concepção fálica da relação) do que ao alvo do desejo, aos objetos cortejados. Afinal, ainda segundo Foucault (1984, p.171), entre os gregos, o desejo se dirigia a tudo o que era desejável, ou seja, a homens e mulheres.

Proposição

Nossa tese geral, portanto, é que a separação dos epigramas eróticos helenísticos em dois livros pela *Antologia palatina* se, de um lado, atende a uma expectativa cristã relativa à expressão sexual, de outro, escamoteia um importante traço da cultura grega: o da experiência unívoca da sexualidade. Assim, a manutenção de tal classificação, segundo o teor hetero ou homossexual dos epigramas, acaba por afastar o leitor moderno de uma melhor compreensão da esfera erótica entre os antigos, além de realizar a manutenção de uma visão preconceituosa a respeito de parte dessa produção, a saber, a do livro 12. Como pesquisadores, nós mesmos fomos levados, inicialmente, a conceber a existência de duas práticas galantes, quando, na verdade, a partir do cotejo de ambas as produções, pudemos ver a incoerência do critério.

Este livro subdivide-se a fim de demonstrar a homogeneidade da representação erótica dos epigramas helenísticos. No Capítulo 1, realizamos a análise, tanto quanto possível, dos critérios utilizados pelos gregos para apresentar tais poemas aos leitores. Assim, antecipando um pouco os resultados do capítulo, podemos afirmar que as produções foram antes reunidas do que separadas nos papiros que abrigaram as antologias antigas.

No Capítulo 2, com o propósito de preparar os argumentos para as análises literárias, realizamos um estudo da categoria sexo/gênero na Antiguidade. Definindo, pois, os lugares do masculino e do feminino e, principalmente, os mais importantes símbolos culturais a eles relacionados, estudamos aí as tradicionais representações de homens e mulheres no mundo antigo. Relevante é a distinção, proposta pelos estudiosos, entre sexo e gênero: se *sexo* refere-se às determinações biológicas dos indivíduos no geral, *gênero* relaciona-se à expressão cultural dessas diferenças. Assim, as categorias "masculino" e "feminino", concebidas como construções culturais (o que justifica as diferentes representações de homens e mulheres no seio das várias culturas), são categorias relacionadas a um dado contexto sócio-histórico, de que a arte, em particular a poesia, é uma das formas de representação. Por entender que tais categorias são relevantes para o nosso estudo analítico, desenvolvemos, pois, no Capítulo 2, um estudo das representações do masculino e do feminino na Grécia antiga, e, de posse das visões tradicionais sobre o tema, partimos para as análises literárias.

O Capítulo 3 abriga as primeiras análises dos epigramas. Durante o trabalho de tradução e triagem do *corpus* (que totalizou cerca de 250 epigramas helenísticos), pudemos apurar que uma boa parte dessa produção não faz nenhuma referência ao sexo/gênero do parceiro-objeto representado no cortejo poético. Trata-se de um conjunto de poemas em que, se temos, de um lado, a determinação (normalmente masculina) do eu-lírico, não temos, de outro, a caracterização do seu objeto de desejo. Assim, se o critério da *Palatina* foi o da determinação do sexo/gênero do parceiro cortejado, tais casos (mais de 30) mostram a impossibilidade de fazer uso desse critério. Nesses poemas, muitas vezes o eu-lírico aparece sozinho, a lamentar os ardores de uma paixão (por quem?) ou, ainda, a dirigir-se aos patronos do desejo, Eros e Afrodite. O Capítulo 3, portanto, trata dos epigramas eróticos sem marcas de sexo/gênero ou, como os chamaremos, poemas "andróginos".

No Capítulo 4, realizamos a análise dos epigramas cujas marcas de masculino ou feminino dos interlocutores são evidentes, de maneira que é possível caracterizar tais atrações em termos de uma relação masculina (entre dois parceiros masculinos) ou feminina (entre um parceiro masculino e outro feminino). Partindo dessa evidência textual que poderia caracterizar dois tipos de representações do desejo (sempre segundo o critério da AP), nossa análise tende a revelar outro resultado: mesmo quando os objetos de desejo são de sexo diferente (cortesãos ou cortesãs), sua representação faz-se com as mesmas metáforas, com as mesmas imagens, com a mesma tópica literária, o que faz com que os poemas sejam idênticos, portanto, em sua poética. Podemos perceber, ademais, nesse conjunto de poemas (mais de 50 ocorrências), que o elemento *água* é a base das metáforas, especialmente em suas materializações ligadas às atividades náuticas. E uma vez que esse elemento relaciona-se particularmente com o feminino, a homogeneidade evidente entre as produções do livro 5 e 12 nesse aspecto sugere certo traço particular da produção helenística, mais bem abordado no capítulo seguinte.

A homogeneidade expressa pelos epigramas eróticos helenísticos, sentida na ausência de determinação do sexo/gênero dos parceiros representados (Capítulo 3) ou na homogeneidade das representações poéticas decorrentes do uso de um conjunto semelhante de tópicas náuticas ou marinhas (Capítulo 4), faz-se sentir ainda por um processo de feminilização dos cortesãos.

No Capítulo 5, a par da tradição que predica às mulheres gregas adjetivos que expressam a delicadeza, a maciez e a alvura da pele, a lassidão, podemos ver, indistintamente, a atribuição dessas qualidades não só a cortesãs – como seria o esperado –, mas também a cortesãos. A tradição pederástica, pelo menos segundo os parâmetros da época clássica ateniense, jamais atribuiu aos jovens rapazes adjetivos relativos à delicadeza; ao contrário, os adjetivos masculinos, os quais os pederastas gostariam de encontrar em seus objetos de desejo, relacionavam-se, se não a uma virilidade afirmada, ao

16   LUIZ CARLOS MANGIA SILVA

menos à sua latência, já que homens afeminados não representavam a preferência no contexto da sociedade masculinizada como o era a ateniense do século V a.C. Tais gostos, ao que parece e como sugere de passagem o estudo de Dover (1994, p.107), mudaram em fins do período clássico. Assim, ao considerarmos os epigramas eróticos, devemos afirmar que a atenção dos poetas dirige-se especialmente a jovens cortesãos afeminados. Mais uma vez, comprova-se a tese da homogeneidade da produção de epigramas eróticos helenísticos: o cultivo das mesmas tópicas feminilizadoras (evocação de deusas femininas, de flores, de metáforas ligadas a uma "porta fechada" ou ainda à delicadeza e lassidão dos objetos de desejo) reafirma que os livros 5 e 12 são produções homogêneas, agora por causa do cultivo de idênticas metáforas feminis.

Defendemos, portanto, a revisão e a consequente refutação dos critérios (tardios) da *Palatina*, relativos à separação dos epigramas eróticos helenísticos segundo a categoria sexo/gênero dos parceiros cortejados. Sua pertinência não se atesta, e sua manutenção escamoteia um traço de cultura significativo não só para os gregos no geral (acerca da preferência alternativa ou alternada por parceiros masculinos e femininos), mas também para os helenísticos em particular: a tendência à representação dos parceiros cortejados com os mesmos símbolos culturais feminilizadores expressa, no âmbito do epigrama erótico, uma importante mudança na esfera da pederastia, ao revelar a preferência por rapazes afeminados.

A época helenística

Neste livro, Helenística refere-se às produções literárias intervaladas pela morte de Alexandre Magno, em 323 a.C., de um lado, e a publicação, em meio romano (mas em língua grega), da antologia de Filipe de Tessalônica, de outro, na metade do século I d.C. Tradicionalmente, por razões históricas e simbólicas (cf. Thomas, 1991, p.303-8), o ano de 30 a.C. é considerado o marco final da época, um ano após a batalha do Ácio, quando o último Estado helenístico foi anexado a Roma (outros estudiosos adotam ainda a tomada da Grécia, em 146 a.C., como o marco do período). Em nosso caso, considerar a publicação da antologia de Filipe, seguidor declarado de Meléagro, tem o conveniente de estabelecer uma continuidade entre as produções eróticas, pois a primeira antologia (de Meléagro) abriga os poetas desde começos da era helenística até começos do século I a.C.; a segunda antologia, por sua vez, abriga os poetas desde Meléagro até a época de Filipe (basta dizer que Filodemo, importante poeta helenístico, não figurou na primeira, mas na segunda antologia; são dele alguns poemas analisados aqui).

As traduções e a estrutura dos poemas

Nossas traduções são traduções de estudo. Com isso queremos afirmar que as versões portuguesas dos textos são mais ou menos literais, preocupadas em verter os sentidos capitais dos termos ou os mais adequados aos contextos. As informações sobre trocadilhos, jogos de palavras (sonoros ou semânticos) ou variantes de significados dos vocábulos gregos, quando a naturalidade das versões não os apresenta, nós os informamos no corpo das análises, desde que tais recursos refiram-se ao foco de nossa preocupação. O texto uniformiza-se com a primeira e a segunda pessoas do discurso ("tu" e "vós", e não "você" e "vocês"), a caracterizar o eu-lírico e seus interlocutores. Para os textos gregos, adotamos as edições críticas de Paton (1999); salvo indicação contrária, os textos originais citados ao longo do trabalho procedem dessa edição. As traduções são ainda apresentadas em igual número de linhas aos originais, embora sejam prosaicas. Advertimos, no entanto, que os comentários analíticos tomam por base sempre a ordem e posição dos vocábulos nos versos gregos originais, já que as nossas traduções nem sempre conseguem apresentá-los na mesma ordem e posição.

Dos 250 epigramas que constituem a base de nossas análises, mais de 60 serão citados integralmente: trata-se dos casos em que os poemas são acompanhados pelo texto grego original. Para fins

18 LUIZ CARLOS MANGIA SILVA

de padronização, apenas ao lado das traduções os epigramas são citados em grego; no resto das ocorrências (por exemplo, nas análises), optamos por apresentá-los transliterados, ou seja, em caracteres romanizados.[1] Dessa forma, cremos tornar mais acessível ao leitor não familiarizado com os caracteres gregos a leitura dos comentários.

A estrutura discursiva dos epigramas filia-se a uma tradição:

> Em toda a lírica grega erótica, subjaz um ineludível triângulo mais ou menos oculto: o amante, o amado e, em um terceiro vértice, ou Eros ou Afrodite como interlocutores, como tirânicos responsáveis ou como destinatários de queixas e reprovas, de súplicas e preces. De acordo com essa rede de relações, os poemas se estruturam seja sob a forma de discurso do amante à divindade, seja como uma reflexão ante terceiros acerca do poder incontestável do deus ou da deusa. O amado permanece amiúde na penumbra, quase como um obstáculo. O amante costuma falar de seu próprio transtorno em terceira pessoa: é Eros quem atua. Em nenhuma época, os poetas gregos nos aborrecem falando a partir de um eu que focaliza o discurso. (Luque, 2000, p.14).

Por causa de sua estrutura triangular – em que amante, amado e deuses interagem –, estrutura dialógica, portanto, em alguns momentos bastante dramática, podemos ver nitidamente representados, no discurso próprio dos epigramas, o eu-lírico, ou o amante, o objeto de desejo, ou o amado, e ainda os deuses Eros e Afrodite. Notemos que os termos *amante* e *amado*, bem utilizados por Luque (2000), enfatizam a atividade e a passividade ante o desejo erótico, destacando a concepção de papéis sexuais bem conforme a mentalidade grega. Na maioria das vezes, é mesmo o amante quem toma a voz e se manifesta no poema. O foco privilegiado de nossas análises será, pois, a caracterização do interlocutor do discurso, ou do

---

1 Para a transliteração dos caracteres gregos, seguimos Almeida Prado (2006, p.298-99). Ver também Anexos.

O MASCULINO E O FEMININO NO EPIGRAMA GREGO **19**

amado (AP 12) e da amada (AP 5), a fim de verificar a pertinência/ impertinência da classificação da *Palatina*.

O erótico em nosso *corpus*

Faz-se necessário definir o que entendemos por erótico. Erótico é o universo regido pela deusa Afrodite e seu filho Eros. Trata-se da esfera da vida que chamaríamos sexualidade, embora esse termo, moderno, não se aplique com justeza ao mundo grego; todavia, muitas obras – entre elas, a nossa – fazem uso dele, como uma forma de tentar minimizar a distância cronológica e cultural que se nos impõe. Não tentaremos uma definição mais ampla dessa esfera da vida, senão na medida em que se fizer necessário para os fins deste trabalho.

Outras imprecisões terminológicas são necessárias: usaremos, por vezes, os termos heterossexualidade ou homossexualidade – palavras cunhadas no século XIX, ligadas à área médica – para referir, respectivamente, as atrações entre homens ou entre um homem e uma mulher. Os gregos (como se saberá no Capítulo 2) cultivaram, com relativa tolerância, as paixões entre homens; essa tolerância, no entanto, refere-se a um tipo bem específico de paixão: trata-se da atração de um homem adulto por um jovem adolescente (ou efebo) ou, mais propriamente, entre um erasta (*erastés*) e um *paidiká* (ou *erômenos*). Específicos, esses termos supõem a atividade de um e a passividade de outro. Note-se que as idades desiguais são bastante importantes, no caso da conhecida relação pederástica grega (a que faz alusão a expressão canonizada "amor grego"), pois elas supõem a alternância dos papéis: uma vez entrado na idade adulta, o jovem rapaz não deve mais se identificar com o papel passivo. Assim, se modernamente o termo homossexual não distingue as idades dos envolvidos (podendo ser parceiros de idades iguais), nem o papel assumido no ato sexual, o termo pederastia é bem preciso: trata-se da relação adulto-jovem, que é, ademais, uma relação política e pedagógica, ao mesmo tempo que erótica. A maior parte

20 LUIZ CARLOS MANGIA SILVA

dos estudos sobre o universo erótico antigo esbarra nesses problemas terminológicos, e nós não seremos uma exceção.[2]

Em nosso caso, podemos afirmar que os parceiros representados nos epigramas eróticos são amados venais, conquistados a dinheiro. Por isso, e com mais frequência que a outros, aludiremos aos parceiros com os termos "cortesã" e "cortesão", que traduzem, respectivamente, *hetaíra* e *paîs* (sinônimo de *paidiká*, já referido), termos comuns em nosso *corpus*.

A riqueza dos epigramas eróticos

A muitos outros tipos de análise se prestaria nosso *corpus* selecionado: uma análise interessante, com resultado semelhante (mas com sentido inverso) ao obtido na análise das representações da água (Capítulo 4), seria a referente ao estudo do fogo nos epigramas eróticos helenísticos. A alusão a uma tópica ígnea constitui a base de numerosos poemas, o que nos leva a crer que os ardores da paixão não só modernamente (de Camões a Pablo Neruda e Vinícius de Moraes, nas letras neolatinas), mas também na Antiguidade, constituíam uma imagem privilegiada dos efeitos do desejo (já na lírica de Safo, o fogo constitui uma metáfora erótica, como testemunha seu famoso poema, imitado por Catulo). Com base no que é abordado neste livro, poderíamos afirmar que o fogo, como elemento relacionado ao sexo, caracteriza, na cultura grega, o masculino (como se verá no Capítulo 2), mas também o feminino – a associação entre Pandora e o fogo pode ser vista em Dezotti (1997, p.5-8). Signo do afã sexual, da dis

---

2 Para os termos pederastia, homossexualidade e seus conteúdos, cf. Buffière (1985, p.9-28), além dos autores citados no Capítulo 2. A homossexualidade feminina está praticamente ausente de nosso *corpus* de epigramas eróticos helenísticos; apenas um ou outro poema ou nome de poeta poderia ser mencionado como testemunho da atração erótica entre mulheres, mas não sem ambiguidade. Trata-se, por exemplo, do epigrama 207 (AP 5) de Asclepíades e dos textos da poetisa Nóssis, que se considera discípula de Safo (o poema 207 não aparece neste livro; o epigrama 170 de Nóssis compõe nossas análises).

posição para o amor ou, ainda, do insucesso erótico (na imagem das cinzas), o fogo presta-se, pois, à confecção de toda sorte de poemas e reitera os resultados obtidos em nossos capítulos analíticos: ele representa indistintamente as atrações seja por cortesãs, seja por cortesãos.

Outras análises também seriam pertinentes acerca de nosso *corpus* helenístico, como um estudo sistemático das referências míticas evocadas nos epigramas, a que se poderia associar ainda um estudo de suas representações rituais. Sabemos hoje que a esfera sexual não se dissociava da vida antiga como um todo e que, regida por deuses, cultuados em diferentes rituais, a sexualidade antiga possuía um valor religioso, apotropaico. Vários estudiosos (entre eles, Johns, 1982; Funari et al., 2003; Oliva Neto, 2006) destacam o aspecto mágico das representações sexuais antigas – a figa, por exemplo, considerada ainda hoje um símbolo de proteção contra mau-olhado, tem sua origem ligada ao sexo, pois a representação dos dedos indicador e médio, "penetrados" pelo polegar, mimetiza a junção dos sexos no coito. Ora, longe de escandalizar por obscenidade, tais representações eróticas referiam-se a um setor sagrado da vida antiga. Esse tipo de abordagem, no entanto, não a pretendemos. Destaquemos ainda que a fronteira entre o erótico e o pornográfico é bem tênue na arte antiga (talvez nem exista), embora os epigramas helenísticos tendam a ser bem mais comedidos e velados ao representarem as relações de amantes do que o leitor moderno esperaria.

Outro enfoque possível seria o estudo das relações modelo-imitação, centrado, portanto, na "variação" poética, como o levado a cabo por Tarán (1997). Analisar as sutis mudanças lexicais, estilísticas, tópicas, seria uma opção de trabalho, cuja novidade, se não está assegurada, pelo menos delimitaria melhor um tipo de poética bastante particular da Grécia (e Roma) antiga ainda pouco estudada.[3]

---

3 Importantes referências para o estudo da poesia antiga do ponto de vista da tópica são as obras de Cairns (1972) e Achcar (1994), além de Tarán (1997); ver esses autores para o aprofundamento do tema. O termo *tópica* (e *tópos, tópoi*), conceito que se aplica ao conjunto das metáforas (símiles, comparações, entre outros) expressas pelo epigrama erótico helenístico, será abordado no Capítulo 4.

Não estudaremos, ainda, a totalidade das produções do livro 5 e 12, mas apenas os epigramas *helenísticos*, o que quer dizer que não trabalharemos com Estratão, poeta do século II d.C., cujos poemas constituem um terço do livro 12. Mais tardio que os nossos poetas, ele tem sido quase sempre referido nos estudos do livro pederástico. Sua obra, no entanto, teria o inconveniente de ofuscar os poemas helenísticos e impedir-nos-ia de fazer as generalizações desejadas para a época. Quanto ao livro 5 (do qual recolhemos quase metade dos 310 epigramas), não recorremos, igualmente, ao estudo senão de poetas relativos ao período helenístico – portanto, Agatias, Rufino e Paulo Silenciário, poetas tardios e que somam juntos mais de uma centena de poemas, estão excluídos de nossas análises.

Não trabalharemos, ainda, com os nomes de poetas em particular. Trataremos seus poemas sempre como peças de uma antologia, cujos nomes individuais sucumbem diante da variedade da produção. Isso não impedirá o leitor de relacionar os epigramas a seus autores, uma vez que, em todos os casos citados integralmente aqui, o nome do poeta-autor aparece referido.

Nossa análise é sincrônica, mais do que diacrônica. Como nosso *corpus* de epigramas seja demasiado extenso – duas centenas e meia de poemas –, um trabalho relativo às origens da tópica evocada nos poemas poderia ser bastante dificultoso. (Sobre as origens do epigrama, no entanto, falaremos em detalhe no Capítulo 1.) Preferimos, por isso, trabalhar com um recorte sincrônico e, quando necessário, recorrer aos estudos especializados para conhecer a tradição literária grega. Fiamo-nos, para isso, nos melhores e mais atuais estudos sobre o tema, de maneira que não são, de modo algum, temerárias as afirmações que fazemos acerca do assunto.

Dentro do vasto espectro de textos epigramáticos helenísticos, o conhecimento seguro das diferentes ocorrências poéticas, resultado do trabalho de tradução e triagem do *corpus*, conduz nossas afirmações, principalmente as relacionadas às preferências poéticas dessa produção, bem como acerca das interpretações literárias. Nesse aspecto, fiamo-nos ainda, para os passos mais difíceis dos textos gregos, nas versões (inglesa, italiana, francesa) apresentadas nas diferentes edições críticas de que nos valemos.

O leitor encontrará, por fim, em nossa bibliografia, os mais diversos estudos dos temas relacionados ao epigrama erótico helenístico. Cremos que tais obras saciarão as eventuais curiosidades que este livro possa suscitar.

1
O EPIGRAMA GREGO: DAS ORIGENS À HELENÍSTICA

O epigrama, tal como será conhecido durante a época helenística, pode ser definido como uma breve composição literária, cuja extensão raramente excede uma dezena de versos, escritos em dísticos elegíacos (verso próprio da elegia), em que o tema erótico teve especial destaque. Em suas origens, não é um gênero poético. Essa breve composição, cultivada pela maioria dos poetas helenísticos e frequentemente chamada a "mais popular da época", como veremos adiante, relaciona-se, quando de seu surgimento, mais com a epigrafia do que com a literatura. Segundo sua etimologia, a palavra *epígramma* designa tão somente uma "inscrição" – ou, mais literalmente, "aquilo que está escrito sobre (certa superfície)".[1]

Assim, *epigrámmata* eram inscrições destinadas a ser gravadas sobre superfícies de pedra e metal. No primeiro caso, devem-se incluir as inscrições feitas em lápides, em monumentos, em objetos votivos dedicados aos deuses. As superfícies de metal eram, normalmente, a dos troféus ou a das estátuas de bronze. A função dessas inscrições era bastante prática: nas lápides, informavam o nome do morto e sua pátria; nos monumentos, quem o fez ou encomendou; nos objetos votivos, o nome de quem o doou e a que

---

1 De *epi* ("sobre") e *grámma* ("letra, caractere").

deus. Inscrições de caráter informativo, elas não tinham, ainda, características literárias; em alguns casos, não eram sequer escritas em versos.

Um epigrama era, pois, primitivamente, uma inscrição gravada sobre um monumento: epitáfio, dedicatória de um ex-voto, legenda explicativa acompanhando uma obra de arte. Na origem, essas legendas só traziam o nome do morto e de sua pátria, o do doador e do deus ao qual a oferenda era feita, do autor do quadro ou da estátua; elas não eram, bem entendido, ritmadas; mas, desde que contivessem algo mais que breves indicações, elas foram redigidas em versos. (Waltz, 1928, p.iv-v)[2]

Embora não fossem redigidos sempre em versos, a prática de escrever epigramas metrificados generaliza-se bastante cedo na Grécia (Waltz, 1928, p.v)[3], e o verso característico dessas inscrições incipientes coincide com o da épica (o hexâmetro datílico), mais tarde suplantado pelo verso elegíaco. Públicas ou privadas, obedientes às necessidades de uma ocasião sempre real (Cambiano et al., 1993, p.197-8), essas foram as funções dos epigramas mais antigos.

As inscrições mais antigas de que temos notícia são aquelas feitas em um *oinokhóe* e um *potérion*. A primeira delas, citada amiúde como a mais antiga (Cambiano et al., 1993, p.198; Vioque & Guerrero, 2001, p.8; Lesky, 1985, p.199; entre outros), é uma "ânfora de vinho" conhecida também como o "vaso de Dípilon". Proveniente de Atenas, na Ática, é datada da segunda metade do século VIII a.C., mais precisamente entre os anos de 740 e 725a.C. Composta por dois versos hexamétricos (do segundo conserva-se só a primeira metade),

---

2 Cf. também Hornblower & Spawforth (1996, p.535): "Um epigrama era, originalmente, nada mais do que uma inscrição sobre um objeto ou monumento para dizer o que é ou quem o fez, quem dedicou a que deus, ou quem está enterrado sob."

3 Waltz (1928, p.v, nota 2) informa-nos que, embora epigramas metrificados se generalizem pela Grécia, "inscrições não métricas [...] não foram abandonadas por isso".

seu texto informa a finalidade do objeto: a ânfora pertencerá ao melhor dançarino – o que faz dela o prêmio de um concurso de dança.

A segunda inscrição está gravada também sobre um objeto ligado à prática do vinho: trata-se da "taça de Ísquia" ou, como é mais conhecida, a "taça de Nestor" (Cambiano et al., 1993, p.198-9). Sua datação situa-a entre os anos de 735 e 720, também no século VIII a.C. Composto de três versos (dos quais dois são hexamétricos e o terceiro, um trímetro iâmbico[4]), o texto do *potérion* dirige-se ao leitor, afirmando que, quem beber ali, será tomado pelo desejo que Afrodite "de bela coroa" é capaz de inspirar.

Além de serem os mais antigos exemplos do gênero,[5] esses dois *epigrámmata* são também os mais antigos documentos em escrita alfabética encontrados na Grécia (Cambiano et al., 1993, p.197; Lesky, 1985, p.199). Escritos em hexâmetros, denunciam a influência da poesia épica não só pelo metro dos versos, mas ainda pelo tom homerizante, evidente pelo uso de epítetos tradicionais (Adrados, 1988, p.163).[6]

Notemos que, nos dois exemplos citados, objetos relacionados à prática do vinho oferecem a superfície e a ocasião para a redação de um epigrama. No primeiro caso, o do *oinokhóe*, vinho, concurso e dança constituem o contexto que demanda o epigrama. No segundo caso, o da "taça de Nestor", epigrama e vinho misturam-se ainda com o tema erótico, presente na alusão à deusa Afrodite, "antecipando assim [...] o tema anacreôntico (vinho e amor) que triunfará mais tarde no epigrama simposíaco" (Cambiano et al., 1993, p.199); o tema erótico será bastante cultivado na helenística, como veremos.

---

4 Sobre a mistura de hexâmetros com trímetro iâmbico nos epigramas antigos, cf. Cambiano et al. (1993, p.198-9, nota 4) e Waltz (1928, p.v).

5 Hornblower & Spawforth (1996, p.535) citam também, junto com o "vaso de Dípilon", o *skýphos* de Pitecusa, datável também da segunda metade do século VIII a.C.

6 Cf. Vioque (2004, p.9-10): "os primeiros epigramas [...] são quase contemporâneos dos poemas homéricos e [...] compartilhavam com eles o metro – o hexâmetro – e inclusive a língua, pois foram escritos utilizando os torneios, epítetos e fórmulas próprias da língua da poesia épica, tal como a formulou Homero." Cf. também Hornblower & Spawforth (1996, p.535).

28 LUIZ CARLOS MANGIA SILVA

Durante as Guerras Médicas (499-479 a.C.) (Vioque & Guerrero, 2001, p.8-9; Vioque, 2004, p.34; Cambiano et al., 1993, p.200-1; entre outros), a produção de epigramas foi demasiado abundante, decorrente da demanda de epitáfios, coletivos e individuais, para os mortos caídos em batalha contra os persas, assim como de dedicatórias em troféus para os mais destacados combatentes, e ainda de epigramas comemorativos dos triunfos militares. O epigrama passa, assim, de discreta inscrição epigráfica a "verdadeiro gênero literário" (Waltz, 1928, p.v) e, por influência da tragédia e da retórica, a que se pode atribuir o influxo de certo *páthos* sobre o gênero (Cambiano et al., 1993, p.201), essas composições tornam-se "ternas e belas expressões de dor" (Körte & Händel, 1973, p.251).

Talvez por influência da elegia (Vioque, 2004, p.34-5) que, conforme "sua controvertida etimologia", relaciona-se ao contexto funeral, talvez por "sua capacidade de servir de veículo para todo tipo de temas", a partir do século VI a.C. o metro elegíaco torna-se o mais comum da poesia epigramática, fato destacado pela maioria dos estudiosos.[7] Composto em pares de versos – os chamados dísticos elegíacos – que combinam um verso hexamétrico com um pentamétrico (ambos com pé datílico), esse metro generaliza-se como próprio do epigrama na época helenística, sem chegar, no entanto, a suplantar completamente outros esquemas métricos, cujo cultivo jamais foi deixado de lado.[8]

---

7 Cambiano et al. (1993, p.199) afirmam que a combinação de um hexâmetro e um pentâmetro é "a mais comum no âmbito epigramático"; de acordo com Hornblower & Spawforth (1996, p.535), esse é "o metro clássico do epigrama"; Vioque & Guerrero (2001, p.8) observam que, acerca do epigrama, o dístico elegíaco será "a forma métrica que se converterá na mais habitual neste gênero"; cf. ainda Fernándéz-Galiano (1978, p.8-9), Vioque (2004, p.34-5), entre outros.

8 Vioque (2004, p.34-5) destaca que um dos motivos dos usos de outras métricas no epigrama deve-se "ou à necessidade de mencionar nomes não adaptáveis à métrica datílica ou, o que é mais frequente, ao virtuosismo" do poeta, e lembra que o livro 13 da *Antologia palatina* recolhe exclusivamente epigramas em esquemas métricos inusitados, ou seja, não conformados à métrica elegíaca.

O MASCULINO E O FEMININO NO EPIGRAMA GREGO **29**

Eis o esquema métrico do dístico elegíaco (Oliva Neto, 2006, p.368):

$$— \cup \cup — \cup \cup — // \cup \cup — \cup \cup — \cup \cup — \cup$$
$$— \cup \cup — \cup \cup — // — \cup \cup — \cup \cup \cup$$

Alternando uma vogal longa (—) e duas breves ($\cup \cup$), formando o pé datílico, a novidade está na quebra ou na pausa rítmica no segundo verso, no segundo hemistíquio do pentâmetro.

Um dos exemplos mais antigos de inscrição epigramática conformada ao metro elegíaco, se nos fiarmos em Cambiano et al. (1993, p.199-200), data de começos do século VI a.C. Transmitida por via literária, trata-se de uma inscrição da estátua de Zeus em Olímpia, que constitui uma espécie de "monumento falante". Metro especialmente cultivado pelo epigrama a partir dessa data, durante a época helenística, o dístico elegíaco será, sem rival, o metro por excelência do epigrama.

Desde suas origens até o século VI a.C., os epigramas foram frequentemente obra de poetas anônimos. As razões para o anonimato talvez possam encontrar justificativa em sua função prática de inscrição, o que não requeria do poeta-autor que declarasse sua identidade. Contribui, ainda, para que os primeiros epigramas sejam anônimos, além de sua brevidade, o seu estilo sóbrio e austero e o seu tom impessoal (ibidem, p.200).[9]

No entanto, a partir do êxito das composições de Simônides, o epigrama adquire especial relevo literário e, como consequência, difunde-se a tendência de atribuir-se a nomes conhecidos a autoria dessas pequenas obras. Ao próprio Simônides, por exemplo, são atribuídas pelo menos oitenta e nove composições, a maioria delas erroneamente.[10] E não só Simônides tem seu nome impropriamente relacionado a inscrições anônimas, muitos autores conheci-

---

9 Cf. também Gutzwiller (1998, p.10-1): "No epigrama inscrito, o poeta permanece anônimo, sua *persona* esfacelada pela objetividade do estilo".

10 Vioque & Guerrero (2001, p.9) colocam em dúvida tais atribuições, julgando como verdadeiramente simonídea, assim como Hornblower & Spawforth (1996, p.535), apenas o epitáfio do adivinho Megistias.

30 LUIZ CARLOS MANGIA SILVA

dos tornam-se repentinamente "famosos" epigramistas. É o caso de Arquíloco, Safo, Anacreonte, Píndaro, Baquílides, para citar só poetas, embora o próprio Platão tenha se tornado um "importante" autor de epigramas, incluído, ademais, por suas peças eróticas, na antologia do poeta helenístico Meléagro. No entanto, acerca dos textos a ele atribuídos, pode-se afirmar que são "simplesmente alexandrinos [ou helenísticos] no tom, no conteúdo e no estilo" (Page apud Hornblower & Spawforth, 1996, p.535). Assim, desde seus primórdios até a época clássica, a maioria das atribuições de epigramas deve ser vista com reservas.

O primeiro poeta a que se pode atribuir a autoria de um epigrama, "sem lugar para dúvidas" (Vioque & Guerrero, 2001, p.9), data da segunda metade do século IV a.C. Seu nome: Íon de Samos, autor de uma inscrição encomendada por Lisandro, comemorativa da captura de Atenas.

Durante a época helenística, o epigrama sofre as suas últimas transformações: segundo Gutzwiller (1998, p.11), ante a objetividade tradicional da linguagem epigramática, "no começo da época helenística a *persona* do epigramista emerge completamente". E, por causa do seu lirismo, o gênero converte-se na "moeda corrente" da poesia (Couat, 1968, p.170). Outra mudança importante refere--se à sua relação com seu "contexto": sendo antes inscrição feita em pedra ou metal, o epigrama agora passa a ser escrito em papel e a circular, preferencialmente, em antologias (Krevans, 2007, p.131):[11]

[...] o epigrama passou definitivamente da pedra ao papel e converteu-se em um gênero literário a mais [...] delimitando-se de forma nítida os traços genéricos que já despontavam desde os primeiros epigramas: a brevidade, o caráter sintético e a variedade métrica, com predomínio do dístico elegíaco, e temática. (Vioque, 2004, p.11)

Um aspecto relevante acerca da história do epigrama, assim como da poesia como um todo, na época helenística, refere-se à

---

11 Sobre as principais antologias helenísticas, falaremos adiante.

O MASCULINO E O FEMININO NO EPIGRAMA GREGO **31**

sua dissociação da música,[12] de maneira que o poema transforma-se em um artefato escrito, feito para a leitura ou para a recitação (Gutzwiller, 1998, p.ix). E, perdendo em harmonia, ganha em melodia: as técnicas de versificação desenvolvem-se sobremaneira na helenística.

De fato, na helenística, os traços mais marcantes do gênero epigramático, aqueles que desde os primórdios costumam defini-lo, afirmam-se completamente, em especial a sua brevidade. As duas principais antologias que circularam na época helenística – as de Meléagro de Gádara e a de Filipe de Tessalônica –, e que constituem o *corpus* deste trabalho, estão repletas de epigramas breves.

Meléagro, antologista que publicou sua *Guirlanda* (*Stéphanos*) em torno de 96-95 a.C. (Gow-Page, 1965a, p.xvi), realizou "sem dúvida a primeira [antologia] de sua magnitude e importância", ao reunir "mais de oitocentos poemas, obra de mais de setenta epigramistas" (Vioque, 2004, p.10);[13] ele foi um dos principais responsáveis por restringir o conceito de epigrama à poesia breve, já que outros testemunhos literários da mesma época sugerem-nos que o termo designava poemas de variada extensão:

> A maior contribuição de Meléagro à história do epigrama antigo é haver restringido a noção de "epigrama" a poemas breves, pois evidências fora da antologia de Meléagro fazem-nos pensar que, nos primeiros momentos do mundo helenístico, os epigramas eram, amiúde, de considerável extensão. (Vioque & Guerrero, 2001, p.12)

Na *Guirlanda* de Meléagro, exceto por seu *Proêmio* e por vinte poemas de mais de dez versos, a maior parte oscila entre quatro e

---

12 Lévêque (1967, p.106-7), "a poesia [helenística] liberta-se do acompanhamento musical. Os poetas já só prestam atenção à métrica, com a qual se mostram especialmente exigentes, visto que a partir de agora é ela apenas que irá dar ao verso a sua música". Consideremos, no entanto, que a poesia combinada à música continua a ser cultivada, paralelamente à sua realização escrita.

13 Cf. também Vioque & Guerrero (2001, p.11).

32 LUIZ CARLOS MANGIA SILVA

seis. Muitos há que possuem apenas um dístico, extensão mínima admitida para o gênero, uma vez que os versos organizam-se em pares.

Embora, na tradição do epigrama, como já salientamos, a brevidade seja uma de suas principais características, o gênero não excluía, na helenística, composições de "considerável extensão". Com a antologia de Meléagro, no entanto, afirma-se, e definitivamente, a ideia de que epigrama é uma composição curta. E a brevidade afirma-se tão completamente, uma vez que seus critérios de seleção "condicionaram nossa percepção do epigrama clássico" (por "clássico", subentenda-se "tradicional"), que "As antologias seguintes estarão inevitavelmente marcadas pela de Meléagro" (Vioque & Guerrero, 2001, p.12). Entre aqueles que se deixam influenciar por Meléagro, está Filipe de Tessalônica.[14]

A *Guirlanda* de Filipe obedeceu aos padrões meleagrianos bem de perto. Mas, para além de seu modelo, os epigramas aqui tendem a ser ainda mais breves. Salvo um caso – o do *Proêmio* –, cuja extensão chega a quatorze versos, e sete epigramas de dez, raras vezes supera-se a extensão de oito versos. Não são numerosos os casos de epigramas com dois versos apenas (sessenta poemas), predominando aqueles com seis (mais da metade dos poemas antologiados por Filipe), seguidos dos de quatro versos (cf. Vioque, 2004, p.35-6).

No *corpus* específico deste trabalho – os epigramas eróticos helenísticos do livro 5 e 12 da *Antologia palatina* –, os epigramas procedentes das antologias de Meléagro e Filipe raramente excedem dez versos (só um epigrama no livro 5 e dois no livro 12 possuem doze versos). Em ambos os livros, predominam poemas com quatro ou seis versos: no livro 5, 45 epigramas possuem quatro versos, e 54,

---

14 Cf. também Cameron (2003, p.15): "Foi a 'seleção' de Meléagro de seu material que formou nossa percepção do caráter e da limitação do epigrama clássico. Foi a seleção de Meléagro que influenciou a prática de epigramistas mais tardios; a *Guirlanda* de Meléagro que determinou o caráter das antologias posteriores".

O MASCULINO E O FEMININO NO EPIGRAMA GREGO **33**

seis versos; no livro 12, 50 são de quatro versos, e 40, de seis. Há poemas de oito versos (livro 5: 16; livro 12: 13), de dez (livro 5: 4; livro 12: 4); e de dois versos, extensão mínima admitida: no livro 5, temos 17 poemas, e no livro 12, 8.

Durante a época helenística, o metro elegíaco afirma-se com toda a sua força como próprio do epigrama: quase todos os testemunhos, se nos basearmos nos epigramas recolhidos pelas *Guirlandas* de Meléagro e de Filipe, atestam o seu uso. Na primeira *Guirlanda*, o dístico elegíaco é a regra, quase sem exceção; na segunda, não é diferente:

> Na época de Filipe, chama a atenção a generalização quase unânime do dístico elegíaco como metro próprio do epigrama, uma tendência já antecipada na *Guirlanda* de Meléagro, onde, sempre segundo a hipotética reconstrução de A. S. F. Gow e D. L. Page, os epigramas em outros metros não chegam à vintena. Assim, na *Guirlanda* de Filipe até 96% dos epigramas utilizam esse esquema métrico. (Vioque, 2004, p.35)[15]

Em relação aos oitocentos poemas da *Guirlanda* de Meléagro, "uma vintena" é um número demasiado pequeno – menos de 3%. Assim, por influência de Meléagro, na *Guirlanda* de Filipe, o dístico elegíaco será quase o ritmo unânime (96%) dos epigramas coligidos.

Costuma-se distinguir[16] duas "escolas" poéticas entre os epigramistas helenísticos: a dórico-peloponésica e a jônico-alexandrina, ambas em princípios do século III a.C. Essa divisão *geográfica* dos poetas, "repetidíssima" – como lembra Fernández-Galiano (1978) –, pode incluir ainda uma terceira escola mais tardia (da metade do século II a começos de I a.C.): a sírio-fenícia. A elas somaremos ainda uma outra escola virtual: a dos poetas da época de Filipe.

---

15 Cf. também Fernández-Galiano (1978, p.10), para o especial cultivo do dístico elegíaco pela poesia epigramática.

16 Desde Reitzeinstein, em fins do século XIX, como nos informam Hornblower & Spawforth (1996, p.535).

34 LUIZ CARLOS MANGIA SILVA

A escola dórico-peloponésica[17] inclui os nomes de poetas originários do Peloponeso, da Magna Grécia, das ilhas dóricas do sul do Egeu, de Rodes, de Creta e da Hélade central e setentrional. Citemos, dentre eles, Anite, Mnasalces, Páncrates, Damageto (Peloponeso); Nóssis, Leônidas, Teodoridas, Fânias, Mosco (Magna Grécia); Filitas, Nícias (Cós) e Teócrito (Siracusa); Antágoras, Símias e Aristódico (Rodes); Riano (Creta); e ainda Faleco, provavelmente Perses, Alexandre, Alceu e Sâmio (Hélade central e setentrional). Entre as características dessa escola estão:

> [...] a mudança social do epigrama das alturas heroicas e aristocráticas da época clássica até as mediocridades proletárias e artesãs, a minimização do tema em busca dos mundos íntimos da mulher, da criança ou do animal, o gosto pela paz da natureza idílica, o sentimentalismo um pouco pudoroso e grosseiro. (Fernández-Galiano, 1978, p.11)

Assim, os poetas preferirão compor epigramas sobre os temas relativos às vidas dos pobres, dos animais, do amor. Anite, por exemplo, compôs epitáfios para animais com mais frequência do que para pessoas (Hornblower & Spawforth, 1996, p.535);[18] o mais famoso dos poetas peloponésicos, Leônidas, cujos epigramas sepulcrais e dedicatórios são reconhecidos por sua variedade e originalidade temática, compôs também epigramas de exaltação à vida simples (Cambiano et al., 1993, p.207-8). Nóssis, outro nome feminino do grupo, cultivou temas amorosos cujo modelo encontrou em Safo (ibidem, p.210-1) e escreveu, junto com Anite, "desde a perspectiva das mulheres" (Gutzwiller, 1998, p.xi). A Teócrito estará, para sempre, relacionado o tema bucólico, pastoril.[19]

---

17 Seguimos Fernández-Galiano (1978, p.10-2) para a relação dos poetas com as escolas.

18 Cf. também Cambiano et al. (1993, p.210).

19 Teócrito não constou da *Guirlanda* de Meléagro (Gow & Page, 1965a, p.xx), tendo sido incluído bem mais tarde no manuscrito da AP.

O MASCULINO E O FEMININO NO EPIGRAMA GREGO **35**

Na escola jônico-alexandrina, incluem-se aqueles poetas procedentes da Ásia Menor e da África – todos epigramistas que estiveram às voltas com Alexandria. Entre eles, Hegêmon, Dúris e Arato (Ásia Menor); Asclepíades, Hédilo, Nicéneto e Menécrates (Samos); Heráclito e Timnes (Cária). Teeteto, Posidipo, Calímaco, Glauco, Discórides e Zenódoto são alguns dos nomes de poetas que, nascidos ou não na África, frequentaram a corte alexandrina dos Ptolomeus.

Os temas que costumam definir essa escola são o erótico e o simposíaco. Assim, escrevendo sobre vinho, mulheres e garotos, os poetas renovaram os temas da elegia simposíaca clássica e da lírica (Hornblower & Spawforth, 1996, p.535). Destaquemos o nome de Asclepíades, "aparentemente o primeiro autor que se especializou na composição de epigramas simposíacos" (Vioque & Guerrero, 2001, p.9), além de ser o introdutor da figura do Eros seteiro[20] e do famoso *paraklausíthyron* no epigrama; este último "se tornará um dos mais difundidos motivos da poesia amorosa grega e latina" (Cambiano et al., 1993, p.214). O poeta Calímaco quase dispensa apresentações não só porque foi um conhecido gramático (compôs o famoso *Catálogo*) e autor de outras obras importantes (*As causas*, entre outras), que não epigramas, mas porque, sendo um dos pontos mais altos da poesia da época, ajudou a determinar as diretrizes do próprio epigrama, ao depreciar o lugar-comum e a banalidade e ao estabelecer o poema breve como o preferível.[21] Recentes descobertas papirológicas revelaram-nos novos epigramas de Posidipo (Argentieri, 2007, p.153),[22] cuja importância como poeta já se atestava: epigramista reconhecido publicamente (Vioque & Guerrero, 2001, p.10), especula-se que, junto com Hédilo e Asclepíades, "os

---

20 Cf. Paes (1995, p.121), Gutzwiller (1998, p.120), entre outros. Para uma visão mais completa sobre o tema, ver Magini (2000, p.17-37).

21 Cambiano et al. (1993, p.213, 215), parafraseando os epigramas do autor.

22 Sobre o papiro de Milão ou "papiro de Posidipo", cf. Krevans (2007, p.141-6). A mesma autora informa que as referências bibliográficas sobre Posidipo excederam, entre 2004 e 2005, cem entradas; o papiro foi descoberto em 2001 (ibidem, p.141, nota 44).

36 LUIZ CARLOS MANGIA SILVA

três de Samos", tenha publicado uma antologia de epigramas intitulada *Sorós (Fragmento)* (ibidem).[23]

Na escola sírio-fenícia, incluem-se os nomes de Meléagro, o grande antologista da época, Antípatro (sidônio), Filodemo e Árquias. O tema erótico, legado pela escola jônico-alexandrina, especialmente por Asclepíades e Calímaco, foi cultivado com novidade por Meléagro e Filodemo, ao combiná-lo com o sepulcral e o votivo. Toda espécie de elementos retóricos foi por eles utilizada (o que os afasta de seus modelos), tendo sido, ademais, responsáveis por "um procedimento que se tornará típico do epigrama satírico" – a *pointe* final (Cambiano et al., 1993, p.224).[24] Antípatro, frequentemente confundido com seu homônimo tessalonicense (Cambiano et al., 1993, p.222, nota 31; Fernández-Galiano, 1978, p.319), escreveu epigramas dedicatórios e sepulcrais, cujas imagens plenas de força e violência conferem aos textos certo "dorismo" guerreiro. Hábil imitador (de Leônidas, sobretudo) e reconhecido improvisador (citado por Cícero), encontrou, como os demais de sua época, os temas nas "escolas" antigas. Ajudou ainda a amadurecer o epigrama romano, uma vez que, como Filodemo e Árquias, viveu às voltas com os círculos letrados de Roma (Cambiano et al., 1993, p.221-3).[25]

Embora não se fale de "escolas" acerca dos poetas de fins do século I a.C. e começos do I de nossa era, pode-se tentar caracterizar tal epigrama por esse viés – a "escola" do epigrama romano, composto, no entanto, em língua grega. Entre os nomes de destaque, estão o do antologista Filipe, de Antípatro (tessalonicense), de Antífilo de Bizâncio, de Crinágoras, de Marco Argentário, de

---

23 Cf. também Krevans (2007, p.133): "Continua obscuro se *Sorós* foi uma antologia contendo trabalhos de muitos poetas diferentes ou se continha apenas poemas de um autor definitivamente nomeado em conexão com o título, Posidipo". Ver ainda Cameron (2003, p.4).

24 Sobre a importância do verso final para a poesia antiga, cf. Gutzwiller (1998, p.8). Ver também o artigo de Etkind (1991, p.143-54), sobre o tema na poesia francesa.

25 Cf. também Vioque (2004, p.12, 20).

O MASCULINO E O FEMININO NO EPIGRAMA GREGO **37**

Diodoro, entre muitos outros. Os temas encontram alguma afinidade com os predecessores helenísticos, embora tenham se afastado do erótico e do simposíaco.[26] Convém destacar seus traços originais, a que se pode atribuir uma "mudança de direção" temática (Hornblower & Spawforth, 1996, p.535): surge com força o tema satírico, destaque da época, assim como o elogio a imperadores, a governantes e a seus familiares; elogios a Roma e a famosas ilhas, e ainda a lugares de antiga glória, hoje desolados; os epigramas desempenham também a função de etiquetas, para acompanhar presentes, ou a de convites para um jantar (cf. Vioque, 2004, p.31-3; Hornblower & Spawforth, 1996, p.535-6; Cambiano et al., 1993, p.228-331). Os poetas da época, salvo exceção, não constituem grandes artistas. Pode-se afirmar, aliás, que muitos dos nomes coligidos por Filipe em sua recolha não eram dignos de posteridade.

A maioria [dos poetas da *Guirlanda* de Filipe] não chamou a atenção nem de seus contemporâneos, nem de seus sucessores. Nem sequer os eruditos tardios lhes prestaram a mesma atenção que concederam aos epigramistas helenísticos. (Vioque, 2004, p.16)

Os nomes dos poetas citados são os mais destacados da antologia de Filipe, uma vez que de muitos deles "somente conhecemos seu nome e um único epigrama" (Vioque, 2004, p.16).[27] O mérito do epigrama da época romana é oferecer uma imagem completa do gênero como peça literária, após seu excelente cultivo pelos primeiros poetas helenísticos, em princípios do século III a. C. Além disso, ele prepara o terreno para que, por obra de Lucílio e Nicarco, amadureça o tema satírico que, às mãos de Marcial, determinará os rumos do epigrama ocidental (ibidem, p.11).

---

26 Cf. também Cameron (2003, p.15), sobre a transição de Meléagro a Filipe, ou "do erótico e simposíaco [...] ao ecfrásis e epidítico", em uma palavra, ao "retórico".

27 Cf. também nota 17, na mesma página, para tais casos.

38 LUIZ CARLOS MANGIA SILVA

Antologia palatina

Principiemos por esta citação: "A história do epigrama literário grego é, na realidade, a história das antologias de epigramas gregos, pois ele, por sua própria natureza, tende a transmitir-se em forma de coleções ou antologias" (Vioque & Guerrero, 2001, p.7).

Essa afirmação encontra forte amparo em casos concretos na história do epigrama. A prática de fazer antologias de epigramas (anônimos, sobretudo) em épocas anteriores à helenística foi relativamente difundida.[28] Mas especialmente nesta, foi de tal maneira sobeja que não será exagero afirmar que "A antologia é, pois, a forma helenística quintessencial" (Krevans, 2007, p.131). O termo "antologia", que literalmente significa "recolha de flores", não foi usado no sentido moderno de "coleção de poetas diversos" antes do século II de nossa era, com Diogeniano; seu emprego, antes dessa data, é sempre em sentido literal (Vioque & Guerrero, 2001, p.11; Hornblower & Spawforth, 1996, p.101; Vioque, 2004, p.14, nota 10).

Modernamente, a principal fonte para o conhecimento do epigrama grego de diversas épocas é uma antologia. "De fato, nosso conhecimento da história desse gênero literário baseia-se quase integralmente na chamada *Antologia palatina*, que [...] não é senão uma antologia de antologias, obra de um erudito do século X" (Vioque & Guerrero, 2001, p.7).

A *Antologia palatina* reúne, em quinze livros, dezesseis séculos de poesia grega, cultivada pelas mãos dos mais diversos autores. Seu acervo, constituído de aproximadamente 3.700 epigramas ou cerca de vinte e dois a vinte três mil versos, toma por base antologias mais antigas, repetindo uma prática que remete, pelo menos, à época helenística da literatura grega, quando a antologia teve um especial *status*.

---

28 Cf. Gutzwiller (1998, p.xi): "Nenhum dos estudiosos que examinaram seriamente a evidência tem questionado a existência de livros de epigramas mais antigos do que o terceiro século a.C.".

O MASCULINO E O FEMININO NO EPIGRAMA GREGO **39**

O manuscrito da *Antologia palatina*[29] foi redigido na metade do século X de nossa era, em torno de 940, quando um escriba anônimo, provavelmente Constantino Ródio (ibidem, p.15), acrescentou epigramas cristãos e descritivos, extraídos das estátuas das termas da Constantinopla do século V d.C., a uma antologia publicada no começo daquele mesmo século por Constantino Céfalas, que sabemos foi protopapa em Constantinopla no ano de 917, conforme nos informa o manuscrito da AP (Gow & Page, 1965a, p.xvii; Fernández-Galiano, 1978, p.15). É controversa não só a identidade, mas também se J – como é conhecido o escriba anônimo da AP – é uma só pessoa.[30] De toda maneira, parece ter sido ele, se não a última, ao menos uma das mãos mais importantes a trabalhar sobre o manuscrito da AP, dando os contornos finais que as edições modernas conhecem: "As duas *Guirlandas* de Meléagro e de Filipe e a coleção de Agatias foram, com outros textos em forma direta ou indireta, recompiladas, em manuscritos hoje perdidos, por Constantinos Céfalas" (Fernández-Galiano, 1978, p.15).[31]

A antologia de Céfalas, por sua vez, publicada poucos anos antes, em princípios do século X, constituiu um verdadeiro marco, pois, ao tomar como sua base principal as mais importantes antologias da Antiguidade – a de Meléagro, a de Filipe e a de Agatias –, "compilou a maior antologia de epigramas gregos jamais vista" (Vioque & Guerrero, 2001, p.24). A essas obras, juntou ainda material de outras fontes – como inscrições em pedra provenientes de diversos lugares da Grécia e Ásia Menor, de autoria de Gregório de Campsa, um contemporâneo seu (ibidem, p.15). Sua antologia está perdida para nós, mas seu conteúdo sobrevive graças à AP e à *Antologia* de Planudes.

---

29 Para esses dados, cf. Gow & Page (1965a, p.xxxiii-xxxviii), Vioque & Guerrero (2001, p.18-23), Waltz (1960, p.3-12), entre outros.

30 Um detalhamento da questão pode ser visto em Gow & Page (1965a, p.xxxiii-xxxviii).

31 Essa informação consta do manuscrito da *Palatina*. Sobre Céfalas como responsável pela divisão dos poemas por temas, em "livros", cf. Vioque & Guerrero (2001, p.17) e Gow & Page (1965a, p.xvii; 1968a, p.xiv).

40 LUIZ CARLOS MANGIA SILVA

No trabalho de Céfalas e em outras fontes, mas não diretamente nas *Guirlandas*, basearam-se provavelmente o autor da Suda, em que se recolhem cerca de quatrocentos e cinquenta citações parciais e dezenove epigramas íntegros, o anônimo compilador do manuscrito palatino – ambos datados do século X – e Máximo Planudes, que, em torno do ano de 1301, levou a cabo uma coleção de epigramas que se difundiu rapidamente pela Europa. (Vioque, 2004, p.43-4)[32]

E uma vez que Céfalas constitui a base do copista da AP (assim como a de Planudes, de que falaremos adiante), três antologias constituem, por sua vez, as bases de Céfalas.

No manuscrito da AP, atribui-se a Céfalas a divisão dos epigramas em seções temáticas, critério necessário para, modernamente, falarmos em "livros". As três antologias mencionadas pertencem, igualmente, à Antiguidade.

A mais antiga é a *Guirlanda* de Meléagro, publicada em começos do século I a.C. Recolhendo epigramas de poetas desde os princípios da época helenística (fins de IV a.C.) até seu século, e também de alguns (poucos) poetas anteriores a esse período,[33] Meléagro, nascido em Gádara, na Fenícia, fez publicar sua "espantosa" (*thaumásion*) obra que reunia aproximadamente 800 poemas (de 4.500 a 6.000 versos), contidos em três ou quatro rolos de papiros (Argen-

---

32 Como a *Argonáutica* de Apolônio de Rodes, abrigada em quatro livros, Cameron (2003, p.24-6) crê que a *Guirlanda* de Meléagro foi igualmente dividida em quatro livros. Cf. também Vioque (2004, p.15); "Constantino Céfalas [...] reuniu uma coleção [...] juntando material de uma variedade de fontes". Para outras fontes, mais diminutas, especialmente de epigramas eróticos gregos, ver a relação em Vioque & Guerrero (2001, p.20-1); cf., para os epigramas do livro 5, Waltz (1960, p.3-11) e, para os pederásticos do livro 12, Aubreton (1994, p.xvii-xxi).

33 A maior parte dos epigramas atribuídos a poetas pré-helenísticos, como já tivemos ocasião de destacar (Safo, Simônides, Anacreonte, o filósofo Platão, entre outros), é equivocada. Sobre isso, ver ainda Gow & Page (1965a, p.xxviii-xxxii). Os nomes de poetas incluídos por Meléagro, conforme seu *Proêmio* (AP 4.1), são 47 (Argentieri, 2007, p.147; Gow & Page, 1965a, p.xxi). Para os não nomeados (mais de vinte), cf. Argentieri (2007, p.148, notas 3 e 4).

tieri, 2007, p.155).[34] A julgar pelas informações do manuscrito da AP, os temas discerníveis nos epigramas da *Guirlanda* de Meléagro eram quatro: *erotiká* ("eróticos"), *anathematiká* ("dedicatórios"), *epitýmbia* ("sepulcrais", normalmente fictícios) e *epideiktiká* ("descritivos"), alocados atualmente nos livros homônimos da AP, respectivamente, 5 (e 12), 6, 7 e 9.

> Meléagro recolheu material de todas as áreas do mundo grego, desde a Itália até a Síria, desde Simônides [começo do quinto século a.C.] até Antípatro e Árquias [em fins do primeiro século a.C.], e de temas de todo tipo, incluindo epigramas conviviais, eróticos, dedicatórios, anatemáticos e funerários. (Vioque & Guerrero, 2001, p.11-2)

Cameron (2003, p.26) explicita o número e o conteúdo dos epigramas meleagrianos conforme estes quatro livros: segundo ele, na AP restam da primeira *Guirlanda* cerca de 270 epigramas eróticos, 290 sepulcrais, 135 dedicatórios e 50 descritivos.

Na metade do primeiro século de nossa era, sob Nero (54-68), Filipe de Tessalônica publicou sua homônima *Guirlanda*: recolhendo epigramas de poetas dos círculos literários de Roma[35] e, em particular, de duas antologias de poemas já publicadas por seus próprios autores, Filodemo e Crinágoras (Vioque & Guerrero, 2001, p.13). Imitou o gesto de seu predecessor Meléagro. Mais reduzida, sua antologia, não obstante, deve ter possuído mais de quinhentos poemas, de pelo menos quarenta autores,[36] contidos possivelmente em três rolos de papiros, com cerca de 3.500 a 4.500

---

34 Cf. também Vioque & Guerrero (2001, p.11): "Com efeito, esta antologia diferencia-se das que provavelmente existiram antes, primeiro, por sua extensão, oitocentos poemas, que ocupariam nada menos que quatro rolos de papiro".

35 Os meios letrados romanos jamais deixaram de cultivar a língua grega, que coexistia com o latim (cf. Vioque, 2004, p.20).

36 Os autores nomeados por Filipe, em seu *Proêmio* (AP 4.2), são treze (Argentieri, 2007, p.162), a que se devem somar pelo menos mais vinte e cinco não nomeados (ibidem, p.162, notas 35 e 36).

42 LUIZ CARLOS MANGIA SILVA

versos (Argentieri, 2007, p.162). Abrigando um século e meio de cultivo do epigrama (do século I a.C. até a metade do primeiro século de nossa era, ou de Filodemo até o próprio antologista), sua obra foi muito lida na Antiguidade (Vioque, 2004, p.41)[37] e, "em seu conjunto, oferece uma imagem completa do epigrama grego como gênero literário, uma vez passado seu momento de apogeu" (ibidem, p.34). Publicada em meio romano – meio que conhecia a obra de Meléagro, cuja chegada a Roma, conforme afirmam alguns, é atribuída ao poeta Árquias, no começo do primeiro século a.C. (ibidem, p.9-10) –, a obra de Filipe não incluía, como aquela, tão grandes nomes; diferentemente dos poetas selecionados por Meléagro, que, em muitos casos, sobreviveriam sem a recolha de sua antologia, na *Guirlanda* de Filipe muitos nomes permaneceriam esquecidos para sempre, por não passarem de "meros nomes".

A terceira, última e importante antologia de epigramas da Antiguidade a compor o *corpus* da *Palatina* é o *Ciclo* (*Kýklos*) de Agatias Escolástico.[38] Natural de Mirina, durante a época de Justino (567-568), Agatias organizou sua antologia, a partir das *Guirlandas* de Meléagro e de Filipe que, junto com Homero e o poeta egípcio Nono, foram muito populares em Constantinopla; acrescentou a ela, além de seus próprios epigramas, os de seus contemporâneos (Nono entre eles) e inscrições epigramáticas de sua época. Por essa época, embora o epigrama, principalmente inscrito em pedra, tivesse experimentado certo ressurgimento, a produção atestada pelo *Ciclo*, "em que se combina a tradição epigramática clássica com a verbosidade típica dos poetas do momento [...]. Marca o fim da composição criativa no gênero" (Vioque & Guerrero, 2001, p.14-5), em fins da Antiguidade.

---

37 No entanto, a obra de Meléagro causou maior agrado entre os autores latinos do que a de Filipe (Vioque, 2004, p.42).

38 Para outras fontes de epigramas, sobre as quais não falaremos aqui, ver Hornblower & Spawforth (1996, p.536). Para os poemas de Paladas, Gregório de Nazianzo, e para a *Antologion* de Diogeniano, cf. Vioque & Guerrero (2001, p.13). Sobre a suposta antologia de Rufino, cf. Waltz (1960, p.10).

O Palatinus Heidelbergensis gr. 23

O manuscrito da *Antologia palatina*[39] tem uma história acidentada: não temos muita informação sobre o códice durante a Idade Média (embora se afirme que esteve em Londres e Lovaina) (ibidem, p.21). Em 1606, Claude Saumaise descobriu o códice na Biblioteca do Palatinado de Heidelberg, na Alemanha, graças à ajuda do livreiro Gruter.[40] Apresentado por Maximiliano da Baviera ao papa Gregório XV, foi encaminhado a Roma, onde o duplicaram: uma primeira parte, mais extensa, aloca do livro inicial ao livro 13 e uma outra, menor, do livro 13 ao 15. Depois de feita a paz entre Napoleão e o papa, em 1797, o manuscrito foi conduzido à Biblioteca Nacional da França, de onde partiu, por fim, em 1816, de volta a Heidelberg, não sem um "contratempo": esquecida acidentalmente, a parte menor permaneceu na França, onde só foi redescoberta por Dübner em 1839. O primeiro manuscrito, o maior, é denominado hoje *Cód. Gr. 23*, e o segundo, o menor, *Cód. Gr. Suppl. 384*. Ambos, somados, constituem o *Palatinus Heidelbergensis gr. 23*, o manuscrito da *Antologia palatina*.

As quinze seções ou livros da *Antologia palatina* são as que seguem (cf. Paton, 1999):[41]

1. *Ta ton Khristianôn Epigrámmata* ("Inscrições cristãs dos séculos IV-X d.C.")
2. *Khristodórou Poietoû Thebaíou Koptítou* ("Descrição das estátuas de termas em Constantinopla por Cristodoro de Copto em Tebas, cerca de 500 d.C.")
3. *Epigrámmata en Kýzikoi* ("Epigramas de um templo de Apolo em Cízico")
4. *Ta Prooimía ton Diaphorôn Anthologíon* ("Proêmios das *Guirlandas* de Meléagro e Filipe e do *Ciclo* de Agatias")

---

39 Com base em Gow & Page (1965a, p.xxxii-xxxviii) e Vioque & Guerrero (2001, p.16-20).

40 Sobre a importante participação de Gruter nessa descoberta, entre outros, ver Aubreton (1994, p.xxii-xxiii).

41 Cf. também Vioque & Guerrero (2001, p.16) para essas informações.

44 LUIZ CARLOS MANGIA SILVA

5. *Epigrámmata Erotiká Diaphorôn Poietôn* ("Epigramas eróticos de diferentes poetas")
6. *Epigrámmata Anathematiká* ("Epigramas dedicatórios")
7. *Epigrámmata Epitýmbia* ("Epigramas sepulcrais")
8. *Ek ton Epigrammáton tou Agíou Gregoríou tou Theológou* ("Epitáfios de Gregório de Nacianzo")
9. *Epigrámmata Epideiktiká* ("Epigramas descritivos")
10. *Epigrámmata Protreptiká* ("Epigramas exortativos")
11. *Epigrámmata Sympotiká kai Skoptiká* ("Epigramas conviviais e satíricos")
12. *Strátonos Moûsa Paidiké* ("Musa pueril de Estratão" ou "Epigramas filopédicos")
13. *Epigrámmata Diaphorôn Metrôn* ("Epigramas de diferentes metros")
14. *Problémata Arithmetiká, Ainígmata, Khresmoí* ("Problemas aritméticos, enigmas e oráculos")
15. *Sýmmikta tina* ("Miscelânea, com *tecnopaignía*, entre outros")

Embora seja irrelevante a divisão em duas partes do manuscrito, uma outra divisão, esta cronológica, não o é. Segundo Gow e Page (1965a, p.xxxiii-xxxiv), resultado do trabalho de muitas mãos, quatro delas são passíveis de ser discernidas. Do livro 1 até o 9.563, dois escribas contemporâneos (chamados B e B2) foram responsáveis pela tarefa; do livro 9.564 até o fim, parte mais recente, dois escribas não contemporâneos (A e J) levaram a cabo a tarefa.

A *Antologia palatina* compõe-se de 351 fólios de duas páginas, com 33 a 34 linhas cada uma. Desse manuscrito, fizeram-se algumas cópias, mormente fragmentárias, nos séculos XVI, XVII e XVIII, embora a obra só tenha sido impressa, integralmente, em começos do século XIX, por Jacob, em sua segunda edição do volume.[42]

---

42 Publicada na cidade alemã de Leipzig (entre 1794 e 1814). Depois dela, logo superada, Stadtmüller publica, em três volumes (1894-1899-1906), "[a] primeira edição da *Antologia* que segue critérios que podemos considerar modernos", a que se seguem outras, como a de Paton (edição completa, com tradução inglesa, a partir de 1916-1918), a de Waltz (1928, 1960 e 1994, em que atual-

O Marcianus 481

Máximo Planudes (cf. Vioque & Guerrero, 2001, p.17-8; Gow & Page, 1965a, p.xxxviii-xli), no ano de 1301, realizou a sua coleção de epigramas. Tomou por base a obra de Céfalas, mas não a AP: "Indubitavelmente Planudes conheceu a antologia de Céfalas, mas não conheceu a *Antologia palatina*" (Vioque & Guerrero, 2001, p.18). Todos os epigramas coligidos por Planudes constam da AP, salvo um conjunto de 388 poemas, que costumam ser editados, desde a segunda edição de Jacob, como o décimo sexto livro da AP (ou *Apêndice planúdeo*). O manuscrito de Planudes é autógrafo. Os critérios que presidiram sua seleção dos poemas eróticos são de difícil apreensão, uma vez que seu pudor impediu-o de publicar numerosos poemas do livro 5, embora outros, mais vulgares que os repudiados, permaneçam no manuscrito; do livro 12, apenas 16 poemas foram "aprovados" pelo antologista.[43] O códice *Marcianus 481* conserva-se em Veneza.

A história da antologia de Planudes é menos acidentada do que a da AP: conhecida durante muito tempo como a *Antologia grega* (nome hoje atribuído à *Palatina*), ela foi bastante difundida, desde o Renascimento até os princípios do século XIX, quando por fim começaram a ser publicadas edições completas da *Palatina*:

> [...] até começos do século XVII unicamente se conhecia a *Antologia planúdea*, de cujo manuscrito se fizeram múltiplas cópias desde que foi finalmente impressa por Juan Láscaris em 1494. A *Antologia palatina* não foi conhecida durante a maior parte do Renascimento, oculta em Londres e Lovaina. Não chamou a atenção dos eruditos até 1606 e não foi publicada até o século XIX. (Vioque & Guerrero, 2001, p.21)

---

mente falta apenas o livro 10), entre outras. Para notícia sobre as edições, completas ou parciais, da AP, cf. Vioque & Guerrero (2001, p.22-3) e Cambiano et al. (1993, p.197-198, nota 1).

43 Para um detalhamento da questão, cf. Aubreton (1994, p.xiv-xvi).

46 LUIZ CARLOS MANGIA SILVA

O conteúdo dos sete livros de Planudes:
1. Epigramas exortativos;
2. Epigramas conviviais e satíricos;
3. Epigramas sepulcrais;
4. Epigramas descritivos;
5. Descrições por Cristodoro;
6. Epigramas dedicatórios;
7. Poemas amorosos.

Meléagro, Filipe e os livros eróticos da *Antologia palatina*

A separação dos livros

As modernas edições da *Antologia palatina* apresentam a divisão dos epigramas eróticos em dois livros:

> [...] o copista do manuscrito *Palatinus 23* enriqueceu a *Antologia* de Céfalas, dando forma ao que conhecemos como *Antologia palatina*, na que se consagra a separação dos livros eróticos, permanecendo os heterossexuais no livro 5 e os homossexuais no 12. (ibidem, p.24)[44]

A responsabilidade do compilador do manuscrito, em relação à separação dos epigramas eróticos, é apenas de consagrá-la, não sendo dele a autoria de dois livros eróticos, respectivamente, 5 e 12. Talvez ela deva ser atribuída a Céfalas:

> [..] em começos do século X, Constantino Céfalas, um erudito bizantino, tendo em suas mãos antologias de epigramas gregos da Antiguidade – as *Guirlandas* de Meléagro (I a.C.) e Filipe (40 d.C.) e o *Ciclo* de Agatias (VI d.C.), entre outras –, compilou a maior antologia de epigramas gregos jamais vista. Incluía seções de

---

44 Cf. também Argentieri (2007, p.156).

O MASCULINO E O FEMININO NO EPIGRAMA GREGO **47**

epigramas funerários, dedicatórios, conviviais e eróticos (ibidem, p.23-4).[45]

Depois de afirmar que a divisão em quatro temas deriva da antologia de Céfalas (informação que consta do manuscrito da AP[46]), Vioque & Guerrero (2001, p.24) afirmarão: "distinguindo nestes últimos [os eróticos] segundo a natureza do amado, entre epigramas heterossexuais e epigramas homossexuais". Assim, ao que parece, a separação dos epigramas eróticos antigos deriva da antologia de Céfalas, no começo do século X de nossa era. Gow & Page (1965a, p.xvii) acrescentam, acabando por mencionar ambos os livros eróticos:

> Constantino Céfalas, mencionado no *lemma* da *A.P.4.1.1* [...] foi *Protopapás* do Palácio de Constantinopla em 917 d.C.; foi ele ainda o compilador de uma antologia da qual dependem os livros 5, 6, 7 e 9 de nossa *Antologia* [*palatina*], e provavelmente ainda os livros 4, 10, 11 e 12, embora seus conteúdos não sejam mencionados pelo lematista.

O compilador da *Palatina*, como já vimos, acrescentou epigramas mais recentes à coleção de Céfalas e alocou-os em quinze livros. Céfalas, por sua vez, já os havia distribuído tematicamente a partir das fontes antigas e separado os eróticos:

> Parece, portanto, que a coleção de epigramas amorosos de Meléagro, uma vez unida no mesmo livro ou livros, foi separada, como é mais natural supor, ou por Céfalas, ou ainda por algum antologista mais recente do qual ele a tomou. (Gow & Page, 1965a, p.xx)

---

45 Cf. ainda Aubreton (1994, p.xiii): "os títulos dados a cada um dos capítulos provêm da obra de Céfalas [...] ainda que os escólios do *Palatinus* mencionem sob seu nome apenas os epigramas amorosos, votivos, funerários e descritivos, seja nossos livros V, VI, VII e IX da *Antologia*".

46 Cf. Gow-Page (1965a, p.xiv).

48 LUIZ CARLOS MANGIA SILVA

Os autores ainda afirmarão: "os epigramas eróticos não foram divididos por ele [Meléagro] tais como estão na AP, em livros 5 e 12" (Gow & Page, 1965a, p.xix). A confirmação de que Céfalas foi o autor da divisão e especialmente de que na coleção de Meléagro os epigramas eróticos estavam "unidos em um mesmo livro ou livros" é bastante relevante para este trabalho.[47] Acrescentemos, com Vioque & Guerrero (2001, p.24), que

> A divisão não parte em absoluto de Meléagro nem de nenhum dos compiladores da Antiguidade, mas obra de Céfalas, que enfrentou um *corpus* tematicamente indiferenciado, o que explica os erros de distribuição que se detectam entre os epigramas hetero e homossexuais.

O livro 5 da *Antologia palatina*

Formado por 310 epigramas, o livro 5 ocupa as páginas 88-140 do manuscrito da *Palatina*. Como destacam os estudiosos, embora a maioria dos textos quadre bem sob a designação de "eróticos", cerca de uma quinzena escapa dessa definição, sendo mais propriamente votivos, sepulcrais, báquicos ou satíricos.[48] Enquanto o livro todo parece ter sido escrito pela mesma mão (o escriba A), os nomes dos autores e os *lemmata* não o foram.[49] Na antologia de Céfalas, conjectura Waltz (1960) a partir do escólio (da página 81 do manuscrito), os epigramas eróticos parecem ter constituído o começo da obra.

---

47 Cf. ainda Cameron (2003, p.27-8) que acredita que os testemunhos de papiros e dos livros da *Palatina* "são igualmente excertos da mesma sequência erótica inquebrada, sexualmente indiferenciada na *Guirlanda* de Meléagro".

48 Cf., para esses casos, Waltz (1960, p.3) e Vioque & Guerrero (2001, p.24).

49 A relevância dos *lemmata* no livro 5 é questionável, uma vez que "Os epigramas não teriam, salvo exceção, grande necessidade de um comentário"; daí, provavelmente, o fato de que essa tarefa não tenha sido levada a cabo (Waltz, 1960, p.7-8). Nenhum epigrama foi copiado mais de uma vez ao longo do manuscrito da AP, exceção feita ao de número 215, repetido no livro 12, com o número 19 (cf. Waltz, 1960, p.5; Aubreton, 1994, p.xiv, nota 2).

O MASCULINO E O FEMININO NO EPIGRAMA GREGO   **49**

Quanto à procedência dos epigramas eróticos (livro 5), consideremos:

> [...] reconhece-se sem dificuldades nos *Erotiká* versos empresta-dos das antologias de Meléagro, de Filipe e de Agatias. Exceção feita para um primeiro lote de uma centena de epigramas, essas diferentes fontes são muito mais fáceis de discernir que na maior parte dos outros livros, porque as peças de proveniência diversa não estão mescladas aqui como de hábito. Os epigramas 104-133 pertencem todos à *Guirlanda* de Filipe; 134-215, àquela de Meléagro; 216-302, ao *Ciclo* de Agatias; quanto aos epigramas 303-309, eles formam um curto apêndice composto de três "anônimos" seguidos de quatro peças tomadas à coletânea de Filipe. (Waltz, 1960, p.9)

Provenientes, pois, das três famosas antologias antigas (já mencionadas anteriormente), as fontes dos epigramas são, no livro erótico, mais "fáceis" de se precisar. Uma outra fonte parece somar--se a essas – a hipotética antologia de Rufino, chamada *Sylloge Rufiniana*, da qual procederiam os muitos epigramas desse autor, alocados no livro.[50] Com base nas sequências citadas (interessa-nos as de Meléagro e de Filipe), pode-se tentar deduzir os métodos de organização dos epigramas eróticos no contexto das antologias antigas, como faremos mais à frente.

O livro 12 da *Antologia palatina*

Ocupando as páginas 569-607, o livro 12 é constituído de 258 epigramas, redigidos por um único escriba (B). Tal como no livro 5,

---

50   Afirma Waltz (1960, p.10) que "epigramas em número relativamente elevado são atribuídos a Rufino. A predominância de seu nome, que não se encontra em nenhuma outra parte da *Antologia*, fez supor a Weisshäupl que eles proviessem de uma recolha de poesias amorosas deste escritor; a hipótese é hoje geralmente admitida". Cf. também Vioque & Guerrero (2001, p.25) para essa *Sylloge Rufiniana*.

50 LUIZ CARLOS MANGIA SILVA

também no 12, nenhum epigrama encontra-se repetido ao longo da AP – fato bastante comum nos outros livros, conforme Aubreton (1994, p.xiv) – salvo o caso já citado.

Enquanto, no livro 5, um desejo dirigido a mulheres constitui o tema, no 12 tem lugar o desejo "filopédico", como o chama Aubreton (1994, p.xiii), ou o desejo pederástico. E, embora uma pequena parte desses epigramas filopédicos não se conforme a essa denominação (alguns apresentam mulheres, e não rapazes, como interlocutores[51]), a maioria dos casos testemunha o gosto pela "Musa dos rapazes" ou, conforme a denominação que consta do manuscrito, pela "Musa pueril de Estratão de Sardes". Parece ser de autoria de Céfalas, além da separação dos epigramas eróticos, também o título desse livro, redigido no alto da página 569 do manuscrito. Destacando-se Estratão como o principal contribuidor, pois 94 epigramas ou um terço do livro são de sua autoria, outra designação menos restritiva faz-se necessária: concebê-lo apenas como o livro da "Musa pueril" parece mais acertado.[52]

Estratão de Sardes fez publicar, pouco antes da metade do século II d.C., sua "Musa pueril", obra da qual não sabemos nem a extensão, nem a ordenação utilizada para a apresentação dos epigramas

---

51 A maior parte dos estudiosos não ignora os problemas dos critérios de alocação dos poemas: Gow & Page (1965a, p.xix), por exemplo, afirmam que a divisão dos epigramas eróticos "é imperfeita, pois o livro 5 contém epigramas pederásticos, e a AP 12, alguns não dessa natureza". Ver também Paduano (1989, p.9) e Vioque & Guerrero (2001, p.25). Esses últimos afirmam que a separação dos epigramas pederásticos do conjunto dos *erotiká* (livro 5) obedece ao mesmo princípio que separou em dois conjuntos os poemas de Teógnis: "Algo semelhante se testemunha na transmissão dos poemas homoeróticos da *Coleção Teognídea* que foram separados do resto dos poemas transmitidos sob seu nome posteriormente ao século VI em um hipotético livro 2" (Vioque & Guerrero, 2001, p.40, nota 31).

52 A sugestão é de Aubreton (1994, p.xi). O autor afirma, ainda, que foi uma mão posterior, e não a de Céfalas, que relacionou o livro ao nome de Estratão: "No *Palatinus*, o compilador, provavelmente o próprio Constantino Céfalas, anuncia a seu discípulo que lhe vai fazer parte da *Paidiké Moûsa* de Estratão de Sardes; e desde então, sobre a mesma página, uma mão posterior dá como autor deste livro: *Strátonos tou Sardianoú*, denominação que será conservada pela tradição humanista: *A Musa de Estratão*".

O MASCULINO E O FEMININO NO EPIGRAMA GREGO **51**

ao leitor.[53] No livro 12 da AP, 422 versos (os 94 epigramas) pertencem a esse autor, e pode-se duvidar se tal extensão seria suficiente para uma publicação (ibidem, p.xxxiv). Ademais, questiona-se se Estratão incluiu em sua própria coletânea epigramas filopédicos extraídos das antologias antigas (sobretudo da antologia de Meléagro) ou o contrário.

> Quis-se demonstrar que o próprio Estratão tinha incluído em sua coletânea de poemas as obras de Meléagro. Ele teria tomado emprestado os epigramas aos *paidiká* deste poeta. Ouvré combateu essa tese de Knaack; para ele, Estratão não teria conhecido essa obra de Meléagro – se é que ela teria existido – e é à *Guirlanda* que ele teria feito seus empréstimos, o que explicaria melhor as quotas dos outros poetas. O exame do livro 12 parece fornecer toda consistência a essas duas teses. (Aubreton, 1994, p.xxxv)[54]

Assim, sem saber ao certo se o núcleo primitivo dos epigramas pederásticos do livro 12 da AP deriva das peças de Meléagro, às quais Estratão teria acrescentado as suas próprias ou, vice-versa, se em torno dos epigramas de Estratão rearranjaram-se os da recolha de Meléagro, permanece incerta, ainda, se, na obra de Céfalas, ambos os conjuntos já estavam completos (uma vez que Céfalas menciona apenas o nome de Estratão como autor coligido) ou se os acréscimos foram posteriores, pelas mãos dos compiladores da AP.[55]

---

53 "Não temos nenhuma indicação sobre a ordem seguida por Estratão na obra original. De qualquer maneira, não há nenhum traço de uma ordem alfabética, diferentemente do que se passa na *Guirlanda* de Filipe e na *Antologia* de Diogeniano"; nos poemas de Estratão, "a mescla de temas é constante" (Aubreton, 1994, p.xxxiv).

54 Aubreton (1994, p.xxxii-xxxiii, nota 3) defende ainda que, em algum momento, os epigramas filopédicos constituíram uma obra em separado da *Guirlanda*; afirma que Waltz acreditava que tais epigramas estiveram reunidos em uma obra da juventude de Meléagro, mais tarde acrescidos à *Guirlanda*.

55 Como sustenta Aubreton (1994, p.xxxvii), não se pode ter certeza se Céfalas, supondo que o livro 12 estivesse pronto às suas mãos, sabia que nem todos os epigramas eram de Estratão.

52 LUIZ CARLOS MANGIA SILVA

Quanto à procedência dos epigramas, eles derivam não só da suposta obra de Estratão, mas também de outras fontes, como podemos deduzir a partir das sequências evidentes no livro: os epigramas de 1 a 11 são atribuídos a Estratão, assim como os da sequência final (175-258); da *Guirlanda* de Meléagro são os epigramas de 41 a 171, circundados por sequências mistas (12-35 e 172-174). A contribuição de Filipe ao tema pederástico é pequena (menos de uma dezena) e aloca-se nessas sequências mistas.

Reconstruindo as antologias antigas: os epigramas eróticos

Argentieri (2007, p.147), ao estudar as antologias de Meléagro de Gádara e de Filipe de Tessalônica, principia por afirmar que a primeira "é a nossa fonte de conhecimento para o mais importante período do epigrama grego". Destaca que a atitude de Meléagro de reunir e catalogar os trabalhos de diversos autores reflete uma "prática helenística" bastante generalizada, que requeria, como é de se esperar, critérios formais bem definidos. Nesse sentido, Meléagro teve importância decisiva no desenvolvimento do gênero entre os helenísticos, pois "A antologia, um tipo bem estruturado e editorialmente complexo, exigiu um longo período de incubação, depois do qual Meléagro o conduziu à sofisticada maturidade" (ibidem, p.151).

Editorialmente complexa, uma antologia helenística exigia do compilador o estabelecimento de critérios formais bem claros, uma vez que as convenções do rolo de papiro, abolindo antigas fronteiras, estabeleciam novas relações entre os textos.

> O editor de uma antologia helenística começa então com o conhecimento de que as convenções do livro-rolo literário com que vai trabalhar dissolverão as fronteiras entre os epigramas (divisão autoral), promovendo simultaneamente fronteiras novas e artificiais (divisão editorial) criadas pelos títulos e cabeçalhos. (Krevans, 2007, p.138)

O MASCULINO E O FEMININO NO EPIGRAMA GREGO **53**

O antologista é, portanto, um "editor": atento às fronteiras artificiais surgidas da relação dos epigramas no contexto do papiro, ele deve escolher, conforme sua habilidade o permite, as melhores soluções no âmbito dessa "divisão editorial", a ser manifestas em sua recolha. Nesse sentido, pode-se afirmar que Meléagro foi "o antologista de epigramas *par excellence*", por adotar princípios de organização complexas e sutis, ao passo que Filipe fez uso de critérios enraizados em práticas escolares (Argentieri, 2007, p.149, 164). Consideremos, pois, as estratégias à disposição dos editores:

Com isso em mente [o estabelecimento de fronteiras novas e artificiais], vamos considerar as estratégias possíveis para arranjar poemas dentro da coleção. Tal exame deve levar em conta não só aquelas decisões que unem os epigramas (relações temáticas e verbais, *ring composition* etc.), mas ainda aquelas decisões que encorajam leitores a ver os poemas como unidades individuais. As últimas são frequentemente ignoradas nos estudos das coleções poéticas, que tendem a focalizar as simetrias e correspondências, mas, em face da ênfase sobre a unificação criada pelo formato do livro-rolo, elas são de considerável importância como um mecanismo de balanço. (Krevans, 2007, p.138)

Enfatizando as possíveis estratégias editoriais – reunir ou separar os poemas a partir de afinidades ou dessemelhanças temáticas, verbais, entre outras –, Krevans (2007, p.132) especificará, mais adiante, que três são os principais critérios formais em uso durante a época helenística: "Antologias de epigramas foram especialmente populares [na época helenística], e exemplos sobreviventes em papiros, embora fragmentários, revelam que tais coleções variaram em propósito e tom".[56]

E adiante: "O editor de uma antologia tomada pode escolher pesar suas decisões em uma ou outra direção, isto é, por meio da

---

56 Cf. também Gutzwiller (1998, p.xi): "Tais coleções [de epigramas helenísticos] foram provavelmente estruturadas de uma variedade de maneiras".

54 LUIZ CARLOS MANGIA SILVA

unificação (*concordia*) ou da individualização (*variatio* ou, em grego, *poikilía*)" (ibidem, p.138).

Ao recurso da *concordia* – o mais estudado talvez por causa das "simetrias e correspondências" estabelecidas entre os epigramas – e ao da *variatio* – ignorado pelos estudiosos, mas que funciona, conforme Krevans (2007), no conjunto do livro-rolo, como possível "mecanismo de balanço" –, some-se ainda o da *utilitas*, que consiste em organizar os epigramas em sequências alfabéticas, de maneira prática, escolar, no contexto de uma antologia.

> Devemos reconhecer, pois, uma terceira estratégia possível, a *utilitas*. Organizando uma coleção de maneira que a torne tão fácil quanto possível para o leitor encontrar um poema individual, o editor pode declarar-se a si mesmo como um aliado do poeta. Um exemplo óbvio deve ser a organização alfabética. (ibidem, p.139)

Cabe ao editor, ao antologista, escolher os critérios. *Concordia*, *variatio* e *utilitas* são os principais e podem, ademais, aparecer combinados numa mesma antologia (ibidem, p.139). No caso das antologias que nos interessam, as *Guirlandas* de Meléagro e de Filipe, podemos nos indagar acerca dos recursos editoriais utilizados e ver em que medida isso ilumina nosso horizonte de compreensão em torno de tais epigramas.

Anterior no tempo e modelo para as antologias subsequentes, não sendo, todavia, a primeira,[57] a *Guirlanda* de Meléagro parece ter utilizado complexos recursos editoriais.[58] Nos três ou quatro rolos de papiros que constituíam sua *Guirlanda*, utilizou, segundo a maior parte dos estudiosos, uma organização temática entre os epigramas. Mas não só ela:

---

57 Como já destacamos, muitos autores afirmam a anterioridade de diversas antologias; cf., por exemplo, Gow & Page (1965a, p.xvi), Gutzwiller (1998, p.xi), entre outros.

58 Conforme Gow & Page (1965a, p.xviii), "os princípios de Meléagro [...] eram muitos mais sofisticados do que [...] uma ordem alfabética".

O MASCULINO E O FEMININO NO EPIGRAMA GREGO **55**

O método de Meléagro pareceria, como regra, ter sido arranjar os epigramas por temas ou, no caso de isso fracassar, por algum ponto de contato na linguagem ou ideias e limitar ou entremear os epigramas de poetas mais velhos com os seus próprios. (Gow & Page, 1965a, p.xxvi)[59]

Assim, arranjados por temas ou semelhanças na linguagem ou, pela sucessão de modelo e imitação (*concordia*) e, ainda, pela mescla de poetas mais velhos com nomes mais novos (*variatio*), como destacam os estudiosos, os epigramas da antologia de Meléagro assim concebidos contrariam a informação do escólio do manuscrito da AP (refutado pelos estudiosos mais avisados, ao passo que a outros induz a erro):[60] ali se afirma que o poeta de Gádara teria utilizado um arranjo alfabético.

No âmbito dos epigramas eróticos que constituem o nosso *corpus*, interessa-nos distinguir, tanto quanto possível, as relações existentes entre os poemas do livro 5 e 12.

A partir daquilo que, depois de Gow & Page (1965a), convencionou-se chamar de "séries meleagrianas", podem-se reconstruir minimamente os critérios dos antologistas antigos.[61] Como notaram os estudiosos, certas relações estabelecidas entre os epigramas

---

59 Cf. ainda Gow & Page (1965a, p.xvii) e Argentieri (2007, p.156, 158): "[a *Guirlanda* de Meléagro] mostra um duplo arranjo, baseado ambos na sucessão modelo-imitação e ecos temáticos e lexicais, aos quais Céfalas poderia forçosamente ser creditado"; e mais à frente: "De qualquer modo, na *Guirlanda* de Meléagro, em que matéria-tema e/ou afinidade léxica podem triunfar sobre o gênero, eles surgem deslocados só na coleção de Céfalas, que requisitou um arranjo por gênero".

60 Cf. Gow & Page (1965a, p.xvii), entre outros. Argentieri (2007, p.156) menciona a informação (errada) do escólio das páginas 81-82 do manuscrito da AP, que citamos a seguir: "[Meléagro] arranjou-os [aos epigramas de sua antologia] alfabeticamente, mas Constantino Céfalas mesclou-os, distribuindo-os dentro de vários capítulos, nomeadamente erótico, votivo, sepulcral e epidítico, tal como são arranjados agora no presente códice".

61 Consideremos, no entanto, que "embora fragmentos substanciais da *Guirlanda* sejam discerníveis na *Antologia*, seu escopo e conteúdos não são recuperáveis" (Gow & Page, 1965a, p.xxii).

56 LUIZ CARLOS MANGIA SILVA

no contexto da *Antologia palatina* não são arbitrárias, mas fruto do cálculo e da previdência – em uma palavra, da "editoração". Antes de nos debruçarmos sobre as sequências que constituem o nosso *corpus* – as dos livros 5 e 12, os livros eróticos –, mencionemos apenas de passagem as outras séries meleagrianas atestadas pela AP: no livro 6, são meleagrianas as sequências 109-157, 210-226, 262-313 e 351-358; no 7, 192-203, 207-212, 246-259, 263-273, 406-529, 646-657 e 707-740; no 9, 313-337 e 563-568.[62]

Ao passo que Meléagro fez uso mais propriamente da *concordia*, sem no entanto deixar de usar a *variatio*, Filipe, em sua *Guirlanda*, fez da *utilitas* seu principal procedimento. Organizando os poemas alfabeticamente, a partir da primeira letra de cada início de epigrama (a segunda letra era desconsiderada), o editor preferiu um recurso mais prático. A diferença de critérios entre as duas *Guirlandas* não foi notada pelo compilador lematista da AP, que atribuiu também a Meléagro a ordenação alfabética (Gow & Page, 1965a, p.xviii). Séries alfabéticas ou "de Filipe" são discerníveis no contexto dos livros da AP. Mencionemos, de passagem, as sequências em outros livros, que não os eróticos: no livro 6, são filipianas as séries 87-108 e 227-261; no 7, 364-405 e 622-645; no 9, 215-312, 403-423 e 541-562; no 10, 17-25; no 11, 23-46 e 318-327.[63]

Notemos, no entanto, que Filipe não usou somente um método alfabético na organização de sua *Guirlanda*: Cameron (2003) destaca (embora o nosso *corpus* não o ateste) que, dentro dos grupos de letras, o antologista utilizava um segundo princípio, este temático, entre os poemas de mesma letra inicial. Assim, Filipe fez uso de dois critérios: a *utilitas* e a *concordia*.

Filipe não arranjou de fato seu material sobre um princípio alfabético de sequência metódica. Ele simplesmente dividiu-o dentro

---

62 Com base em Argentieri (2007, p.155). Lembremos que a obra de Gow & Page (1965a, 1965b), em dois volumes, é uma tentativa de reconstrução da *Guirlanda* de Meléagro.

63 Com base em Argentieri (2007, p.162). Em dois volumes, Gow & Page (1968a, 1968b) tentam, como no caso de Meléagro, reconstruir essa *Guirlanda* de Filipe.

de vinte e quatro grupos de acordo com a letra inicial da primeira palavra de cada poema. (Cameron, 2003, p.37)

E ainda:

Filipe também teve um sistema interno e externo. [...] Dentro desses grupos [de letras], ele pôde empregar um sistema interno (sem dúvida muito similar ao de Meléagro) de ligação por comunidade (ou contraste) de tema ou paralelo verbal. (ibidem, p.40)[64]

Os epigramas eróticos

Os livros 5 e 12 da *Antologia palatina*, os livros eróticos, constituem material privilegiado para o estudo das antologias antigas não só porque contêm longas séries de epigramas extraídas, ao que parece, intactas das *Guirlandas* de Meléagro e de Filipe (elas constituem o nosso *corpus*), mas ainda do *Ciclo* de Agatias.[65] Material destacado, tais séries confirmam o que defendem Gow & Page (1965a, p.xix): extraídos das fontes antigas, especialmente de Meléagro, esses epigramas sofreram mais frequentemente subtração e deslocamento, em lugar de adição; e dessas práticas, "O caso mais claro é o encontrado na AP, nos livros 5 e 12, ambos contendo epigramas eróticos".[66]

---

64 Cf. ainda Cameron (2003, p.40-3) para exemplos de relação temática entre os epigramas da *Guirlanda* de Filipe.

65 Uma longa "série agatiana" ocorre no livro 5 da AP, do epigrama 216 ao 302 (Vioque & Guerrero, 2001, p.25; Aubreton, 1994, p.xxix, nota 1); no livro 12, não há nenhuma peça extraída do *Ciclo* de Agatias. Para a descrição dos epigramas do livro 12, a partir de sua procedência, cf. Aubreton (1994, p.xxix-xxx).

66 E ainda (Gow & Page, 1965a, p.xviii-xix): "Wifstrand mostrou, ademais, que, embora blocos de epigramas da *Guirlanda* [de Meléagro] possam não ter sofrido adição substancial, eles sofreram subtração e deslocamento".

58   LUIZ CARLOS MANGIA SILVA

As "séries meleagrianas" ou "da *Guirlanda* de Meléagro"

No livro 5 da *Palatina*, uma longa sequência meleagriana tem lugar e dela pode-se inferir, como fazem os estudiosos, um esboço dos critérios aplicados nessa coleção de epigramas. Ininterrupta ao longo de 81 poemas, a série meleagriana é a que começa no epigrama 134 e se alonga até o 215. Essa série inclui os nomes de Posidipo, Meléagro, Dioscórides, Asclepíades, Calímaco, Hédilo, Nóssis, Leônidas, outras vezes Meléagro (inclusive em sequências com apenas poemas próprios, como 171-180 ou 195-198, entre outras) – todos poetas, como sabemos, incluídos na primeira *Guirlanda* helenística. Revezando-se, eles são os únicos autores incluídos nessa série. Tomada como *corpus* de nosso trabalho, dela excluímos apenas os anônimos e uma peça duvidosamente atribuída a Simônides, poeta não helenístico.[67]

Nos poemas, como destacam Gow & Page (1965a, p.xviii, nota 7), há conjuntos a versar sobre o mesmo tema e, por essa semelhança, foram colocados seguidamente. Os estudiosos citam as séries 138-141 (o primeiro epigrama é de Dioscórides, os outros três de Meléagro), todos sobre música; 142-145 (essa série pode ser estendida até o epigrama 147; os poetas: anônimo, Meléagro duas vezes, Asclepíades, Calímaco e de novo Meléagro), sobre flores. A essas séries, podemos acrescentar ainda 178-180 (todos de Meléagro), sobre Eros "terrível"; 134-137 (respectivamente, Posidipo, anônimo, Meléagro duas vezes), sobre vinho; 154-156 (Meléagro, todos com apenas dois versos), elogios a cortesãs; 157-162 (exceto 159 e 160; Meléagro, Asclepíades, Hédilo/Asclepíades e Asclepíades), censuras a cortesãs; 164-167 (Asclepíades, Meléagro duas vezes, Asclepíades), sobre amantes abandonados diante de uma porta fechada; 181-185 (Asclepíades, Meléagro, Posidipo, Meléagro e Asclepíades), todos breves mimos (gênero ligeiro de

---

67 Os epigramas anônimos, excluídos de nosso *corpus*, são: 135, 142, 168, 200, 201 e 205; a Simônides atribui-se o epigrama 159.

O MASCULINO E O FEMININO NO EPIGRAMA GREGO **59**

drama comum na helenística) ou preparativos para um banquete (exceto 184). Os epigramas 140 (Meléagro), 146 (Calímaco), 148-149 (Meléagro) e 195-196 (Meléagro) tematizam as três Graças; 202-203 (ambos de Asclepíades), a tópica hípica; 206-207 (Leônidas e Asclepíades), duplas de cortesãs (também em 202); 212-215 (Meléagro, Posidipo, Meléagro mais duas vezes), Eros persuasivo.[68]

Pode-se inferir, dos grupos citados, a predominância de uma organização temática, interrompida, por vezes, por séries autorais (sobretudo de poemas do próprio antologista Meléagro), atestando assim os usos da *concordia* e da *variatio*. Correspondem, ainda, ao critério temático outros grupos de poemas fora do intervalo analisado, procedentes da *Guirlanda*: 7-8 (Asclepíades e Meléagro), sobre juras quebradas e a evocação de um candeeiro, semelhantes, ademais, a 150 e 153 (ambos de Asclepíades). Outra sequência, agora autoral, fora da sequência dos 81 epigramas analisados, pode ser vista em 52-56, todos de Dioscórides. Existem ainda outros epigramas "meleagrianos" distribuídos arbitrariamente no livro 5: 6 (Calímaco), 10 (Alceu), 23-24 (Calímaco e Meléagro), 64 e 85 (Asclepíades) e 96 (Meléagro).

Organizada, pois, preferencialmente, por temas e, por vezes, por autor, a *Guirlanda* de Meléagro, a julgar pelos testemunhos mencionados, fez uso do critério da *concordia*, mais do que da *variatio*, embora esta não esteja ausente. Acrescentemos ainda, acerca da organização de Meléagro, que sua antologia possuía um epigrama de abertura (o *Proêmio*, conforme se lê na AP 4.1) e um fecho, o qual acredita-se seja o epigrama 257, do livro 12, em que a *coronis*, marca diacrítica do papiro, assume a voz e anuncia o fim da coleção (Argentieri, 2007, p.154).

A *Guirlanda* de Meléagro é um trabalho elaboradamente projetado, dividido tematicamente em quatro livros, cada um caracteri-

---

68 Cf. também Gutzwiller (1998, p.283-301) para a reconstrução por temas das sequências eróticas da *Guirlanda* de Meléagro. Para os temas das sequências meleagrianas em outros livros da AP, ver Gutzwiller (1998, p.301-22).

60 LUIZ CARLOS MANGIA SILVA

zando séries de poemas entrelaçados. Muitas sequências são emolduradas e organizadas em arranjos simétricos. (Krevans, 2007, p.140)

A situação do livro 12 não é diferente: procedente quase exclusivamente da obra de Meléagro (a época de Filipe, como já afirmamos, não parece ter dedicado muita atenção ao poema pederástico) e de Estratão, que "ressuscitou" o tema em meio romano, a série meleagriana principia no epigrama 36 e estende-se até o 171, ou seja, ao longo de 135 poemas. Todos eles, excetuados os anônimos, constituem o nosso *corpus*.[69]

Os poetas que se alternam nessa série são Asclepíades de Adramítio, Dioscórides, Riano, Meléagro, Calímaco, Glauco, Posidipo, Asclepíades, Alceu, Polístrato, Antípatro, Dionísio e Mnasalces. Podemos perceber, em conjuntos dessa série, o cultivo de temas comuns: nos epigramas 42-44 (respectivamente, Dioscórides, Calímaco e Glauco), o tema da venalidade dos cortesãos; em 49-51 (Meléagro, Asclepíades e Calímaco), o vinho; 52-53 (Meléagro), tópica marítima; 75-78 (Asclepíades, Meléagro, Asclepíades/Posidipo e Meléagro), comparação entre a beleza de Eros e a de um cortesão; 158-165 (Meléagro nos dois primeiros, anônimo, Asclepíades três vezes, outras vezes Meléagro), elogio a cortesãos de diferentes nomes; 93-97 (exceto 96; respectivamente, Riano, Meléagro duas vezes e Antípatro), lista de nomes e atributos de cortesãos; 84-85 (Meléagro), náufrago de amor; 56-57 (Meléagro), sobre o escultor Praxíteles; 64-70 (Alceu, Meléagro, dois anônimos, Meléagro, anônimo e Meléagro), todos a aludir, direta ou indiretamente, ao par Zeus e o escansão Ganimedes (dos três anônimos da série, só o de número 66 não reitera o tema), entre outros.

Fora dessa grande série meleagriana do livro 12, existem ainda outros grupos de poemas procedentes da primeira *Guirlanda*: os

---

69 Os anônimos dessa série, excluídos de nossas análises, constituem cerca de trinta epigramas: 39, 40, 55 (atribuição duvidosa), 61, 62, 66, 67, 69, 79, 87, 88, 90, 96, 99, 100, 103, 104, 107, 111, 112, 115, 116, 123, 124 (atribuição duvidosa), 136, 140, 143, 145, 151, 152, 155, 156 e 160 (cf. Paton, 1999).

O MASCULINO E O FEMININO NO EPIGRAMA GREGO **61**

epigramas de 29-31 e 33 (Alceu duas vezes, Fânio e Meléagro) versam sobre a efemeridade da beleza. Os dois epigramas finais do livro são de Meléagro (256-257). Esparsos, temos ainda o 14 (Dióscorides), 23 (Meléagro), 37 (Dioscórides) e 230 (Calímaco). Eis o nosso *corpus*.

A conclusão de alguns estudiosos, como já pudemos mencionar, é de que os epigramas do livro 5 e 12 estavam unidos na *Guirlanda*, possivelmente em um único rolo de papiro – talvez o primeiro, talvez o último – dos quatro que teriam composto essa antologia. A relação predominante entre eles seria temática (*concordia*).

As "séries filipianas" ou "da *Guirlanda* de Filipe"

No livro 5, uma importante "série filipiana" pode ser distinguida. Trata-se de uma sequência de 29 poemas, do epigrama 104 ao 133. Os poetas Marco Argentário, Diotimo, Filodemo, Crinágoras, Antípatro, Antífilo, Mécio, Diodoro, Basso e Automédon revezam-se na composição dos textos; todos esses poetas, como sabemos, pertenceram à *Guirlanda* de Filipe. Como destacam os estudiosos, pode-se ver, nessa série, uma organização baseada em critérios alfabéticos, partindo da primeira letra do verso inicial. Reproduziremos as primeiras palavras de tais poemas:

Aíre (104) / Állos / Graía / Gignósko / Deilaíe / Drakhmés / Éngei / Eípon / Erásthen / Erásthes / E khalepé / Erásthen / Thélys / Thermaínei / Isiás / Ken rhípseis / Kaí nyktós / Mikké / Mé sy / Nykteriné / Oúpo / Ou méllo / Pénte / Parthénon / Stérna / Tén apo / Tí stygné / Psalmós / Ó podós / Ómos'egó (133)

A série, de fato, apresenta-se alfabeticamente, avançando do alfa (*a*, *a*), passando pelo gama (*g*, *g*), delta (*d*, *d*), épsilon (*e*, *e*), eta (*e*, *e*, *e*), teta (*th*, *th*), iota (*i*), kapa (*k*, *k*), mi (*m*, *m*), ni (*n*), ômicron (*o*, *o*), pi (*p*, *p*), sigma (*s*), tau (*t*, *t*), psi (*ps*), até chegar ao ômega (*o*, *o*). Notemos que, dentro de cada grupo de letras, a segunda é

62   LUIZ CARLOS MANGIA SILVA

realmente desprezível; de outra forma, no grupo com início em gama, *Gignósko* deveria anteceder *Graía*; no grupo do eta, a última palavra, *Erásthen* deveria aparecer junto com sua homônima, que principia a sequência; no grupo do kapa, *Kaì nyktós* deveria antececer *Kèn rhípseis*; da mesma maneira o grupo em ômicron (*Où méllo* antes de *Oúpo*), em pi (*Parthénon* antes de *Pénte*) e em ômega (*Ómos'egó* antes de *Ó podós*). Confirma-se, pois, a existência de um critério alfabético baseado apenas na primeira letra do primeiro verso, a desconsiderar a segunda, conforme nosso *corpus* filipiano procedente do livro 5 da AP.

Sobre tal critério, cabe ainda indagar se a *Guirlanda* de Filipe organizava os poemas de alfa a ômega ininterruptamente ou compunha pequenos grupos (como o já citado) com as sequências de alfa a ômega a repetirem-se. É difícil responder a essa questão, embora o nosso exemplo testemunhe o segundo caso (cf. Argentieri, 2007, p.163).

Atentando aos temas cultivados, não parece mesmo proceder da relação temática a distribuição dos epigramas na série: no grupo 109-114 (respectivamente, Antípatro, Argentário, Antífilo, Filodemo, de novo Argentário, Mécio), os temas são as metamorfoses de Zeus, o vinho, o desenvolvimento de uma cortesã, a efemeridade dos prazeres; só nos dois últimos, o tema é semelhante, o amor venal; no grupo 127-133 (Argentário duas vezes, Automédon, Mécio, Filodemo duas vezes, Mécio), os temas são a sedução de uma virgem, o candeeiro como testemunha dos trabalhos de Afrodite, os atributos de uma dançarina, uma cortesã a lamentar-se, os encantos de outra cortesã, elogio às partes de uma cortesã, outra cortesã a evocar Citéria. Assim, mais ou menos caoticamente, os epigramas não parecem reunir-se por identidades temáticas – embora Cameron (2003) tenha destacado esse segundo critério como um critério interno de Filipe –, mas, como foi mostrado, por relação alfabética.

Fora dessa série filipiana, existem outros epigramas, procedentes dessa *Guirlanda*, alocados no livro 5: de 30 a 34 (Antípatro duas vezes, Argentário, Parmênio duas vezes), paradoxalmente, todos os textos versam sobre amores venais (com alusões à Dânae, sedu-

O MASCULINO E O FEMININO NO EPIGRAMA GREGO **63**

zida com ouro por Zeus), embora não apareçam em ordem alfabética; 306-309 (Filodemo, Antífilo, Antífilo/Filodemo e Diófanes), sobre, respectivamente, uma cortesã impiedosa, Leda e Zeus, um mimo (encontro com uma cortesã orgulhosa) e os atributos de Eros. Esparsos ao longo do livro 5, somem-se ainda os epigramas 3-4 (Antípatro e Filodemo), 13 (Filodemo), 16 (Argentário), 20 (Onesto), 25 e 46 (Filodemo), 63, 89 e 102 (Argentário).

No livro 12, apenas nove epigramas procedem da *Guirlanda* de Filipe. Distribuídos arbitrariamente pelo livro, uma breve sequência, no entanto, chama a atenção, por apresentar uma relação temática: na série 24-27 (o primeiro de Túlio Láureas, os seguintes de Estatílio Flaco), todos os poemas versam sobre o crescimento da barba (e a consequente indisposição para o cortejo) de um cortesão chamado Pólemon. Curiosa sequência, uma vez que incomum em Filipe; mais curiosa ainda porque os epigramas principiam com letras semelhantes: em 24, as primeiras palavras são *Eí moi*; em 25, *Sôon moi*; em 26, temos, de novo, *Eí moi*; e por último, surge *Saîs íkelon* (27). Aparente ou coincidentemente, dois poemas começam com sequências idênticas (*Eí moi*) e dois, com letras iguais (sigma). Passível de diferentes especulações e dúvidas acerca dos critérios de Filipe, a nós interessa apenas explicitar tais casos, sem tentar resolvê-los, já que não se trata de questão fundamental para o que se propõem aqui.

Assim, o que podemos concluir é que as "escolhas editoriais" de Meléagro e de Filipe não foram iguais: enquanto a primeira resulta predominantemente do uso de critérios temáticos, ou da *concordia*, combinada à *variatio*, a outra prima por critérios alfabéticos, ou da *utilitas*.[70] Ressalvando as especificidades, podemos afirmar o seguinte sobre as *Guirlandas*:

---

70 Krevans (2007, p.140): "Poderíamos ademais caracterizar Filipe como um agressivo proponente da *utilitas*, mas isso ignoraria a evidência de que [...] dentro de cada grupo de letras seguiu princípios similares àqueles de Meléagro". Essa última afirmação não parece demonstrável com o nosso *corpus*, como afirmamos.

Meléagro, como um autêntico herdeiro dos poetas helenísticos, arranjou sua coleção de acordo com um sutil e complexo critério; Filipe, vivendo em um mundo em que a educação escolar e retórica estavam arraigadas na prática escolar e erudita. A *Guirlanda* de Meléagro inclui grandes poetas helenísticos amiúde já conhecidos de outras fontes que não a AP; a de Filipe contém poetas que são frequentemente meros nomes ou dos quais as melhores realizações foram extraliterárias. Meléagro focalizou especificamente epigramas "líricos" e excluiu poemas de corte, embora os últimos tivessem uma ocorrência frequente na poesia helenística; na coleção de Filipe, alguns subgêneros epigramáticos declinam, enquanto outros ascendem, como as peças breves que vivamente refletem a vida de corte. (Argentieri, 2007, p.164)

Por fim, evidenciados os critérios de editoração das antologias antigas, podemos afirmar que os epigramas eróticos dos livros 5 e 12 da *Palatina* (procedentes mormente da *Guirlanda* de Meléagro) foram editados conjuntamente, como se se tratasse de uma só matéria, e não de duas (como faz supor sua organização moderna em dois livros), o que sugere a existência de afinidades entre essas produções.[71]

---

71 Cf. ainda as tábuas de Gutzwiller (1998, p.326-8) para a hipotética reconstrução dos epigramas eróticos conforme os critérios de Meléagro.

2
MASCULINO E FEMININO NA GRÉCIA ANTIGA: UM ESTUDO DE GÊNERO

Introdução: as identidades de gênero

A realização de uma análise de "gênero" no conjunto das produções, tanto antigas como modernas, justifica-se pelo fato de que a maioria das sociedades organiza, primordialmente, uma divisão das atividades sociais baseada na diferença sexual, ou seja, nas culturas em geral, a distribuição de atividades conforme o sexo dos indivíduos (masculino e feminino) "faz sentido" – daí a pertinência de se falar de gênero.

A partir, pois, da relação estabelecida entre os sexos (seja de oposição, dualidade ou complementaridade, como concebem diferentemente os estudiosos), um universo de práticas sociais e sexuais inscreve-se a homens e mulheres, a que uma constelação de símbolos é "convidada" a representar; correspondentes às atividades que cada um dos sexos desempenha no contexto de uma dada sociedade, são esses símbolos que criam e recriam as identidades de gênero. Naturalmente, nem todas as atividades sociais referem-se com exclusividade a um dos sexos em particular, sendo bem poucas, aliás, as que podem ser consideradas estritamente masculinas ou femininas; apenas a geração e a procriação de filhos parecem inalienavelmente femininas. Muitas outras atividades podem (ou poderiam) ser desempenhadas por ambos os sexos – daí a reivindicação das primeiras feministas por uma sociedade andrógina, ideal, todavia, abandonado pela maioria das correntes teóricas atuais que preferem centrar-se nas especificidades do feminino, bem como nas do masculino. "Raça" e "classe" também devem ser consideradas, junto à análise de gênero, como determinações socioculturais que acometem os indivíduos sexuados como um todo.[1]

No caso da Grécia antiga, não foi diferente. Um conjunto bem definido de atividades sociais – e derivado delas, um universo de representações simbólicas – pode ser visto a definir as esferas do masculino e do feminino. Embora não seja possível em um único trabalho (nem é esse o nosso objetivo) abordar as múltiplas facetas das representações de gênero na Grécia antiga (variáveis segundo a época, o contexto social, cultural, as fontes, entre outros), desenvolveremos uma análise de gênero sobre o conjunto de epigramas eróticos helenísticos abrigados na *Palatina* (livros 5 e 12). O uso da categoria "gênero" para a análise dos epigramas, isto é, dentro da esfera de representação da sexualidade antiga, é adequado não só porque nesses poemas tematizam-se as atrações *sexuais* de amantes, mas também porque, sendo grande a carência de estudos sobre o tema – que são, amiúde, demasiado generalizadores –, maior ainda é de estudos que procedem à revisão das interpretações tradicionais, preocupados em questionar a concepção vigente de "padrões sexuais" nas representações de gênero na Grécia antiga. Concebido como *mímesis* das ações humanas,[2] o epigrama grego da época helenística constitui um rico *corpus* das representações sexuais entre

---

1 "Gênero", "raça" e "classe social" são as três categorias adequadas à análise histórica, conforme postulado por Scott (1995, p.71-99); cf. mais detalhes adiante.

2 Neste livro, o termo "representação" deve ser lido como tradução da *mímesis* aristotélica (Aristotle, 2005, 1447a16, p.28-29). Embora a *Poética* não se refira especificamente à lírica, certas semelhanças suas com o drama permitem o câmbio terminológico, uma vez que os epigramas helenísticos são bastante "dramáticos", isto é, permitem vislumbrar o desenvolvimento de ações (*mýthos*), personagens (*éthos*), entre outros.

os antigos – seja porque o epigrama foi um dos melhores veículos para o tema erótico (como atesta a seleção da *Guirlanda* de Meléagro), seja por se tratar de uma fonte pouco explorada pelos estudiosos, seja ainda porque relativiza certas concepções tradicionais, como se verá.

Quanto à Helenística, embora os estudos tendam a reconhecer a especificidade das representações do masculino e do feminino na época (a mulher a conquistar espaço na vida pública, mundana e social como um todo[3]), acabam, porém, por (re)utilizar as interpretações da sexualidade de outras épocas para definir a desta. Registremos, todavia, que esforços têm sido feitos por alguns estudiosos para minimizar a carência de pesquisas sobre gênero na Antiguidade, de maneira que uma recente produção nacional e estrangeira sobre o tema pode ser encontrada nas bibliotecas universitárias (ver relação completa de títulos em "Referências bibliográficas").

Descrever, portanto, a categoria "gênero", mostrando sua pertinência e alcance nos estudos tanto antigos como modernos, e explicitar quais as atribuições e representações de gênero na Grécia antiga, eis nosso objetivo neste capítulo.

Para uma análise de gênero

Histórico da categoria "gênero"

A ideia expressa pela categoria analítica "gênero" deriva dos resultados das investigações feministas que, desde a década de 1960, vêm investindo sistematicamente na compreensão dos "lugares do feminino", tanto no mundo antigo como no moderno. "Gênero" representa, nesse sentido, o amadurecimento de uma abordagem para as relações sociais estabelecidas entre o sexo masculino e o feminino.

---

3 Cf., por exemplo, Fantham et al. (1994, p.136-82).

68 LUIZ CARLOS MANGIA SILVA

Nos estudos feministas, podemos distinguir pelo menos três influxos distintos, cada qual com um enfoque ligeiramente diverso das questões que envolvem homens e mulheres nas sociedades. Decorrentes do questionamento de historiadoras feministas sobre a pretensiosa ideia da existência de um sujeito histórico universal (Soihet, 1997, p.95) – que coincide, "naturalmente", com um sujeito histórico masculino –, as pesquisas dessas historiadoras principiaram a delimitar, junto com o movimento feminista dos anos 1960, seu "campo específico de estudo": a "história das mulheres" (ibidem, p.97).[4] As preocupações teóricas com o feminino são, todavia, mais antigas,[5] mas sua decisiva influência política e social só se fez notar há menos de cinquenta anos. Assim, a primeira investida feminista foi contra a opressão das mulheres pelos homens, no seio da sociedade moderna, cujo modelo patriarcal restringia os direitos femininos: "Até a década de 1970, muito se discutiu acerca da passividade das mulheres, frente a sua opressão, ou de sua reação apenas como respostas às restrições de uma sociedade patriarcal" (ibidem, p.99).

A reivindicação das mulheres, nesse contexto de opressão masculina, foi por igualdade de direitos. A manutenção das diferenças constituiria uma afronta ao exercício da democracia feminina, de maneira que, identificando-se com a racionalidade dominante (Machado, 1992, p.25), as mulheres desejaram ocupar os mesmos

---

4 O alargamento de temas relevantes à investigação historiográfica – não só as mulheres, mas as crianças, os marginais, a sexualidade, o amor, entre outros – também data dessa época (Funari et al., 2003, p.19).

5 Soihet (1997, p.98) cita Michelet, cujo estudo, no século XIX, já focalizava a mulher como objeto da História, associando-a, "De forma coerente com o pensamento dominante em seu tempo", com a esfera privada; se intenta atuar no espaço público, "usurpando os papéis masculinos", a mulher constitui um mal, gera um "desequilíbrio da história", desrespeita a identificação mulher/natureza e homem/cultura, que constituem, conforme essas ideias, "um dos motores da história". Soihet (1997, p.99) menciona ainda a historiadora norte-americana Beard, que abordou a marginalização da mulher nos estudos históricos, em sua obra intitulada *Woman as force in History*, na década de 1940, como uma das inauguradoras do debate.

O MASCULINO E O FEMININO NO EPIGRAMA GREGO   **69**

espaços que os homens, além de depreciarem, conforme destacam algumas correntes teóricas, as especificidades femininas relativas à maternidade (como a geração e a amamentação). Famoso tornou-se o gesto das feministas da época, que queimaram sutiãs, afirmando assim a ausência de diferenças entre homens e mulheres. Quanto a essa postura, consideremos: "Sem dúvida que a diferença deve ser denunciada e combatida quando se torna desigualdade, unilateralmente imposta por um sujeito mais forte e para servir objectivos interesseiros" (Ferreira, 2001, p.55).

A questão da subordinação feminina demandou uma resposta combativa das mulheres e urgiu a redação, no campo acadêmico, de uma "história das mulheres" – história "miserabilista", no entanto, no dizer de Perrot (apud Soihet, 1997, p.100), uma vez que seu objeto de investigação foram os casos de mulheres espancadas, enganadas, humilhadas, entre outros.

A segunda geração de estudiosas feministas colocou em questão a ideia de uma igualdade incondicional entre homens e mulheres; e se a primeira geração pode ser conhecida por seu "feminismo da igualdade", esta o será por seu "feminismo da diferença".[6] Ferreira (2001, p.55), depois de denunciar a diferença entre os sexos, afirmará:

> Mas o reverso da denúncia não é a homogeneidade. Pelo contrário, a anulação das diferenças e a consideração a-sexuada dos indivíduos afigura-se-nos como mais uma forma de desrespeitar a feminilidade, fazendo tábua rasa da sua existência e abdicando do que ela tem de específico.

De fato, o reconhecimento das diferenças entre os sexos conduz à reivindicação por igualdade de direitos para homens e mulheres. O "reverso" desse reconhecimento foi, todavia, conceber um grande desapreço pelas atividades vistas historicamente como femininas: ao afirmarem a inexistência de atividades definíveis como masculinas

---

6 As duas expressões podem ser vistas em Galcerán (2001, p.44). Ver também Ferreira (2001, p.54) para "feminismo igualitário".

70 LUIZ CARLOS MANGIA SILVA

ou femininas, algumas correntes teóricas feministas reivindicaram a criação de uma sociedade andrógina, uma vez que se tratava de feministas "que se envergonham dos atributos próprios das mulheres e que os anulam ao pugnar pela igualdade" (ibidem, p.58). Isentar as mulheres, se possível (e com a medicina moderna isso até o seria), até mesmo das atividades de concepção da vida poderia vir a ser um objetivo desse feminismo radical.[7] Ora, as atividades da maternidade competem, não só a elas, mas especialmente às mulheres:

> Não nos parece servir à causa das mulheres conceder aos homens a possibilidade de as substituir no acompanhamento dos filhos recém-nascidos. Esta permuta, entendida como conquista no que respeita à igualdade de direitos, demonstra no entanto uma desconsideração funda pela especificidade da relação mãe-filho nos primeiros tempos de vida. (Ferreira, 2001, p.55)

A segunda geração feminista propôs, assim, a diferença entre os sexos como um valor e buscou na especificidade do feminino a sua definição de gênero. Interessadas na manutenção de certas diferenças entre os sexos (não nas que se referem a direitos, naturalmente), as feministas focalizaram o universo correspondente às mulheres: a estudiosa francesa Farge propôs estudar o mundo privado, entendendo-o como uma extensão do público, com o qual constitui uma unidade, proposta "assaz renovadora frente ao enfoque tradicional 'privado *versus* público'" conhecido até então (Soihet, 1997,

---

7 Mencionemos que Lenin (1980, p.68-75), ao abordar as questões femininas na sociedade comunista, expressa seu anseio de ver a emancipação das mulheres dos trabalhos ligados à criação dos filhos. Bem antes do movimento feminista, na década de 1910 (em textos jamais incorporados à bibliografia dos principais estudos da questão!), o revolucionário defende a criação de creches, berçários, entre outros, como uma das formas de efetivar a igualdade de direitos e de possibilidades entre homens e mulheres. Destaquemos que as atividades de geração e de criação dos filhos têm, no discurso leninista, um valor negativo, sendo um objetivo libertar as mulheres dessas atividades "improdutivas" – mais ou menos em conformidade com algumas correntes feministas ulteriores.

p.105). Essa concepção supõe que "o privado é político" (Machado, 1992, p.34).

No entanto, essa geração encontrou-se diante de um dilema: "Ao mesmo tempo em que se afirmava o caráter arbitrário (cultural) do gênero, mantinha-se uma relação de imanência (não-arbitrário) com o sexo biológico" (ibidem).

Embasadas pela psicanálise lacaniana, as feministas dessa época conceberam que "se as mulheres realizam 'funções de lei-do-pai' (por exemplo, duas mulheres sozinhas educando um filho), elas simbolizam a lei, mas a lei continua masculina" (ibidem, p.54). A relação entre arbitrário e não arbitrário ofuscava, no contexto das ideias lacanianas, a possibilidade de as mulheres participarem do poder sem masculinizar-se: arbitrariamente atribuído ao masculino, por meio da simbolização do falo, o poder assim concebido precisa ser questionado; ao tornar aparentemente natural a relação entre falo e poder no contexto de uma dada cultura, essa relação usurpa do feminino a possibilidade de semelhante participação social. O feminismo dessa geração perguntava-se sobre a possibilidade de mudança das relações de socialização para a consequente mudança das relações e funções em torno do poder (ibidem). Assim, por essa época, no fim dos anos 1970 e nos começos da década de 1980, a ênfase dos estudos de gênero era na diferença universal entre "o" homem e "a" mulher (ibidem, p.31).

À terceira geração coube conciliar os anseios por igualdade entre mulheres e homens, proferida pela primeira geração feminista, com a compreensão das especificidades femininas, conforme destacadas pela segunda. A reivindicação do espaço público, sem, no entanto, o abandono das atividades maternais, ou seja, um equilíbrio entre as esferas "masculinas" e "femininas", parece ter sido um dos objetivos dessa geração. E, dentro das diferenças entre homens e mulheres, concebidas como culturais, essa geração concebeu ainda a diferença do feminino com o feminino:

> A terceira geração teria como tarefa reconciliar o tempo maternal (cíclico e monumental) com o linear (político e histórico). Cri-

ticava, assim, a universalidade de uma diferença radical entre os gêneros. Postulava a instauração simbólica de uma multiplicidade de diferenças: diferenças entre homens e mulheres, mulheres e mulheres no nível mesmo da interiorização individual. (Machado, 1992, p.25)

Conciliando as esferas pública e privada e concebendo diferenças em relação aos homens, mas também entre si mesmas, o conceito de mulheres agora "Rejeitava a possibilidade de se compreender o feminino num mundo puramente feminino, pois o feminino se definia em relação ao masculino (o contrato sócio-simbólico entre os sexos)" (ibidem, p.25). Ora, estamos a um passo da formulação do conceito de "gênero", uma vez que a compreensão de identidades relacionais como fruto das interações sociais e culturais entre os sexos começa a germinar.

A terceira geração situa-se no fim dos anos 1980. De novo, as ciências sociais (que desde os primórdios da investigação feminista é a área, junto com antropologia e linguística, que mais amparo concedeu a tais estudos[8]), mas também a literatura, são os campos em que os estudos de gênero começam a substituir os "estudos das mulheres", superando assim a compreensão dos papéis masculinos e femininos em sua estrita relação com o biológico:

A nova proposta acadêmica dos estudos de gênero parece buscar afirmar duplamente que o conceito de gênero supera o papel sexual, por sua demarcação mais frontal contra o determinismo biológico, e que este conceito, por ser relacional, supera a idéia das esferas separadas para um e outro sexo. (ibidem, p.26)

---

8 Cf. Machado (1992, p.35, 26): "Para a proposição da diferença universal de gênero e das diferenças de gêneros, as contribuições da Psicanálise, da Antropologia e da Lingüística são as mais citadas na constituição do campo". E ainda: "No fim dos anos 80, especialmente a partir de 1987, no Brasil, na academia de Ciências Sociais e na academia dos estudos de Literatura e crítica literária, postula-se a primazia dos estudos de gênero".

O MASCULINO E O FEMININO NO EPIGRAMA GREGO **73**

E ainda:

A possibilidade radical de uma terceira geração [proposta por Kristeva] [...] é pensar simultaneamente a diferença entre mulheres e homens no plural e no singular, intramulheres e intra-homens, colocando portanto ambas, universalidade e particularidade, em questão. Esta possibilidade pressupõe trabalhar com um conceito exclusivamente cultural de sistema de gêneros [...]. A diferença biológica de sexo seria um elemento "bom para pensar" a relação com outros elementos diferenciais do universo (sol, lua, terra, energia, ordem, destruição, criação, controle, prestígio, etc.) (ibidem, p.31)

Não obstante as diversas posturas dessas teóricas do feminismo, dois enfoques (Ferreira, 2001, p.48-9) principais têm animado as pesquisas nessa área: um essencialista, que concebe, portanto, que os papéis sexuais ligam-se diretamente às determinações biológicas; e outro, culturalista, que entende que os papéis de homens e mulheres são construídos culturalmente, podendo variar, portanto (como de fato acontece), de cultura para cultura.[9]

Desde os gregos, foco de análise de Sissa (1990, p.79-126), uma visão essencialista definiu os papéis sociais e sexuais de homens e mulheres. E como a cultura da época clássica fosse "masculinizada", ou seja, adotava os padrões masculinos (de beleza, de virtudes) como norma das representações de gênero como um todo, tudo aquilo que se relacionava à mulher, ao seu corpo, aos seus ritmos, era visto como um "defeito", um desvio do padrão canônico: o masculino.[10] Sissa (1990, p.104) apresenta a comparação, feita por Aristóteles, entre os seios femininos e os peitorais masculinos:

---

9 Sobre os enfoques essencialista e culturalista, cf. também Piscitelli (1997, p.55).

10 Quanto ao corpo feminino, pode-se afirmar que ele expressa "a fraqueza, o malogro sistemático em relação a um modelo [masculino]". "É que a mulher é ela própria um defeito" (Sissa, 1990, p.104). Ver ainda: "A mulher é passiva e, na melhor das hipóteses, inferior em relação, escusado será dizer, ao padrão anatômico, fisiológico e psicológico: o homem" (ibidem, p.85).

Comparados com os músculos peitorais do tórax masculino, eles [os seios] aparecem, evidentemente, como intumescências esponjosas, capazes de se encherem de leite, mas inevitavelmente moles e rapidamente flácidos, pois a carne masculina é compacta, enquanto as mulheres são porosas e úmidas.

Dessas diferenças aparentemente objetivas, segundo os gregos, muitas outras derivavam-se, a fim de compor a "essência" de cada um dos sexos. Ainda segundo Aristóteles, a mulher é, em relação ao homem, "pequena, débil, frágil; tem menos dentes, menos suturas cranianas, menos voz"; tem a *"phýsis* mutilada" e por uma "falta de calor vital", o seu fluxo menstrual não chega a tornar-se esperma, fim último desse processo. "O sangue menstrual é, portanto, um sinal mais da frieza feminina"; "É o equivalente do esperma masculino, é esperma sem o ser, porque é cru" (ibidem, p.105). A mulher, assim concebida, representa, pois, pequenez, fragilidade, debilidade e incompletude, enquanto o homem encarna o seu oposto. Assim construída no imaginário grego, a mulher, ou a fêmea, é marcada por uma *adynamía*, uma falta de vigor, diferentemente do macho, cujo calor vital (*dýnamis*) engendra o esperma, signo de sua potência.[11]

Das diferenças fisiológicas entre machos e fêmeas derivam, "naturalmente", diferenças de papéis, no entender de Aristóteles (*Geração dos animais*):

A fêmea é, de facto, enquanto fêmea, um elemento passivo, e o macho, enquanto macho, um elemento activo, e é dele que parte o princípio do movimento. De maneira que, se tomarmos cada um destes termos no seu sentido último, um no sentido de agente e de motor, o outro no sentido de paciente e móbil, o produto único que se forma a partir deles só pode sê-lo à maneira do leito que provém do operário e da madeira, ou da bola que sai da cera e da forma. (Sissa, 1990, p.109)

---

11 Para a importância do macho e a desimportância da fêmea na reprodução, segundo Aristóteles, cf. Sissa (1990, p.105-9).

O MASCULINO E O FEMININO NO EPIGRAMA GREGO **75**

Por fim, concebe-se que o masculino tem a ver com "alma", "forma" e "movimento", e o feminino com "corpo", "matéria" e "passividade". Nessas dicotomias, pode-se ver que o feminino "ocupa o lugar do negativo, da alteração e do defeito" (ibidem, p.110).

Ainda que os atributos relacionados ao masculino e ao feminino, desde os gregos até nós, tenham se modificado relativamente pouco – o que faz parecer que existe realmente uma "essência" masculina e outra feminina, imorredouras, iguais a si mesmas em todas as épocas –, os problemas da visão essencialista derivam, primeiro, do fato de supor-se "um significado permanente ou inerente para o corpo humano" (Scott, 1995, p.78), o que não é verdade, bastando comparar as representações de gênero de diferentes culturas (por exemplo, as identidades sexuais dos melanésios em relação às nossas, como mostra Piscitelli (1997, p.62-3)) para percebermos diferenças significativas; e segundo, porque a visão essencialista não enxerga a si mesma como um produto culturalmente construído, ou seja, os conhecimentos sobre o corpo biológico dependem do estágio de desenvolvimento em que essa ciência (no caso, a biologia) encontra--se no seio de nossa cultura, de maneira que nossa visão *biológica* sobre o corpo está submetida ao alcance de nossa visão *cultural* sobre o corpo.

A visão culturalista, defendida por muitos estudiosos das relações de gênero, recusa compreender as definições masculinas e femininas como "naturais", como derivadas das determinações fisiológicas ou biológicas. Destaquemos que a "naturalização" da dicotomia masculino-feminino estabelece outras dicotomias, igualmente "naturais", tais como cultura-natureza, em que se representa a mulher como ligada à natureza[12] – e, por extensão, ao corpo, aos instintos, ao sexo – e o homem à cultura, ou seja, à mente, à razão, ao autocontrole dos instintos.

---

12 Cf. Ferreira (2001, p.53), que cita Rich como exemplo de estudiosa que defende a maior proximidade do corpo feminino em relação à natureza.

Parece mais acertado conceber que a cultura – e seus diversos meios de representação social – é a engendradora das identidades sexuais:

> A expressão "relação de gênero", tão amplamente utilizada nos estudos atuais, designa, segundo Maria Lygia Quartim de Moraes, a incorporação de uma perspectiva, em primeiro lugar, culturalista. Para ela, "[...] as categorias diferenciais de sexo não implicam no reconhecimento de uma essência masculina ou feminina, [...] mas diferentemente apontam para a ordem cultural como modeladora de mulheres e homens". (Funari et al., 2003, p.22)

Reconhecer a ordem cultural como a base da construção das identidades de gênero explica as diferenças de códigos sobre homens e mulheres em diferentes sociedades, mas também em diferentes épocas numa mesma sociedade. A "ótica culturalista", proposta por Funari et al. (2003, p.22-3), recusa a naturalização dos papéis sociais e sexuais em nossa cultura, recusando, por consequência, a condição de passividade e submissão das mulheres e a de comando e domínio dos homens. Se as identidades de homens e mulheres são social e culturalmente construídas, pode-se reivindicar uma maior paridade entre os gêneros e a manutenção de fundamentais diferenças específicas.

A categoria "gênero": Joan Scott

Joan Scott (1995, p.71-99) é a estudiosa responsável por ter definido os limites de "gênero" como categoria de análise histórica. Em seu famoso artigo intitulado "Gênero: uma categoria útil de análise histórica", publicado em fins da década de 1980, nos Estados Unidos, a autora precisa os contornos do conceito, mostrando a legitimidade desse tipo de investigação e a pertinência de seu uso. Afirma, primeiramente, que o termo "gênero", no vocabulário analítico, expressa uma noção relacional: "Segundo esta visão [relacional], as mulheres e os homens eram definidos em termos recíprocos e não se poderia compreender qualquer um dos sexos por meio de um estudo inteiramente em separado" (ibidem, p.72).

No âmbito acadêmico, em que os "estudos das mulheres" não tinham até então o reconhecido estatuto de investigação científica, o uso do termo "gênero", a definir as interações entre os sexos, sugeriu maior erudição e seriedade às pesquisas, em começos dos anos 1980, uma vez que o alcance semântico do termo "tem uma conotação mais objetiva e neutra do que 'mulheres'" (ibidem, p.80). Assim, ao passo que uma "história das mulheres" reivindica sua posição política como "sujeito histórico válido", "o termo 'gênero' inclui as mulheres, sem lhes nomear" (ibidem). Falar de homens implica, portanto, falar de mulheres:

> O termo "gênero", além de um substituto para o termo "mulheres", é também utilizado para sugerir que qualquer informação sobre as mulheres é necessariamente informação sobre os homens, que um implica o estudo do outro. [...] o mundo das mulheres faz parte do mundo dos homens. (Scott, 1995, p.75)

Com o conceito "gênero", os estudos feministas ou "das mulheres" – agora estudos de "gênero" – passam a ter reconhecida a sua legitimidade acadêmica, em fins dos anos 1980.

> No espaço aberto por este debate, [...] as feministas não somente começaram a encontrar uma voz teórica própria; elas também encontraram aliados/as acadêmicos/as e políticos/as. É dentro desse espaço que nós devemos articular gênero como uma categoria analítica. (ibidem, p.85)

Por "gênero" Scott (1995, p.75) entende, portanto, as "construções culturais", as concepções "inteiramente sociais" acerca dos "papéis adequados" a homens e mulheres no contexto de uma dada sociedade. Rejeitando uma explicação biológica para as assimetrias entre os sexos, a autora encontrará "origens exclusivamente sociais" para as identidades masculina e feminina (ibidem).

78 LUIZ CARLOS MANGIA SILVA

Quanto à relação entre construção cultural e determinação biológica da sexualidade humana, a autora afirma que "gênero" põe em evidência "um sistema de relações" "que pode incluir o sexo, mas não é diretamente determinado pelo sexo, nem determina diretamente a sexualidade" (ibidem, p.76). É complexa a relação entre sexo, entendido biologicamente, e sua representação como gênero: se, de um lado, não há a possibilidade de se falar de gênero sem considerar as diferenças biológicas entre os indivíduos, de outro, "gênero" não pode ser entendido em sua exclusiva relação com o biológico:

> [...] a categoria de gênero estaria sempre referida à diferença biológica de sexo (diferenças anatômicas e diferenças na função biológica reprodutiva). A diferença biológica de sexo seria "boa para pensar" e sempre constituída no simbólico, mas não facultativo. (Machado, 1992, p.31)

A diferença de sexo não é, pois, "facultativa", senão não se trataria de "gênero": "não importa como o sexo, a Biologia e a natureza sejam pensados localmente, 'gênero' sempre mantém sua relação com a referência sexual. Caso não o fizesse, não seria gênero, seria outra coisa" (Piscitelli, 1997, p.65).

Segundo essa concepção, "trabalhar com gênero implica privilegiar, pelo menos explorativamente, um olhar que 'parte' de certas diferenças e não de outras" (ibidem). O reconhecimento cultural das diferenças biológicas entre homens e mulheres – "Contudo, a formulação do que sejam estas diferenças biológicas já é cultural" (Machado, 1992, p.32) – encontra sua representação simbólica no âmbito da linguagem, na qual se estabelecem os "papéis" convenientes a cada um dos sexos, relativos à atribuição "adequada" das atividades sociais como um todo, definidas em termos "masculinos" ou "femininos". Quanto à marca que as formações culturais de "gênero", com sua força ideológica, imprimem nos corpos biológicos, evoquemos Bourdieu (1999, p.32-44), cuja obra, *A dominação masculina*, apresenta um conceito interessante para definir a relação de gênero no limite entre a biologia e a cultura: por meio dos

O MASCULINO E O FEMININO NO EPIGRAMA GREGO **79**

discursos ideológicos, os indivíduos sofrem uma "somatização", uma "incorporação" das qualidades e das diferenças de gênero: os símbolos culturais têm tal força que, se foram definidos (arbitrariamente) a partir das diferenças sexuais entre homens e mulheres, acabam por (re)definir os corpos sexuados. Assim, por exemplo, a reprodução de um discurso de fragilidade, de incapacidade, de desequilíbrio emocional sobre a mulher atinge seus fins quando "convence" os corpos femininos (depois de convencida a mente) de sua virtual fragilidade, agora "incorporada" e, quiçá, verdadeira. E, convencidos corpos e mentes femininas, está feita a manutenção da ordem – ordem "masculina", é preciso dizer, em que, no entanto, uma "visão androcêntrica impõe-se como neutra" (ibidem, p.18). Os discursos que expressam os valores masculinos, por sua vez, tendem a representar o avesso, para os homens, dos valores relacionados às mulheres.[13] Notemos que Bourdieu (apud Scott, 1995, p.88) afirmará, em outro lugar, que a "'di-visão do mundo', baseada em referências às 'diferenças biológicas', e, notadamente, àquelas que se referem à 'divisão do trabalho de procriação e de reprodução', operam como 'a mais fundada das ilusões coletivas'".

Quando se dividem as esferas sociais entre o masculino e o feminino, ou seja, os trabalhos, os espaços, as funções, os adjetivos, entre outros (sendo esta "a mais fundada das ilusões coletivas"), casos haverá de desarmonia entre a identidade de gênero e a definição sexual biológica de um indivíduo. As ocorrências de "masculinização" de mulheres ou "feminilização" de homens, ou ainda, de "androginia", entre outros, devem ser compreendidas à luz de uma quebra de expectativa na relação sexo/gênero: nesses casos, a expectativa cultural *sexo* masculino corresponde a *gênero* masculino ou *sexo* feminino a *gênero* feminino não se cumpre, uma vez que a expressão de gênero não coincide com o padrão biológico. Nesses casos, pode ser mais fácil para um indivíduo trocar de sexo, por meio

---

13 Ver os exemplos citados por Bourdieu (1999, p.36-7) sobre o "trabalho psicossomático" de masculinização aplicado aos meninos da sociedade cabila; e igualmente, de feminilização, às meninas.

80 LUIZ CARLOS MANGIA SILVA

de uma intervenção cirúrgica, do que tentar trocar de gênero, dada a impossibilidade deste último, uma vez que "gênero" refere-se a uma formação cultural indelével, determinada historicamente.[14]

Por meio de um discurso de legitimação, ou seja, de uma suposta "naturalização" dos atributos de homens e de mulheres, consolida--se, no contexto de uma dada sociedade – a nossa, por exemplo –, a dominação das últimas pelos primeiros:

> A "naturalização" da mulher, a sua maior proximidade com a natureza, longe de ser um aspecto psicológico e biológico, é consequência de um longo processo de apropriação do corpo da mulher por parte do homem, sancionado pelos seus correspondentes discursos de legitimação. (Galcerán, 2001, p.44)[15]

Assim, a bem fundada "ilusão coletiva" das diferenças entre masculino e feminino, por um processo falacioso (que se supõe respaldar na biologia, na psicologia, entre outras ciências), justifica o *status quo* atual, em que se evidencia uma *dominação masculina* – cenário, no entanto, em constante contestação, com alguns sinais de avanço, decorrentes principalmente da atuação dos estudiosos e dos militantes sensíveis às questões de gênero.

A relação entre poder e gênero não é ignorada pela maioria dos estudos sobre homens e mulheres.[16] Para alguns estudiosos, a divisão das atividades sociais e sexuais conforme o critério masculino/feminino é uma das primeiras formas de poder. E nesse sentido, Machado (1992, p.33) se indagará: gênero se relaciona a "uma determinada concepção de controle e poder da cultura ocidental?". A resposta parece afirmativa, mas carece de ressalvas:

---

14 Cf., para os casos de troca de sexo como forma de "adequação" ao gênero, Galcerán (2001, p.40), citando trabalho de Millet de 1977.

15 Sobre o processo de apropriação do corpo feminino, cf. ainda Rubin (1992). Ver também o argumento de Galcerán (2001, p.45) que encontra na "nossa possível fragilidade pelo peso da procriação" um dos motivos para a subordinação da mulher.

16 Cf., por exemplo, Ferreira (2001, p.50), Lessa (2004, p.11), Funari et al. (2003, p.21), entre outros.

O MASCULINO E O FEMININO NO EPIGRAMA GREGO **81**

Sim, as relações de gênero são relações assimétricas, podem ser relações de poder, mas não são exclusivamente de poder. Podem ser relações de prestígio, podem ser relações complementares e recíprocas, ao mesmo tempo configurando ou não relações de poder. (Machado, 1992, p.33-4)

Essa compreensão da questão, oriunda da antropologia, concebe diversos sentidos para a relação masculino-feminino. A concepção de assimetria entre homens e mulheres faz supor a existência permanente de um poder ligado ao masculino, imposto ao feminino, a configurar uma relação entre sujeito e objeto, dominador e dominado. Mas a exclusividade dessa relação é mentirosa: como destacado por Machado (1992), as relações entre os indivíduos de sexo oposto podem ser não apenas de poder, mas também complementares, de reciprocidade e de prestígio.[17] E o próprio poder deve ser pensado conforme a concepção de Foucault, lembrado por Scott (1995, p.86), como "constelações dispersas de relações desiguais", em lugar da antiga noção de que ele é centralizado, coerente e unificado. No âmbito do discurso, constituem-se pois "campos de força" (ibidem), nos quais, além dos papéis "adequados" a homens e mulheres, encontram-se as estratégias de subversão.

Muitas estudiosas de gênero têm dedicado sua atenção ao estudo dos mecanismos de subversão das tradicionais atribuições do masculino e do feminino, não só modernamente, mas também na Antiguidade. A hipótese de elaborar estratégias de insurgimento contra a opressão é sempre uma expectativa do dominado; e no caso das mulheres, devemos concebê-las, nos vários contextos de opressão de seu ser social, a desenvolver táticas que "nascem no interior do consentimento" (Soihet, 1997, p.107), forma de resistência à violência física e simbólica sofrida por elas:

---

17 Citemos, por exemplo, os grafites pompeianos que Feitosa (2004, p.123-5) interpreta como de "simetria afetiva" entre casais enamorados: "Segundo e Primigênia, em comum acordo"; "Balbo e Fortunata, os dois esposos"; "Aqui somos felizes. E continuamos firmes", entre outros.

Definir a submissão imposta às mulheres como uma violência simbólica ajuda a compreender como a relação de dominação – que é uma relação histórica, cultural e linguisticamente construída – é sempre afirmada como uma diferença de ordem natural, radical, irredutível, universal. O essencial é identificar, para cada configuração histórica, os mecanismos que enunciam e representam como "natural" e biológica a divisão social dos papéis e das funções. (Soihet, 1997, p.107)

Se é possível identificar "os mecanismos" históricos legitimadores da assimetria sexual, é possível identificar também os mecanismos de subversão do poder. Devemos conceber que, na dialética das relações de gênero, a dispersão de poderes, embora desigualmente distribuídos, refere-se também às mulheres, como aos dominados históricos no geral:

Assim, definir os poderes femininos permitidos por uma situação de sujeição e de inferioridade significa entendê-los como uma reapropriação e um desvio dos instrumentos simbólicos que instituem a dominação masculina, contra seu próprio dominador. (ibidem)

Nesse sentido, tem razão a estudiosa Roberts (1998, p.31-53) que, em sua obra *As prostitutas na História*, define as prostitutas de elite, ou as cortesãs de todas as épocas, como mulheres verdadeiramente "revolucionárias", uma vez que, em contextos ditados por homens, souberam concentrar riquezas (extraídas de seus amantes), desfrutaram de relativa independência social,[18] chegando, por vezes, a interferir na política, direta ou indiretamente. Não se menospreze, portanto, como é comum ao olhar do dominador, as possibilidades de subversão das expectativas relativas ao gênero por parte das mulheres.[19]

---

18 No dizer de Lessa (2004, p.13, nota 4), citando Legras, as cortesãs eram "as únicas mulheres livres de Atenas". Roberts (1998, p.31-53) corrobora essa afirmação.

19 Para mais informações sobre as estratégias e táticas de subversão dos papéis femininos na Antiguidade, ver Soihet (1997, p.107) e Andrade (2003, p.136-7).

O MASCULINO E O FEMININO NO EPIGRAMA GREGO   83

Scott (1995, p.86-8), em síntese, concebe dois pontos para o conceito "gênero": a) "o gênero é um elemento constitutivo de relações sociais baseadas nas diferenças percebidas entre os sexos"; b) "o gênero é uma forma primária de dar significado às relações de poder".[20] A autora destaca quatro maneiras pelas quais a identidade de gênero impõe-se aos indivíduos: a primeira deriva das influências dos "símbolos culturalmente disponíveis" (mencionam-se as representações de Eva e de Maria como símbolos do feminino no mundo cristão); em segundo, destacam-se os "conceitos normativos", tais como as doutrinas religiosas, científicas, entre outras, expressas em uma oposição binária pretensamente estável e fixa; em terceiro lugar, deve-se conceber uma dimensão política para as relações de gênero, assim como sua ligação com as instituições e a organização social; e, em quarto lugar, a questão da subjetividade deve ser colocada, por sua dimensão histórica individual.

Aqui, portanto, conceberemos uma visão culturalista para a compreensão das relações de gênero. É mais coerente evitar a ideia de que existem uma "essência" masculina e uma "essência" feminina (ideia da qual deriva a imutabilidade e a atemporalidade das relações de gênero, o que é falso) e defender que a "ordem cultural" é a responsável pela construção das identidades genéricas de homens e mulheres. Devemos conceber ainda, nesse sentido, as identidades sexuais como fluidas e múltiplas;[21] na verdade, seus conteúdos aparentemente fixos podem mudar, porque os significados atribuídos a cada um dos gêneros podem ser questionados (ibidem, p.92). A categoria "gênero", no entanto, não "tem poder analítico suficiente

---

20 Contra essa visão, cf. Machado (1992, p.42): "as relações de poder entre os gêneros têm mais a ver com a estrutura das relações de poder em geral do que com a presença, nos corpos, de caracteres sexuados"; trata-se de "um caso da estrutura de poder de uma determinada sociedade".

21 A ideia de identidades sexuais fluidas ou múltiplas é mencionada por Piscitelli (1997, p.62-3), sobre os melanésios estudados por Strathern; cf. também, para ideia semelhante, a expressão "identidade relacional" em Ferreira (2001, p.57), citando o "artigo exemplar" de Irigaray, "Femmes et hommes: une identité relationelle différente".

84 LUIZ CARLOS MANGIA SILVA

para questionar (e mudar) os paradigmas históricos existentes" (ibidem, p.76). "Gênero" possibilita, em vez disso, "o exame dos processos de construção destas relações e das formas como o poder as articula em momentos histórica e socialmente datados" (Hollanda, 1992, p.59). Como categorias analíticas, é preciso

> [..] reconhecermos que "homem" e "mulher" são, ao mesmo tempo, categorias vazias e transbordantes. Vazias, porque não têm nenhum significado último, transcendente. Transbordante, porque mesmo quando parecem estar fixadas, ainda contêm dentro delas definições alternativas, negadas ou suprimidas. (Scott, 1995, p.93)

Passemos, pois, ao exame dos "vazios" e dos "transbordamentos" que a categoria "gênero" expressou na tradição grega sobre homens e mulheres, desvelando quais foram as atividades sociais e sexuais, e os símbolos culturais correspondentes, que mais comumente caracterizaram o masculino e o feminino na Grécia antiga.

As mulheres gregas

Na Grécia antiga, as mulheres desempenharam os mais diversos papéis sociais e sexuais. As gregas constituíram uma vasta camada social (afinal, no dizer de Aristófanes, elas eram a "metade da cidade [de Atenas]"[22]) e poderiam ser conhecidas por diferentes *status* sociais: como esposas legítimas, pobres ou bem-nascidas, como *hetaírai* ou *pornái*, como concubinas, sacerdotisas ou escravas (Lessa, 2004, p.13). Como fazem quase todos os estudiosos, citemos, nós também, a "fórmula [...] repetida pelos autores gregos" (Salles, 1987, p.20) sobre algumas dessas categorias de mulheres: "Temos as prostitutas (*hetaírai*) para o prazer; as concubinas (*pallakái*) para os cuidados diários; e as esposas (*gýnai*) para ganharmos uma descendência legítima e serem fiéis guardiãs do lar".

---

22 Citado por Andrade (2003, p.118).

Hoje já dispomos de um acúmulo relativamente grande de estudos sobre as condições e as representações do feminino na Antiguidade (Lessa, 2004, p.17), de maneira que definições amplas e imprecisas tais como a "mulher grega" ou a "mulher romana" são insuficientes (Funari et al., 2003, p.24). A consolidada compreensão das representações do feminino no mundo antigo conduz-nos, atualmente, ao aprofundamento das questões sócio-históricas que envolveram homens e mulheres, diferentes conforme o contexto, a época, o gênero literário que os representa, entre outros. O estudo da condição feminina, tanto na Antiguidade como modernamente, deve repudiar uma visão estanque e homogênea do gênero e, ao contrário, considerar a multiplicidade e a variedade de faces que o feminino pode encarnar na Grécia. Afirmemos uma vez mais que, embora um dos focos principais dos estudos de gênero seja as mulheres no geral, o estudo de gênero refere-se a homens igualmente: "É importante ressaltar [...] que gênero concerne tanto aos homens como às mulheres, ainda que o grosso das análises que utilizam esse conceito refira-se a mulheres" (ibidem, p.23).

Não obstante nossa ressalva quanto à multiplicidade das representações das mulheres antigas, destaquemos que as pesquisas têm frequentemente se dirigido a um tipo de mulher em particular, derivando dele generalizações de toda sorte ao concebê-lo como o principal paradigma de "mulher grega" ou o papel "normal" da mulher antiga (Andrade, 2003, p.116): trata-se do caso das esposas atenienses do período clássico ou das "mulheres de Atenas".

As mulheres de Atenas

Como afirmamos antes, o *status* social da mulher na Grécia antiga variou conforme as épocas, os lugares, a classe social, assim como variou a sua representação. Quando se trata de retratar as esposas legítimas da época clássica (século V a.C.) ou, como são mais conhecidas, "as mulheres de Atenas", as fontes tendem a ser mais abundantes e variadas. Por essa riqueza, foi dessa categoria de mulheres que mais se falou ao longo dos tempos. Não só a documentação textual, mas ainda a pintura de vasos da época oferece os mais variados testemunhos sobre a representação dessas esposas "bem-nascidas" (Lessa, 2004, p.19). As mulheres de Atenas, sobre as quais a canção de Chico Buarque destaca o aspecto submisso e a conivência com essa submissão, tinham, de fato, seus espaços, suas atividades, seus corpos bastante controlados pelo poder masculino, de maneira que não deixa de ser um aspecto importante o destacado pela canção – mas não o único – da vida dessas mulheres.

Sabemos hoje que elas participavam, de maneira menos formal e direta, das ações sociais como um todo: sua participação, mais cívica do que política, realizava-se por meio das atividades que desempenhavam em grupos informais (junto às vizinhas ou aos parentes), das redes de amizade, dos vínculos de colaboração mútua centrados em laços de *philía* (ibidem, p.12). A relevância dessa classe de mulheres atestou-se, ademais, pelo fato de que elas foram um importante tema da literatura e das artes visuais da época clássica; e, assim como os efebos foram o alvo de vigilância e de controle por parte dos discursos sociais como um todo, como destaca Foucault (1984, p.167-98), as esposas bem-nascidas também o foram, na medida em que era sempre necessário reforçar os códigos de conduta desejáveis a essa classe de mulheres, por sua importância social relativa à geração e à criação de filhos varões legítimos ao marido. Nesse sentido, a arte da época pode ser entendida como um veículo de controle dos valores desejáveis relativamente às esposas.

A passividade, a submissão irrestrita e a desimportância das esposas atenienses têm sido, portanto, colocadas em questão. Cohen (1989, p.3), por exemplo, coloca em dúvida a interpretação corrente sobre a mulher ateniense da época clássica e seu *status* social:

> É um lugar-comum da pesquisa clássica contemporânea que, no período clássico, o *status* social e político das mulheres atenienses fosse deploravelmente baixo. Relegadas ao estatuto de escravas e crianças, estudos sugerem que elas foram ainda muito inferiores às mulheres de períodos anteriores e posteriores da história grega.

O MASCULINO E O FEMININO NO EPIGRAMA GREGO **87**

Urge, portanto, proceder à revisão das interpretações tradicionais sobre as mulheres gregas, em particular as atenienses, como propõe Cohen (1989); faz-se necessário que os estudos de gênero ampliem seu horizonte de compreensão acerca das mulheres antigas, questionando o que a tradição tem aceitado sem reservas.

No contexto de uma sociedade masculinizada, como a Atenas clássica, em que as diferenças de gênero constituíam verdadeiras diferenças sociais, as mulheres atenienses sofreram um tipo de menoridade que as obrigava a ser sempre precedidas por um homem, o único sujeito histórico admitido:

> [Na] sociedade ateniense do período clássico, uma sociedade sem dúvida "masculinizada" [...] além das relações serem perpassadas e moldadas pelos atributos do gênero (ou seja, a classificação de identidades sociais pelas diferenças de gênero "fazia sentido"), temos a hegemonia masculina – e a hegemonia valorativa de seus atributos e papéis – no campo social; o gênero masculino se reproduz como "gênero da cultura". (Andrade, 2003, p.116)

O discurso masculino de opressão às mulheres consegue realizar, na cultura grega da época clássica, a subjetivação da dominação, uma vez que ele convence as mulheres de sua incapacidade, de sua inferioridade e de fragilidade perante os homens no geral. A mulher aparece, assim, como "um ser frágil, menor, tutelado, culpado", sendo esse o seu "ser social" interiorizado, subjetivado (Andrade, 2003, p.117).

As esposas bem-nascidas estavam destinadas ao casamento e à geração de filhos legítimos; dentre as virtudes que deveriam cultivar, estavam a fidelidade conjugal, o silêncio (ibidem, p.130). Não obstante, tais mulheres tinham um lugar especial nos rituais públicos religiosos.[23] Era no modelo da mulher-abelha, cuja inserção

---

23 Ver, sobre a presença das mulheres nos rituais na Grécia antiga, o artigo já clássico de Zaidman (1990, p.411-64); cf. também Lessa (2004, p.97-154), sobre as Tesmofórias e as Panateneias, celebrações de que participavam.

88 LUIZ CARLOS MANGIA SILVA

no imaginário grego remonta a, pelo menos, Semônides de Amorgos, que as mulheres atenienses deveriam mirar-se, uma vez que a "ideologia cívica" o requeria:

> O custo dessa inserção no imaginário e na ideologia cívica, o "custo" da própria cidadania, pode não ter sido a piora da condição feminina no período clássico, como defendem alguns estudiosos, mas antes o aumento da pressão social de distinção, de prestígio, de diferenciação, enfim, de segmentação de certo grupo de mulheres como um grupo à parte. A mulher elogiada era a mulher-abelha; apenas, agora, ela habitava o seio da cidade, no interstício entre a *pólis* e a *patrís*. (ibidem, p.126)

Assim, "As mulheres virtuosas eram [...] as mulheres de Atenas" (ibidem, p.129). Virtuosas, as imagens iconográficas que mostram essas mulheres (ibidem, p.126) exibem como próprios de seu universo representações tais como o "leito do casal, as portas [do quarto], a atividade da fiação, as pequenas coisas que povoam o campo da feminilidade, como os espelhos, as caixinhas e os vasos".[24] Tal universo, absolutamente doméstico, evidencia que a casa era um dos espaços centrais (mas não o único) de atuação dessas mulheres, e o gineceu aparece como um dos espaços privilegiados.

Notemos que a ausência feminina do espaço público não é completa: sua participação é exigida em rituais tais como as Tesmofórias ou as Panateneias. Também, o alcance das redes informais de amizade entre as esposas tinham a virtualidade de intervir tanto no âmbito privado como no público (Lessa, 2004, p.12).

Um aspecto importante a se destacar sobre as mulheres de Atenas é que elas não encarnaram completamente aqueles atributos (como veremos adiante) a que se pode chamar mais propriamente

---

24 Ver ainda, sobre as mulheres-abelhas, a afirmação de Thelm (apud Lessa, 2004, p.9): a mulher ateniense "casava jovem e permanecia fiel ao seu marido; vivia em silêncio no interior de sua casa, administrando os seus bens, educando os filhos; proferindo o culto doméstico. Era especializada no fiar, no tecer e no bordar".

femininos segundo a tradição ocidental, uma vez que um ideal de "virilidade" as afastou disso. Ao assumirem uma posição complementar em relação ao esposo cidadão, as mulheres de Atenas tiveram de sufocar seus atributos de sedução, rejeitar a ambiguidade de caráter, a emoção e o segredo (Andrade, 2003, p.131). O ideal de mulher-abelha corresponde, pois, ao ideal de uma "alma viril", cujas virtudes a defender referem-se à fidelidade, à devoção a atividades domésticas, familiares e rituais. Mulheres "masculinizadas", as esposas representaram, pois, apenas uma das faces do feminino na Antiguidade – na verdade, um dos polos de uma tensão que tinha nas mulheres-abelhas, de um lado, e nas mulheres-caninas, de outro, os dois termos extremos das concepções do feminino no mundo antigo; as mulheres-caninas, descendentes diretas de Pandora, eram a outra face – negra ou lunar – das representações femininas antigas.

A *hetaíra* ou a cortesã

Apesar de as mulheres bem-nascidas de Atenas, esposas dos melhores cidadãos, constituírem a base da maior parte dos estudos sobre o feminino na Antiguidade, é um outro tipo de mulher que comparece em nosso *corpus* de poemas eróticos. Amante venal, a *hetaíra* ou a cortesã não é, de maneira alguma, cultora dos valores ligados ao casamento (tais como a fidelidade conjugal, a monogamia, a descendência legítima) ou mesmo devota de Deméter ou Hera, padroeiras das esposas cidadãs. Na poesia erótica de todos os tempos, quase nunca encontramos como musas as esposas legítimas, talvez por aquela "impermeabilidade do erotismo" a ser domado por meio de um *éros* sentimental ou matrimonial, como destaca Paes (1990a, p.24). Quase sempre, como no caso grego, são as amantes a dinheiro, as famosas cortesãs, as *hetaírai* gregas que inspiram os versos eróticos da maioria dos poetas.

Os gregos faziam uma distinção entre as mulheres legítimas e as venais – ou entre "abelhas" e "cadelas" (Andrade, 2003, p.120). Entre estas últimas, distinguem-se ainda *hetaírai* e *pornái*, cortesãs e prostitutas (de ruas, de bordéis). Faraone & McClure (2006, p.7) afirmam que ambos os termos têm longa duração na cultura grega e designam essas duas categorias de mulheres "em todos os períodos da tradição literária grega". Faraone & McClure (2006, p.7) concebem ainda, com base em Cohen, que ambas as categorias de mulheres, *hetaírai* e *pornái*, "podem ter se originado no bordel" e que o termo "cortesã" designa aquela prostituta que adquiriu o *status* de liberta.

As mulheres venais, cortesãs e *pornái*, cingidas dentro de seu grupo, constituem assim uma oposição: "estes termos [*hetaírai* e *pornái*] expressam uma oposição binária entre dois tipos de prostitutas, que em troca reflete ideologias políticas e competição social" (ibidem).

As cortesãs foram o alvo e o tema da poesia (e nos interessam de perto), ao passo que as *pornái* tenderam ao anonimato, a encontros tão fortuitos quanto irrecuperáveis histórica ou artisticamente. As *hetaírai*, ao contrário, são a categoria de mulheres cujos atributos os artistas de todos os tempos exaltaram. Em nosso *corpus* de poemas helenísticos, cuja análise tem lugar nos capítulos 3, 4 e 5, as *hetaírai* comparecem. Falemos delas:[25]

> O termo *hetaíra*, a forma feminina de *hetaíros* (companheiro), denotou uma mulher usualmente celebrada, que foi mantida por um homem em troca de seu exclusivo acesso sexual; tipicamente, ela não residia na casa dele. (Faraone & McClure, 2006, p.7)

De fato, algumas cortesãs foram as "companheiras" exclusivas ou quase exclusivas de muitos homens importantes, entre eles

---

25 Sobre as *pornái*, cf. Faraone & McClure (2006, p.7): "A *porné*, ao contrário [da *hetaíra*], pertencia às ruas; ela foi a *hetaíra* desconhecida, contraparte sem face de bordel". Ver também Salles (1987, p.21): "O termo rapidamente ganhou em Atenas um sentido pejorativo [...] e só se designavam com esse termo (*porné*) as prostitutas da mais baixa categoria. Em troca, prefere-se chamar a maioria das cortesãs, cujos serviços são louvados, com o belo nome de *hetaírai* ou 'companheiras'".

O MASCULINO E O FEMININO NO EPIGRAMA GREGO **91**

artistas, filósofos e políticos.[26] Signos da riqueza desses homens, acompanhavam-nos a lugares públicos (interditos às esposas) tais como jogos, debates políticos, banquetes, entre outros (Vanoyeke, 1990, p.44). Algumas cortesãs foram tão renomadas que o preço de seus "favores" exorbitava. Vanoyeke (1990, p.47), com base em Luciano, cita uma *hetaíra* que recusa uma oferta de duzentas dracmas, além de presentes e proteção. O mesmo autor cita ainda o caso da famosa cortesã Laís: ela pediu a Demóstenes, em troca de seus "humildes" favores, a soma de 10.000 dracmas – que ele, naturalmente, não pagou.

As *hetaírai* eram não só companheiras venais, mas também artistas, tais como flautistas, citaristas ou dançarinas, malabaristas, acrobatas, entre outros.[27] Nos banquetes, desempenhavam todas as funções ligadas ao deleite dos homens que ali se reuniam. Apresentavam-se como musicistas, mas também encenavam passagens eróticas tiradas à mitologia – como a mencionada por Vanoyeke (1990, p.50), dos amores de Baco e Ariadne, encarnados por um jovem casal. Altamente erótico, o contexto dos banquetes conduzia os convivas fatalmente ao excitamento dos desejos sexuais, e conceber que tais reuniões pudessem acabar em orgias não é descabido (Salles, 1987, p.107; Vanoyeke, 1990, p.50).

Os banquetes, além de espaços apropriados aos encontros sexuais, também o eram para a discussão mesma deste tema: *éros*. Dele trata, por exemplo, *O banquete*, de Platão, um diálogo no qual se aborda o *amor* (*éros*), particularmente aquele amor que se convencionou chamar platônico, no qual a contraparte física está mais ou menos ausente, em favor de uma sobrevalorização dos aspec-

---

26 Vanoyeke (1990, p.57) menciona que, por sua beleza, as cortesãs Laís e Frine posaram como modelos aos escultores Apeles e Praxíteles, respectivamente.

27 Para uma relação mais completa das funções de *hetaírai*, ver Roberts (1998, p.31-53) e Vanoyeke (1990, p.49). Ver ainda Lessa (2004, p.13, nota 4): "Para um homem, ir à casa de uma cortesã é afirmar a sua virilidade. Neste aspecto, podemos dizer que a cortesã ocupa, na vida do homem maduro, um lugar análogo àquele do jovem efebo na relação pederasta". Sobre a relação pederástica, falaremos adiante.

tos morais e espirituais dos parceiros. Embora esse tipo de amor seja bastante específico de um contexto bem marcado temporal e espacialmente – a Atenas clássica – e de uma classe bem definida de indivíduos – os filósofos –, esse *éros* foi um dos mais estudados na Antiguidade (cf. Halperin, 1985, p.161-204; Konstan, 2000; Robinson, 2004, p.94-101; Foucault, 1984, p.178). Do amor platônico partem inclusive aqueles estudiosos cujo tema é o epigrama erótico helenístico. "Inclusive" porque somente pela negativa o *éros* platônico ilumina a nossa compreensão do tema, uma vez que, em lugar dele, um *éros* sensualista, marcadamente, físico e sexual é o cultivado pelos epigramistas helenísticos.[28] Como afirma Buffière (1980, p.323), o amor espiritual não comparece nos epigramas (o estudioso tem em mente o *corpus* do livro pederástico).

As cortesãs se apresentam como o avesso das "mulheres de Atenas": se é verdade que os perfis destas últimas admitiam certa passividade, as cortesãs, ao contrário, eram quem dominava nos contextos eróticos, ao submeterem os amantes a seus caprichos. Assim, embora seu *status* social feminino as pusesse em desvantagem em relação aos homens que as frequentavam, as cortesãs podiam subverter tais papéis e, por vezes, impor a sujeição a um amante devotado.

Destaquemos ainda que as cortesãs não deveriam ocupar os lugares destinados a outras mulheres, como os das esposas legítimas, a fim de não criar indisposição entre as diferentes categorias de mulheres existentes no mundo antigo. A cortesã Neera, por exemplo, ao fingir-se de esposa legítima de um cidadão ateniense e deixar que sua filha participasse em um importante ritual da cidade,

---

28 Ver, por exemplo, Carvalho (1987, p.10-1) que parte do *éros* de Platão para estudar o *éros* "sensualista" da *Antologia palatina*. Para o caso helenístico, talvez a expressão de Pausânias, em *O banquete*, possa ser adequada: trata-se da ideia (antiplatônica) de uma Afrodite Pândemos, que conduz os amantes indiferentemente a mulheres ou a jovens e sente afeição pelos corpos mais do que pelas almas (Platão, 1972, p.21; Cantarella, 2002, p.17). Ver ainda Sissa (1990, p.80): aos epigramas eróticos helenísticos, interessa não o Belo em si (idêntico à alma e às virtudes morais), mas a multiplicidade de corpos.

O MASCULINO E O FEMININO NO EPIGRAMA GREGO **93**

foi indiretamente condenada (o processo referia-se a seu esposo Estéfanos) pelo juízo popular (especialmente segundo o aval das esposas legítimas), pois sua conduta afrontava os valores ligados ao matrimônio.[29] Mencionemos ainda que nem todos os conflitos entre cortesãs e esposas acabavam em "pacíficos" processos (como aquele do qual *Contra Neera*, de Demóstenes, constitui uma parte). A cortesã Laís, como entrasse em discórdia com as mulheres da Tessália, foi morta por elas a pauladas (Vanoyeke, 1990, p.54).

Filha da raça de Pandora, a que se opõe à raça de Prometeu, raça masculina (Andrade, 2003, p.119), a cortesã é filha ainda de Afrodite e cultiva, junto com suas iguais, as celebrações religiosas das Adonias (festa em honra de Adônis, por quem Afrodite se apaixonou um dia), as Afrodisias e os mistérios de Elêusis (Vanoyeke, 1990, p.44). Entre os atributos dessas filhas de Pandora, estão aqueles a que Andrade (2003, p.131) chamou "atributos propriamente femininos" (uma vez que as "mulheres de Atenas" os sufocavam a fim de cultivar seu ideal de virilidade), tais como "a sedução, principalmente, mas também a emoção, o segredo, a ambiguidade de caráter".

Embora, não devamos conceber uma relação essencialista entre os adjetivos mencionados e o feminino, na Antiguidade, devemos admitir, todavia, que uma construção cultural, social e histórica fez mais frequentemente alusão ao feminino nesses termos do que em outros. O alcance do modelo das mulheres de Atenas, nesse sentido, é talvez menor, por causa de seus perfis "virilizados", pois as ambiguidades que elas apenas podem sugerir (ao terem como espaço privilegiado o *interior* da casa, portanto o *mistério*, o *segredo*), as cortesãs, ao contrário, podem aprofundá-las: fundamental de Pandora até nós, tal concepção tem ajudado a representar o feminino no Ocidente.

A beleza das cortesãs era um importante atributo a ser cultivado. Por isso, entre elas, um conjunto de práticas estéticas era

---

29 Ver, por exemplo, Andrade (2003, p.128): "Os 'crimes' de Neera desestabilizam o casamento, a procriação de filhos legítimos, a atividade ritual", que são os "três pontos centrais na caracterização na virtude feminina [das esposas]".

bastante conhecido, relativo aos cuidados com a beleza. Vanoyeke (1990, p.36-8)[30] nos informa que as cortesãs disfarçavam sua baixa estatura com o uso de saltos; colocavam enchimentos nas nádegas e nos seios para que pudessem parecer mais fartas. O excesso de pintura no rosto denunciava as cortesãs: seus cabelos, suas sobrancelhas, sua tez, tudo era mudado segundo os critérios de beleza. Elas conheciam, ainda, métodos de depilação (com navalha, vela ou pastas).[31] Ornavam-se com toda espécie de acessórios: se eventualmente fossem frequentadas por ricos amantes, poderiam ostentar brincos caros, braceletes, cintos, tornozeleiras, colares, diademas. O uso de roupas de linho e lã e de roupas transparentes também distinguia uma cortesã.

A prática de métodos contraceptivos não era desconhecida por essas mulheres. Assim, por exemplo, as cortesãs utilizavam, como meio de prevenção contra a concepção de filhos, unguentos e misturas (cf. Vanoyeke, 1990, p.38-41; Mazel, 1988, p.7).[32] Os métodos abortivos também eram conhecidos, e os riscos, maiores nesse caso, envolviam até mesmo a morte das mulheres que a eles se submetiam. O sexo anal também era visto como uma prática contraceptiva. Diversos tipos de simpatias para conter a geração não eram ignorados, mas a eficácia era suspeita.

A origem das cortesãs (cf. Salles, 1987, p.46-77; Vanoyeke, 1990, p.33-5; Mazel, 1988, p.2-3) quase sempre se relacionava com a prática da exposição de crianças na Grécia antiga:

> A exposição de crianças neonatas é frequentemente uma necessidade para as famílias de rendimentos muito modestos. Com efeito, para os pobres, uma filha representa apenas uma boca inútil a alimentar e é assim votada à exposição, antes mesmo de ter nascido. (Salles, 1987, p.46)

---

30 Cf. também Salles (1987, p.59-63) e Mazel (1988, p.5-8).

31 Sobre a prática da depilação na Grécia antiga, cf. ainda Kilmer (1982, p.104-12).

32 Para os conhecimentos médicos antigos segundo os tratados de Galeno, Oríbase, Soranos, entre outros, cf. Rousselle (1984).

Bastante comum, ainda mais se o bebê a ser rejeitado fosse do sexo feminino, a exposição de crianças indesejadas era a principal fonte para os negócios das alcoviteiras ou proxenetas: "adotando" as crianças recolhidas, chamando-as de "filhas", as alcoviteiras preparavam as meninas para a prostituição de luxo e ensinavam-lhes as regras da galanteria (como se portar, comer (pouco), falar (pouco), sorrir discretamente, entre outras), além de diferentes qualidades relacionadas ao canto e à dança.[33] Embora a educação das cortesãs fosse sempre muito pragmática, casos houve (tais como Laís, Aspásia, Frine) em que elas foram famosas por sua formação intelectual, tendo frequentado círculos filosóficos e provavelmente ali mesmo se instruído. Ao lado da prática de exposição, a pirataria era uma outra fonte de escravas, cuja finalidade seria a prostituição. Uma cortesã estava apta ao exercício da profissão a partir dos seis ou sete anos.[34]

Os homens gregos

A pederastia ateniense

Também o tema das relações eróticas entre homens na Grécia antiga encontra suas melhores e mais abundantes fontes no período clássico ateniense, sendo, pois, as relações entre adultos e efebos dessa época "a imagem normativa da pederastia" (Hubbard, 2003, p.13), o padrão que "ilumina" as compreensões acerca da relação masculina de todos os períodos. Destaquemos, desde já, alinhados com os mais recentes estudos, que também essa visão estereotipada

---

33 Ver Salles (1987, p.61): "É preciso também que as meninas aprendam a dançar, a cantar, a tocar flauta ou lira, complementos indispensáveis para a prostituição na Antiguidade".

34 Segundo se pode inferir do discurso de Demóstenes, Neera já se prostituía aos seis anos de idade, o que não era estranho na Antiguidade, uma vez que "A prostituição infantil é perfeitamente admitida, quando as crianças não são de nascimento livre" (Salles, 1987, p.57).

96 LUIZ CARLOS MANGIA SILVA

e unívoca das atrações masculinas não foi a única conhecida, pois foram bastante diversas as caracterizações masculinas dos amores na Antiguidade, segundo a época, o contexto social, entre outros, conforme veremos adiante.

A atração entre homens de idades desiguais (um adulto e um efebo), cujo *status* social simétrico impedia, *a priori*, a ascendência de um sobre o outro, por serem ambos de nascimento livre, demandou, na Atenas clássica, uma verdadeira vigilância, uma vez que, numa relação desse tipo, a honra do jovem cidadão estava sempre em jogo. Essa ideia, defendida por Foucault (1984, p.181-9), conduz-nos à concepção de que, quando se falava de amor, falava-se dessa relação (ibidem, p.179). Assim, se a relação com mulheres supunha sempre a ascendência sexual masculina no contexto dessa sociedade falocrata,

> Em compensação, entre um homem e um rapaz, que estão em posição de independência recíproca, e entre os quais não existe constrição institucional, mas um jogo aberto (com preferências, escolha, liberdade de movimento, desfecho incerto), o princípio de regulação das condutas deve ser buscado na própria relação, na natureza do movimento que os leva um para o outro, e da afeição que os liga reciprocamente. (ibidem)

A atenção que a Grécia concedeu ao amor pederástico encontra paralelo com a preocupação dedicada às moças ou às mulheres casadas, mais tarde, na cultura europeia, relativa à "sua conduta, sua virtude, sua beleza e sentimentos" (ibidem, p.189).[35] Nos dois casos, um verdadeiro código de condutas era estabelecido; no caso ateniense, dois papéis bem distintos polarizavam os parceiros, tradicionalmente chamados de *erastés* o adulto e *erômenos* (ou *paîs*,

---

35 As principais fontes antigas sobre pederastia clássica são *O banquete* e *Fedro* de Platão; o *Banquete* de Xenofonte; o discurso de Ésquines, *Contra Timarco*; o *Erótico*, do pseuso-Demóstenes, entre outros. Essas obras oferecem as bases para reflexões desenvolvidas por Dover (1994) e Foucault (1984); Dover recorre ainda, e com frequência, à pintura de vaso da época clássica.

paidiká) o jovem adolescente. Conheceremos, a seguir, os fundamentos dessa relação por meio das interpretações fundamentais do tema propostas por Dover (1994) e Foucault (1984), entre outros. Posteriormente, dando voz às principais críticas a essas interpretações, mostraremos, com Hubbard (2003), os "desvios" desse padrão, ou seja, a existência de outras representações das atrações masculinas entre os antigos.

Embora a relação pederástica constituísse um "jogo aberto" em que nenhum dos parceiros tinha poder estatutário sobre o outro, os papéis sexuais de *erastés* e *erômenos* costumavam ser definidos, na dinâmica erótica, em termos de atividade e de passividade: a relação entre *erastés* e *erômenos* caracterizou, assim, uma relação de agente e paciente.[36] Essa relação – que era simultaneamente erótica, política e pedagógica[37] – definia o comportamento dos parceiros da seguinte maneira: ao *erastés* cabia tomar a iniciativa, empreender perseguições ao seu objeto de desejo nos lugares que frequentava, oferecer-lhe presentes; o *erômenos* definia-se por sua resistência em ceder, por sua recusa e esquiva das investidas do cortejador. Essa relação se expressava em vocabulário agonístico, caro aos gregos antigos para falar de desejo (Sissa, 1990, p.112-3; Foucault, 1984, p.196). Assim, sobre os papéis de *erastés* e *erômenos*:

> O primeiro tem a posição da iniciativa, ele persegue, o que lhe dá direitos e obrigações: ele tem que mostrar seu ardor, e também tem que moderá-lo; ele dá presentes, presta serviços; tem funções a exercer com relação ao amado; e tudo isso o habilita a esperar a justa recompensa; o outro, o que é amado e cortejado, deve evitar ceder

---

36 O termo *erastés* tem sentido ativo; sua construção deriva do verbo *eráo* na forma ativa; *erômenos*, derivado do mesmo verbo, compõe-se do sufixo -*menos*, cuja procedência indica voz passiva.

37 Sobre o aspecto político e pedagógico da pederastia ateniense não falaremos aqui senão de passagem; para mais detalhes sobre a questão, cf. Hubbard (2003, p.1). Ver ainda Nietzsche (apud Buffière, 1980, p.10): "As relações eróticas de homens com adolescentes foram, a um ponto tal que nossa inteligência não pode compreender, a condição necessária, única, de toda educação viril".

98   LUIZ CARLOS MANGIA SILVA

com muita facilidade; deve também evitar aceitar demasiadas honras diferentes, conceder seus favores às cegas e por interesse, sem pôr à prova o valor de seu parceiro; também deve manifestar reconhecimento pelo que o amante fez por ele. (Foucault, 1984, p.174)

Nessa relação, se, de um lado, inexiste uma assimetria estatutária, de outro, uma assimetria erótica constrói-se: eroticamente, o adulto apresenta-se como superior, como dominante em relação ao jovem efebo, que, por sua vez, identifica-se com o papel passivo, mais "próprio" das mulheres. Se a relação pederástica for bem-sucedida, ou seja, se sua dinâmica não macular a honra do rapaz, ambos os parceiros irão cultivar, quando o jovem entrar na idade adulta, laços de *philía* entre si: eles se ajudarão mutuamente nas questões públicas e políticas, o que é o fim último da "instituição" pederástica entre os atenienses.[38] A relação erótica entre adulto e efebo acaba, portanto, quando nasce a primeira barba, que, conforme a interpretação de alguns, é o signo da indisposição para o cortejo pederástico, o sinal de que o jovem deve agora identificar-se com o papel ativo nas relações eróticas. Assim, os gregos concebiam papéis sexuais "cambiáveis" (Hubbard, 2003, p.8), variando segundo as idades: admitia-se, pois, que, durante a efebia, o jovem grego pudesse desempenhar o papel de *erômenos*, mas não durante a idade adulta, quando sua identificação deveria ser com o papel de *erastés*.

Era complexa a dialética relacionando adultos e efebos na Atenas clássica, e sobre isso devemos considerar ainda alguns pontos. Ao mesmo tempo que as tais relações masculinas conformavam o efebo com adjetivos mais apropriados ao feminino segundo os valores gregos (passividade, recepção, objeto), a identificação pronta com tais valores era um risco ao jovem, pois paradoxalmente era a sua masculinidade que estava em questão. Se seu corpo sem pelos e seu rosto imberbe não afirmavam sua virilidade

---

38 Sobre *éros* e *philía* nas relações pederásticas, cf. Konstan (2000, p.154-69; 2005). Ver também Foucault (1984, p.178) que menciona essa relação.

[...] nos enganaríamos [ao contrário] se acreditássemos que esses traços eram valorizados por causa de sua ligação com a beleza feminina. Eles o eram por eles mesmos ou em sua justaposição com os signos e as cauções de uma virilidade em vias de se formar: o vigor, a resistência, o ardor também faziam parte dessa beleza; e, justamente, era bom que os exercícios, a ginástica, os concursos, a caça viessem reforçá-los garantindo assim que essa graça não desembocasse na lassidão e na efeminização. (Foucault, 1984, p.177-8)

O mesmo estudioso, a reiterar sua ideia sobre a presença de virtudes viris nos jovens efebos, afirmará que

Havia nos gregos toda uma estética moral do corpo do rapaz; ela é reveladora de seu valor pessoal e do valor do amor que se lhe tem. A virilidade como marca física deve estar ausente dessa estética; mas ela deve estar presente enquanto forma precoce e promessa de comportamento: conduzir-se já como o homem que ainda não se é. (ibidem, p.178)

Argumenta-se que toda espécie de relações na Antiguidade (mesmo masculinas) encontrou o seu paradigma no padrão macho-fêmea (Thornton, 1997, p.109-10),[39] ou seja, atribuindo constantemente um papel ativo (identificado como próprio do homem), de atitude, de desejo, e um passivo (identificado como próprio da mulher), de receptividade, de objeto de cortejo. No entanto, podemos ver que as relações pederásticas atenienses não são definíveis simplesmente nessa polarização: o papel dos amantes, principalmente o do efebo, é problemático e seu perfil envolve não apenas (ou prontamente) elementos femininos; ao contrário, afirma Fou-

---

39 Thornton (1997, p.109-10) expressa-se assim: "O padrão macho-fêmea é a norma, na qual os dois sexos são distintos por sinais externos, bem como papéis sexuais em termos de penetração ativa e receptividade passiva. Qualquer um que desvia dessa norma, como fazem o *kínaidos* e o efebo, que se submete à penetração anal, é marcado por desgosto, zombaria e inquietude".

cault (1984, p.178), as qualidades admiradas pelo *erastés* em seu *erômenos* são as qualidades masculinas, como (e principalmente) o controle de si, uma relação masculina de domínio sobre seu corpo. Nesse sentido, Hubbard (2003, p.10) afirma que, nas representações áticas,

> O foco da atenção erótica é normalmente não o ânus do jovem, mas o desenvolvimento do pênis [...]; em outras palavras, o interesse não é pelo jovem como receptáculo passivo, mas como um jovem macho florescendo e maturando em si mesmo um papel de agente ativo com capacidades sexuais.

Assim, a pederastia ateniense, ao conferir certos atributos feminilizadores ao papel sexual do *erômenos*, não o fazia sem complexidade. É preciso admitir, no mínimo, a mistura de masculinidade e feminilidade do *erômenos*, pois sua virilidade latente e suas qualidades másculas e atléticas eram mais frequentemente exaltadas; na verdade, sua feminilização era indesejada, já que ela arriscava sua honra.

A abonar a ideia de valores viris em torno dos atos eróticos entre *erômenos* e *erastés*, mencionemos a especificidade de um tipo de cópula, não atestada nas representações com mulheres; trata-se da cópula intercrural:

> [...] [as] cenas de cortejo homossexual e heterossexual retratadas por pintores de vasos são virtualmente idênticas. A consumação, no entanto, é radicalmente diferente na medida em que o modo intercrural é comum quando o objeto sexual é masculino, mas desconhecido quando é feminino. (Dover, 1994, p.143)

Na cópula intercrural, o parceiro ativo, perante o *erômenos*, coloca seu pênis entre as coxas do jovem, que, ao que se esperava, não responderia ao ato com prazer, manifestando uma ereção. As representações tendem a mostrar o pênis do *erômenos* flácido, afirmando aquele ideal viril de ser senhor de si no prazer (Foucault,

1984, p.187). No ato sexual, aliás, o *erômenos* não favorece em nada a execução do ato, pois como destaca Hubbard (2003, p.10), a posição do corpo dos *erastái* nas pinturas de vasos mostra desconforto e dificuldade em "penetrar" o efebo:

> [...] a maioria das duplas homem-jovem [representadas em vasos] são mostradas em penetração frontal e intercrural (ou seja, "entre as coxas"), não em atos orais ou anais, e não apenas isso; a postura estranha e distorcida do homem mostra signos de desconforto na tentativa de se acomodar no parceiro mais novo e usualmente menor.

Esses signos de desconforto, portanto, representam uma concessão comedida dos favores do jovem; esse ideal, uma espécie de *sophrosýne* nos prazeres (Foucault, 1984, p.185), é o mais recomendado ao efebo, cujas virtudes assim demonstradas exibem suas capacidades para o exercício de papéis masculinos.

Dover (1994, p.101-2) nos mostra os adjetivos que costumam caracterizar os efebos, conforme as representações da época clássica. No discurso contra Timarco, por exemplo, o acusado "jamais é descrito como afeminado"; ao contrário, afirma-se sobre ele que tinha "boa aparência", que era "superior aos outros" por esse aspecto. Os termos *oríaos* e *eúsarkos*, que se aplicam a ele, confundem-se, este último principalmente, com ideais de virilidade: "de boa cor", "fisicamente forte" são traduções pertinentes aos termos, conforme Dover (1994, p.101).

Como os efebos fossem "caçados" quase sempre nos ginásios (espaços públicos de ginástica) ou nas palestras (escolas particulares frequentadas normalmente pelas classes mais elevadas (Hubbard, 2003, p.2)), pode-se imaginar que uma cor de pele bronzeada pelo sol fosse vista como atraente pelos *erastái*. Além disso, um ideal atlético, de corpos masculinos rijos e bem talhados pelos exercícios físicos, também foi considerado uma fonte de deleite estético para os amantes. O desenvolvimento de atividades físicas, realizadas ao sol, caracteriza o universo masculino em relação ao feminino, desenvolvido sob a proteção da luz do sol e o peso de trabalhos domésticos. Culturalmente construídos, os atributos citados ajudam a definir os adjetivos de homens e mulheres na Grécia antiga:

> Uma vez que homens e mulheres não nascem de cores diferentes, a cor de sua pele, a partir da infância, depende de uma maior ou menor exposição aos raios solares que, por sua vez, é determinada pelas atividades encorajadas ou desencorajadas pela sociedade à qual pertencem. (Dover, 1994, p.113)

Assim, a cor da pele pode expressar, no seio de uma cultura, as distinções entre o masculino e o feminino. Nesse sentido, não só a cor de pele, mas também o tamanho dos cabelos são determinados culturalmente: "O comprimento dos cabelos, assim como a cor de pele, é culturalmente determinado" (Dover, 1994, p.113).[40]

Quanto ao gosto pederástico e à sua relação com a virilidade, Dover (1994, p.102) nos mostra ainda que os *erômenoi* eram bastante másculos: Xenofonte cita um jovem admirável, vencedor do *pankrátion*, mistura de boxe com luta livre; outro *erômenos*, vencedor numa luta de boxe, "todo manchado de sangue", recebe um beijo de seu *erastés*. A representação, portanto, de *erômenoi* em contextos viris (lutas, ginástica), com adjetivos viris (ligados à sua força e ao seu vigor, ao seu corpo másculo, à sua pele escura), é a grande regra, o padrão característico da época clássica. Atração entre homens, a dimensão erótica das relações pederásticas nesse período destacava, de fato, o que expressava ou anunciava a virilidade dos *erômenoi*. Esse padrão, no entanto, não durará para além do período clássico, como veremos adiante.

Estabelecidas, pois, as bases das interpretações tradicionais sobre a pederastia ateniense, mencionemos os muitos casos de desvios

---

40 Ver ainda Dover (1994, p.113-5) para as diferentes caracterizações de cabelos (curtos, compridos) de *erômenoi* na arte grega.

desse padrão; de tal maneira numerosa, a somatória desses outros padrões de atração entre os homens na Antiguidade faz a regra, apresentada anteriormente, parecer exceção – afinal, muitas outras relações masculinas eram conhecidas (cf. Garton, 2003, p.30-47).

Hubbard (2003) apresenta diversos padrões de representação das relações masculinas; em tais casos, a caracterização dos parceiros expressou-se segundo diferentes paradigmas. Depois de afirmar que as parcerias adulto-efebo não eram as únicas conhecidas (Hubbard, 2003, p.5), o autor menciona outras relações em que os padrões etários eram variados: a ideia de que "jovem encanta jovem", extraída de Platão (*Fedro*), aparece não só nos textos filosóficos, mas também na pintura de vasos, em que a diferença de idades entre os parceiros, em cenas de cortejo pederástico, praticamente inexiste em muitos casos (ibidem). Entre os oradores, a *meirakía* (dos 18 aos 21 anos) era a idade ideal para a pederastia. Também certos filósofos preferiram (os primeiros estoicos) jovens com até 28 anos como parceiros, por seu amadurecimento intelectual. Xenofonte menciona Ménon, um general tessálio, parceiro de um homem barbado. Em Roma, há relatos de envolvimentos de soldados com seus superiores, entre eles Galba, que preferiu homens másculos e maduros, e Nero, que se casou com um homem livre, de nome Dioforo (ibidem, p.6).

Hubbard (2003, p.4) cita os banquetes como lugares privilegiados para o "cortejo homoerótico" em particular, onde se expressava, por meio da produção de poesia lírica e de escólios, os valores homoeróticos e homossociais desses grupos. Os lugares de cortejo poderiam ser ainda os arredores de Atenas; e grafites na ilha de Tera mostraram que também ali os amores masculinos tiveram especial cultivo (ibidem). O autor destaca que, "mesmo nas relações entre escravos-senhores, a dinâmica não foi necessariamente um poder irrestrito de dominação", e pode-se esperar, diferentemente do padrão expresso por Foucault (1984), a subversão dos papéis mesmo onde as condutas estão previamente (ou estatutariamente) definidas: Cícero menciona seu escravo, a recusar os beijos do senhor; Marcial fala de um escravo que transa "como um homem livre" (Hubbard, 2003, p.13), ou seja, em papel ativo.

Evidenciadas as principais representações das relações masculinas na época clássica, em sua multiplicidade de expressão e consequente dificuldade de padronização, passemos agora ao estudo de um outro personagem social que pode iluminar nosso horizonte de compreensão acerca dos epigramas eróticos helenísticos.

O *kínaidos* ou o adulto afeminado

As pesquisas revelaram a inexistência de um só sujeito histórico, que coincidia, nos estudos tradicionais, com um sujeito masculino, mas dois; revelaram ainda a existência de diversos tipos de homens e mulheres, variantes segundo suas determinações econômicas, genéricas e raciais.[41] Assim, no caso da Grécia antiga, no âmbito das relações eróticas masculinas, devemos admitir ainda a existência de um outro parceiro potencial (além dos efebos) para os homens adultos: conhecido como *kínaidos* (*cinaedus*, para os latinos), tratava-se de um personagem social que, uma vez passada a efebia, continuava a desempenhar o papel passivo e era frequentado, em idade madura, por homens também adultos (ibidem, p.6). O termo *kínaidos*, na verdade, não se referia exclusivamente à passividade sexual: seu uso, entre os gregos, relacionava-se à malícia, à vergonha; entre os latinos, porém, atestou-se o uso como sinônimo de passividade; destaque-se ainda, conforme certa fonte latina (o astrólogo Firmicus Maternus, mencionado por Hubbard (2003, p.7)), que se referiu a atores e dançarinos, nesses casos, homens afeminados. O mais "prudente", conforme Hubbard (2003, p.7), é não restringir os sentidos do termo à passividade (embora a inclua), mas aos sexual-

---

41 Como já tivemos ocasião de afirmar, Joan Scott (1995, p.71-99) concebe, para uma análise histórica, os usos da categoria "gênero" combinada à de classe social e raça. Ver ainda, para a relação entre gênero e classe social, Saffioti (1992, p.183-215).

mente excessivos e "desviantes"; o termo inglês *pervert* é o usado para traduzir o vocábulo (em português, seu cognato "pervertido" não parece inadequado).

O *kínaidos* é, pois, o indivíduo que mais se aproxima do homossexual moderno. Ele mantém a preferência pelo contato com homens durante toda sua vida, relacionando-se apenas ocasionalmente com mulheres. Agatão é sempre evocado como exemplo de adulto efeminado; Hubbard (2003, p.6) afirmará que ele "é o paradigma de um homem que cultivou uma juventude e ainda a aparência feminina de maneira a continuar atraente sexualmente para outros homens adultos". O estudioso destaca ainda que ele não foi o único a comportar-se assim. No entanto, não devemos condicionar a nossa compreensão a reconhecer, na aparência atraente de um homem adulto, a sua disposição para a passividade sexual. Como mostra Thornton (1997, p.108), considerando a obra de Aristófanes, para esse autor não há dúvidas de que, se um homem se parece com uma mulher, ele se comporta passivamente no ato sexual, ou seja, "como uma mulher na *performance*, que é dizer suportar a penetração de um homem". Temos notícias, porém, de que alguns pederastas adultos cuidavam demasiado de sua aparência, com a finalidade de agradar mais aos garotos de seu cortejo (Hubbard, 2003, p.6). Deve-se reconhecer, portanto, a dificuldade de padronizar nossa compreensão sobre os indivíduos afeminados, quais seus papéis sexuais no contexto de uma relação erótica.

Os *kínaidoi* eram os tipos masculinos mais atacados na comédia de Aristófanes. A caracterização de Agatão na comédia é toda feita com "adjetivos feminilizadores", tais como ter a tez branca, ser barbeado; ter a voz fraca, uma voz de mulher; possuir baixa estatura; Agatão parece uma mulher ainda pelo fato de depilar as regiões erógenas (Thornton, 1997, p.108). Conforme os padrões gregos, é certo que um efebo identificado completamente com o papel passivo não é bem-visto (pois não denota virilidade), "Mas o maior desprezo está reservado para o homem que abandona sua masculinidade e feminiliza-se a si mesmo, não só na aparência, mas ainda no comportamento" (ibidem, p.107).

106 LUIZ CARLOS MANGIA SILVA

Identificar-se com o papel passivo, além da idade da efebia, e mais que isso, sustentar um comportamento e o aspecto femininos era visto pejorativamente pelos gregos, o que não quer dizer que inexistissem indivíduos identificados com tais ideais, tais como os *kínaidoi*.[42]

Símbolos masculinos e femininos

A partir de uma divisão das atividades sociais baseada nas diferenças de gênero, um expressivo conjunto de símbolos culturais é convocado a representar o masculino e o feminino nas sociedades. Em muitas culturas, por exemplo, o elemento "terra" identifica-se com a mulher, por sua capacidade de gerar e de alimentar seus "filhos". Igualmente, a associação entre a masculinidade e a guerra ou entre a virilidade e a violência (Bourdieu, 1999, p.63-7), não só entre os gregos (as amazonas sendo um caso particular de mulheres "masculinizadas"), mas ainda entre nós, é uma associação válida. Pense-se na instituição do Exército, ainda hoje bastante impermeável quanto à admissão de mulheres. O mesmo ocorre na política: como entre os gregos, trata-se de esfera em que o feminino não encontrou ainda a paridade necessária para a uma investida efetiva contra as diversas formas da opressão de gênero.

Relacionadas com as esferas sociais e sexuais de gregos e gregas, conforme evidenciadas anteriormente, um amplo conjunto de adjetivos, ou melhor, de *símbolos culturais* (que efetivam, ademais, um tipo de violência simbólica contra a mulher, lembrado por Bourdieu (1999, p.45-55)) é convocado a representar a dicotomia masculino-feminino. E "as diferenças sexuais permanecem imersas no conjunto das oposições que organizam todo o cosmo, os

---

42 A etimologia dessa palavra é desconhecida (Dover, 1994, p.35). Bailly (1950; cf. *kínaidos*) informa os sentidos de "debochado", "infame" para o termo, de gênero masculino ou feminino.

atributos e atos sexuais se vêem sobrecarregados de determinações antropológicas e cosmológicas" (ibidem, p.15).

Comunicando os sentidos de complementaridade perceptíveis na dicotomia masculino-feminino, todo o universo apresenta-se segundo esta ordem: tal como o homem e a mulher são complementares, assim também o sol e a lua, o claro e o escuro, o alto e o baixo, o direito e o esquerdo, o reto e o torto... Ao concebermos, em nossa sociedade ocidental, a categoria sexual em si, desprendida de uma cosmologia, perdemos aquilo que os Cabila, estudados por Bourdieu (1999, p.15-6), ainda possuem: "o senso da cosmologia sexualizada". No entanto, embora não aparentes, essas dicotomias operam nos gregos como em nós. Arbitrárias em estado primitivo, as associações entre o masculino e o feminino e seus símbolos correspondentes no Ocidente adquirem, no seio de nossa sociedade, o estatuto de fundadora de "verdades": ao desempenharem importante papel na construção das identidades sexuais, as categorias "masculino e feminino articulam, combinam e opõem valores que ordenam e ultrapassam a vida social de homens e mulheres" (Andrade, 2003, p.121).

> Arbitrária em estado isolado, a divisão das coisas e das atividades (sexuais e outras) segundo a oposição entre o masculino e o feminino recebe sua necessidade objetiva e subjetiva de sua inserção em um sistema de oposições homólogas, alto/baixo, em cima/embaixo, na frente/atrás, direita/esquerda, reto/curvo (e falso), seco/úmido, duro/mole, temperado/insosso, claro/escuro, fora (público)/dentro (privado) etc., que, para alguns, correspondem a movimentos do corpo (alto/baixo//subir/descer, fora/dentro//sair/entrar). Semelhantes na diferença, tais oposições são suficientemente concordes para se sustentarem mutuamente, no jogo e pelo jogo inesgotável de transferências práticas e metáforas; e também suficientemente divergentes para conferir, a cada uma, uma espécie de espessura semântica, nascida da sobredeterminação pelas harmonias, conotações e correspondências. (Bourdieu, 1999, p.16)

108 LUIZ CARLOS MANGIA SILVA

Tendo seu alicerce naquilo que Bourdieu (1999) chamou "a mais fundada das ilusões coletivas", as diferenças de gênero convocam os mais variados símbolos para representar o masculino e o feminino. Embora arbitrária, será sempre instigante tentar estabelecer a relação entre os símbolos e os gêneros em particular; e justamente aí os enfoques psicanalíticos encontrarão um rico filão de análises.[43]

Simbolizando, pois, as esferas femininas e seus principais atributos – aqueles que conhecemos um pouco por meio de Sissa (1990, p.79-126), ligados à fragilidade, debilidade e incapacidade –, os estudiosos costumam elencar em um quadro os adjetivos correspondentes às mulheres e aos homens.[44] Quanto aos símbolos caracterizadores das identidades de gênero, consideremos as seguintes associações:

> [...] o homem está para o quente como a mulher está para o frio, o homem está para o cozido como a mulher, para o cru, e assim por diante; as permutações também são verdadeiras neste caso por exemplo: o frio "efemina", o quente "masculiniza". E, assim, vemos uma série de fatos, dados e sujeitos na vida social serem condicionados por essa produção simbólica do gênero; inclusive homens e mulheres. (Andrade, 2003, p.121)

Capaz de "condicionar" as identidades masculinas e femininas (ou, como afirma Bourdieu (1999), "somatizar" as diferenças sexuais), a produção simbólica de gênero associa, pois, o quente ao homem e o frio à mulher. E esses símbolos sugerem outros: como o calor vem também do sol, o homem associa-se, pois, ao sol, à claridade, ao dia, à razão, à cultura; e se a mulher associa-se ao frio,

---

43 Bachelard (1999, p.65-88; 2002, p.119-38) analisa, pelo viés psicanalítico, as representações da água e do fogo, sem excluir uma análise dos sentidos sexuais do fogo e dos sentidos femininos da água.

44 Cf., por exemplo, os quadros de Feitosa (2004, p.101), Lessa (2004, p.75), entre outros.

O MASCULINO E O FEMININO NO EPIGRAMA GREGO   109

associa-se também ao úmido (porque é uma qualidade da água ser fria) e à noite, à escuridão, à natureza. Tais associações criam, portanto, símbolos culturais que expressam o masculino e o feminino, símbolos que "ultrapassam a vida social de homens e mulheres". Partir das associações simbólicas tradicionais, cuja aparência de um conhecimento sobre as "essências" masculinas e femininas já não nos engana (por concebermos as categorias "homem" e "mulher" em sua historicidade e multiplicidade ou como culturalmente construídas), tem o mérito de nos conduzir à revisão dos padrões conhecidos, ao colocarmos em questão a efetividade dos símbolos canonizados.

Relacionados às funções sociais e sexuais atribuídas às mulheres na época clássica (as esposas e as cortesãs), os símbolos mais comumente caracterizadores do feminino, segundo Thelm (apud Lessa, 2004, p.9), são:

> Os atributos que aparecem na documentação [antiga], como lua, noite, som agudo, côncavo, esquerdo, baixo, escuro, úmido, silêncio, emoção, procriação, interior, passiva, disfarce e outros, remetem imediatamente às mulheres, como signos de identidade.

Noite, lua, passividade, umidade, procriação, dissimulação: não só na Grécia, mas também entre os modernos, tais símbolos caracterizam o gênero feminino. Andrade (2003, p.122) mostra um quadro, cujos termos masculino e feminino na Grécia antiga são assim caracterizados: além das já explicitadas (quente e frio, cozido e cru), podemos ver as oposições exterior e interior, *pólis* e vida doméstica/família, guerra e parto, luz e escuridão, franqueza e dissimulação, cultura e natureza; por fim, o masculino encarna o sinal de mais, e o feminino, o sinal de menos. Essas associações derivam dos papéis sociais e sexuais de homens e mulheres: por exemplo, a atuação política, ou seja, junto à *pólis*, define como espaço masculino o exterior; sua anatomia sexual também é exterior ou revelada. Por sua vez, o desenvolvimento de tarefas dentro da casa define, como espaço próprio do feminino, o interior; sua anatomia sexual

110 LUIZ CARLOS MANGIA SILVA

também é interna, oculta. Assim, a ideia de que a mulher dissimula deriva de sua proximidade com o dentro (de sua anatomia, de sua atuação doméstica); ela disfarça ou é misteriosa porque sua natureza identitária a faz assim. O homem, por sua vez, é franco porque tudo lhe é revelado, revelável: sua atuação junto ao público, no exterior, impele-o a ser claro, explícito; como a sua anatomia sexual, assim devem ser os seus valores morais. De maneira tautológica, os símbolos remetem um ao outro, sem ser possível quebrar a cadeia (arbitrária) de tais relações.[45]

Bourdieu (1999, p.19) nos oferece um quadro bastante completo das oposições possíveis entre o masculino e o feminino. Desde os gregos até nós, tais categorias de identidade sexual têm modificado muito pouco – porque o processo de dominação masculina encontrou, na aparente fixidez e na naturalização dos papéis e dos símbolos sociais de gênero, um de seus trunfos, um dos meios de "des-historicizar" o que é histórico: as categorias de gênero.

O quadro de Bourdieu (1999, p.19), reproduzido a seguir, apresenta numerosos símbolos associados ao feminino e ao masculino: ao masculino, podem-se relacionar, como signos de representação, o alto, o direito, o quente, o sul, o dia, o verão, o branco, a dominação, o seco, o sobre, o fora, o aberto, o vazio; ao feminino, o baixo, o frio, o norte, a noite, o inverno, o escuro, o dominado, o úmido, o sob, o dentro, o fechado, o cheio. Notemos que esses símbolos relacionam, de maneira mais ou menos completa, lugares, tempos, formas, cores, sentidos, posições, a construir as identidades de homens e mulheres.

A partir, portanto, das representações simbólicas de gênero, conforme a tradição grega, desenvolveremos, nos capítulos seguintes, as análises do masculino e do feminino nos *corpus* dos epigramas eróticos helenísticos.

---

45 Andrade (2003, p.122) destaca o aspecto tautológico das dicotomias: "as mulheres são frias porque habitam o interior, e habitam o interior porque são frias; elas dissimulam porque o secreto é seu habitat, ou o secreto é seu meio porque são dissimuladas...".

O MASCULINO E O FEMININO NO EPIGRAMA GREGO 111

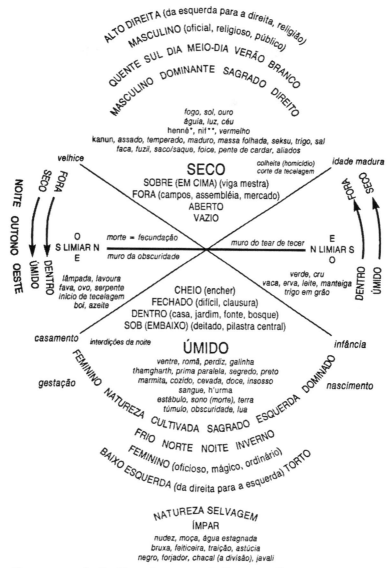

Esquema sinóptico das oposições pertinentes

Fonte: Bourdieu, P. *A dominação masculina*. Rio de Janeiro: Bertrand Brasil, 1999, p.19 (reprodução).

3
ANDROGINIA:
OS EPIGRAMAS SEM GÊNERO
NA ANTOLOGIA PALATINA 5 E 12

Começaremos a análise do *corpus* de 250 epigramas eróticos helenísticos a partir do conjunto de poemas em que a determinação do sexo/gênero dos interlocutores não pode ser percebida, por falta de evidências textuais. Trata-se dos casos em que o eu-lírico dirige-se aos deuses ou exibe-se um sofrido monólogo, deixando seus objetos de desejo, seus amados, na "penumbra", conforme a expressão de Luque (2000, p.14):

> Em toda a lírica grega erótica, subjaz um ineludível triângulo mais ou menos oculto: o amante, o amado e, em um terceiro vértice, Eros ou Afrodite como interlocutores, como tirânicos responsáveis ou como destinatários de queixas e reprovas, de súplicas e preces. De acordo com essa rede de relações, os poemas se estruturam seja sob a forma de discurso do amante à divindade, seja como uma reflexão ante terceiros acerca do poder incontestável do deus ou da deusa. O amado permanece amiúde na penumbra, quase como um obstáculo.

Com três vértices, a estrutura dos epigramas em análise neste capítulo jamais permite que o sexo/gênero dos amados possa ser percebido, porque o eu-lírico não se dirige a eles ou, se o faz, não os expressa com marcas textuais de masculino ou feminino. Nesses

114 LUIZ CARLOS MANGIA SILVA

poemas, mais frequentemente podemos ver apenas a representação do eu-lírico e dos deuses a quem se dirige, nada revelando, pois, da representação de seus amores em termos de cortejo masculino ou feminino, como quer a classificação dos epigramas em livro "heterossexual" (AP 5) e "homossexual" (AP 12). "Quebrada" no vértice dos amados, deixando-os, pois, na "penumbra", a estrutura desses epigramas não corresponde àquilo que a AP exibe como critério de classificação. Nossa análise procurará, portanto, evidenciar a inadequação do critério da *Palatina*, ao revelar as elipses e indeterminações como um recurso poético a construir a estrutura dos versos epigramáticos. Ora representado a lamentar-se aos deuses, ora a fazer queixosos monólogos, nesses epigramas o eu-lírico aparece ainda a embriagar-se de vinho, mas raramente a dirigir-se aos seus amados. Mais de trinta epigramas exibem uma linguagem poética "sem gênero"; os textos estão divididos equanimemente nos livros 5 e 12 da AP.

Análise dos epigramas "sem gênero" do livro das cortesãs (AP 5)

Da quinzena de epigramas do livro 5 que atesta o uso da tópica sem gênero, apresentaremos na íntegra os casos mais importantes e comentaremos, em detalhe, os principais aspectos, com enfoque naqueles relacionados à caracterização do gênero dos interlocutores. Outros epigramas serão evocados apenas de passagem, na medida em que apresentarem informações relevantes ao nosso estudo, não atestadas por aqueles analisados integralmente.

Em muitos poemas, Eros comparece como um deus cruel, um arqueiro infalível, seduzido apenas pelo gosto de ferir os seres; o epigrama 10 é um exemplo:

AP 5, epigrama 10, Alceu
'Εχθαίρω τὸν Ἔρωτα· τί γὰρ βαρὺς οὐκ ἐπὶ θῆρας
ὄρνυται, ἀλλ' ἐπ' ἐμὴν ἰοβολεῖ κραδίην;
τί πλέον, εἰ θεὸς ἄνδρα καταφλέγει; ἢ τί τὸ σεμνὸν
δηώσας ἀπ' ἐμῆς ἆθλον ἔχει κεφαλῆς;

O MASCULINO E O FEMININO NO EPIGRAMA GREGO **115**

Odeio Eros. Por que, cruel, não se atira
sobre feras, em lugar de dardejar meu coração?
Que vantagem um deus fulminar um homem?
Ou que augusto prêmio ele ganha por minha cabeça?[1]

O deus Eros é caracterizado, no poema, com termos próprios da caça: no segundo verso, ele "lança setas" (*ioboleî*) nos humanos "corações" (*kradíen*), embora devesse "atirar-se sobre feras" (*ouk epi thêras órnytai*, v.1-2). Tratado como presa, o eu-lírico nos fala que foi fulminado pelo deus: "que vantagem um deus fulminar um homem?" (*ti pléon, ei theós ándra kataphlégei*, v.3); depois, indaga sobre o "augusto prêmio" (*semnón áthlon*, v.3-4) que vale sua "cabeça" (*kephalês*, v.4).

No poema, a presença do eu-lírico pode ser apreendida já no primeiro verso: o verbo *Ekhthaíro* ("detestar", "odiar") aparece na forma da primeira pessoa do discurso, evidenciando o eu poético. Mais à frente, temos o pronome pessoal *emén* a caracterizar o coração do eu-lírico ("meu coração", *emén kradíen*, v.2); de novo, no quarto verso, fala-se da "minha cabeça" (*emês kephalês*). O eu-lírico pode ser identificado também no terceiro verso: o substantivo *ándra* ("homem"), além de referir-se a ele, expressa ainda sua identidade sexual: trata-se de um homem, alguém do sexo masculino. Temos, pois, um eu-lírico masculino, que é também adulto, pois a palavra *ándra* refere-se especialmente a homens formados. No epigrama, ao que parece, temos um *erastés*, típica voz a assumir o lugar de eu-lírico nesses poemas, aqui a lamentar os sofrimentos causados por Eros.

Salientemos, contudo, que não há evidência de sexo/gênero do "tu" do discurso poético, ou seja, de quem faz o amante arder de desejo. O poema não revela o objeto de desejo do eu-lírico, pois apenas representa um monólogo seu, em que critica o deus Eros e sua crueldade (*barýs*, v.1). Assim, não há no poema o que justifique sua classificação no livro 5 ou no livro 12 da AP, pois não se pode

---

1 Em Anexos, ver a relação completa dos epigramas eróticos helenísticos citados integralmente nessas análises.

116 LUIZ CARLOS MANGIA SILVA

distinguir o teor hetero ou homoerótico dessa paixão. Interpretado como um poema dirigido a uma cortesã, o epigrama 10 foi por isso alocado no livro 5, mas nada no poema nos leva a essa conclusão. Deve-se aceitar o fato de que o epigrama não expressa informação sobre o sexo/gênero do parceiro-objeto, mas apenas do eu-lírico.

O epigrama 176 também representa o eu-lírico a queixar-se de Eros:

AP 5, 176, Meléagro
Δεινὸς "Ερως, δεινός. Τί δὲ τὸ πλέον, ἢν πάλιν εἴπω
καὶ πάλιν οἰμώζων πολλάκι· "δεινὸς "Ερως";
ʾΗ γὰρ ὁ παῖς τούτοισι γελᾷ καὶ πυκνὰ κακισθεὶς
ἥδεται· ἢν δ᾽ εἴπω λοίδορα, καὶ τρέφεται.
Θαῦμα δέ μοι, πῶς ἄρα διὰ γλαυκοῖο φανεῖσα   5
κύματος ἐξ ὑγροῦ, Κύπρι, σὺ πῦρ τέτοκας.

Terrível Eros, terrível! Por que dizer mais, se de novo eu digo
e, lamentando inúmeras vezes, repito: "Terrível Eros!"?
É que de fato o menino se ri dessas coisas e, muitas vezes
censurado, rejubila-se; se digo injúrias, se fortalece.
Me espanta como, surgida por entre as úmidas   5
ondas brilhantes, Cípris, pariste fogo.

O "terrível Eros" (*Deinòs Éros*, v.1) é mencionado, no poema, como um "menino risonho" (*paîs gelaî*, v.3), que insiste em fazer sempre o contrário do que deseja o eu-lírico: se ouve "censuras" (*kakisthéis*, v.3), o deus "rejubila-se" (*hédetai*, v.4); se o amante lhe dirige "injúrias" (*lóidora*, v.4), o deus "se fortalece" (*tréphetai*, v.4).

O eu-lírico flexiona o verbo (no modo subjuntivo) no primeiro verso: *eípo*, ("dizer") e *oimózon* ("lamentar", v.2), na forma participial, caso nominativo, também se refere ao eu-lírico e traz a marca de gênero masculino: descobrimos, pois, o sexo/gênero masculino. De novo, marcando o sujeito do discurso, o verbo *légo*, na forma *eípo*, aparece no verso 4. E o pronome de primeira pessoa *moi* (v.5) é, por fim, a última manifestação, no poema, do eu-lírico.

O MASCULINO E O FEMININO NO EPIGRAMA GREGO **117**

O "tu" do discurso só aparece nos versos 5 e 6: é Afrodite, evocada na forma vocativa (*Kýpri*, v.6). Até esse passo do poema, o eu-lírico se manifestara como em monólogo, criticando as ações de Eros; só nos versos finais, ele dirige-se à mãe do deus:

Θαῦμα δέ μοι, πῶς ἄρα διὰ γλαυκοῖο φανεῖσα   5
κύματος ἐξ ὑγροῦ, Κύπρι, σὺ πῦρ τέτοκας.

Me espanta como, surgida por entre as úmidas   5
ondas brilhantes, Cípris, pariste fogo.

Chipre é a principal ilha relacionada ao culto da deusa Afrodite – donde o epíteto, evocado no último verso, "Cípris" –, e as outras são Citera (donde o epíteto "Citéria") e também Creta.[2] Afrodite é a deusa nascida do mar, ou melhor, da união do sêmen de Urano com a espuma das vagas marinhas. Nascida no líquido e do líquido, esse elemento será um de seus principais atributos, relacionando a deusa às seivas, aos suores e aos méis. O epigrama fala da Cípria "surgida nas ondas úmidas" (*phaneîsa kýmatos éx hygroû*, v.5-6), ondas "brilhantes" (*glaukoîo*, v.5). O eu-lírico mostra-se perplexo diante de uma deusa que, nascida no mar, pariu o fogo (*tétokas pýr*, v.6). Quanto ao elemento "fogo", podemos juntar a ele outros termos que o epigrama apresenta, com mesmo campo semântico, como o "brilho" das ondas e forma *phaneîsa* (do verbo *pháino*, "surgir", "revelar-se", v.5). Assim, ao lado de "ondas", "umidade" e da evocação à "Cípris", termos alusivos ao elemento úmido, temos o "brilhante", "o surgido" e o "fogo", elementos ígneos.

Notemos que, se o epigrama 176 permite que se leia o gênero do eu-lírico, que é masculino (provavelmente um *erastés*), não é possível saber se ele sofre de desejo por um cortesão ou uma cortesã. Dirigindo-se apenas à Afrodite, a criticar seu filho Eros, o poema

---

2 Ragusa (2005, p.130) nos mostra que Creta pode ser o nome da ilha evocada em um fragmento de Safo (2 Voigt), tida como um *locus* bastante propício ao culto da deusa, dado seu caráter insular e orientalizado.

118 LUIZ CARLOS MANGIA SILVA

não expressa nenhuma informação sobre o objeto de desejo do eu-
-lírico. Assim, julgar que o poema expressa os efeitos dos ardores
por uma cortesã (livro 5) é trabalhar com elementos não forneci-
dos pelo epigrama, em que não se interessa em focalizar objetos
de desejo.

Passemos a outro epigrama:

AP 5, 179, Meléagro
Ναὶ τὰν Κύπριν, Ἔρως, φλέξω τὰ σὰ πάντα πυρώσας,
τόξα τε καὶ Σκυθικὴν ἰοδόκον φαρέτρην.
Φλέξω, ναί. Τί μάταια γελᾷς καὶ σιμὰ σεσηρὼς
μυχθίζεις; Τάχα που σαρδάνιον γελάσεις.
Ἦ γάρ σευ τὰ ποδηγὰ Πόθων ὠκύτερα κόψας   5
χαλκόδετον σφίγξω σοῖς περὶ ποσσὶ πέδην.
Καίτοι Καδμεῖον κράτος οἴσομεν, εἴ σε πάροικον
ψυχῇ συζεύξω, λύγνα παρ' αἰπολίοις.
'Αλλ' ἴθι, δυσνίκητε, λαβὼν δ' ἔπι κοῦφα πέδιλα
ἐκπέτασον ταχινὰς εἰς ἑτέρους πτέρυγας.   10

Sim, por Cípris! Incendiado, Eros, eu queimarei todos
os teus arcos e também tua aljava que guarda flechas da Cítia.
Queimarei, sim! Por que ris em vão e zombas com a boca
largamente contraída? Logo, logo tu vais rir sardonicamente.
É certo que, cortando as asas ligeiras que conduzem os Desejos   5
de ti, atarei grilhões de bronze em torno de teus pés.
De fato, portaremos o poder de Cadmo, se eu te juntar vizinho
com minha alma, linces junto de um rebanho de cabras.
Mas parte, invencível, pega as tuas sandálias
velozes, ostenta as asas ligeiras sobre outros.   10

Temos o eu-lírico a evocar Eros, desejoso, ao que parece, de vingança, de pagar com a mesma moeda os ardores que sofre: "queimarei, incendiado, todos os teus arcos", (*phléxo ta sa pánta pyrósas
tóxa*, v.1-2). E não só os arcos, mas também "a aljava com flechas

O MASCULINO E O FEMININO NO EPIGRAMA GREGO   119

da Cítia" (*Skythikén iodókon pharétren*, v.2). O verbo *phléxo* ("queimar"), na primeira pessoa do singular, repete-se no terceiro verso, evidenciando a obstinação do eu-lírico no elemento fogo. Eros seteiro, no entanto, não se comove e "ri e zomba" (*gelaîs mykhthízeis*, v.3-4) do eu-lírico, que de novo ameaça: "logo vais rir sardonicamente" (*tákha pou sardánion geláseis*, v.4).

No verso 6, o eu-lírico revela como pretende alcançar seus objetivos de vingança: "prendo um grilhão em torno de teus pés" (*sphínxo soîs perí possí péden*), um grilhão "feito de bronze" (*khalkódeton*, v.6). Com isso, o eu-lírico evitará "as asas ligeiras dos Desejos" (*ta podegá Póthon okýptera*, v.5). Alude-se, depois, a Cadmo e seu poder (*Kadméion krátos*, v.7). O eu-lírico fala ainda de "linces junto de cabras" (*lýgna par' aipolíois*, v.8), expressando assim seus conflitos eróticos nos termos próprios da vida animal. O poema termina com uma exortação para que Eros "invencível" (*dysníkete*, v.9) vá embora: "Mas parte, ostenta tuas asas ligeiras sobre outros" (*All' íthi ekpétason takhinás eis héterous ptérygas*, v.9-10).

O epigrama 179 constrói-se, portanto, como um discurso poético endereçado a Eros e não a um amado. O poema, se, de um lado, materializa textualmente a presença de um eu-lírico (que flexiona os verbos *phléxo*, v.1, v.3, *pyrósas*, v.1), de outro, não permite que distingamos o sexo/gênero do objeto desejado, se se trata de cortesão ou cortesã. Podemos saber apenas que o eu-lírico é masculino (a forma no particípio masculino *pyrósas*, v.1, atesta isso). Trata-se, portanto, de um *erastés*, amiúde a voz que assume a primeira pessoa do discurso nos epigramas eróticos helenísticos. No poema o interlocultor é Eros: deus causador de ardores eróticos, a ele o eu-lírico dirige queixas e ameaças. Assim como nos casos anteriores, também o epigrama 179 não apresenta elementos textuais que permitam alocá-lo no livro 5 (ou 12) da *Palatina*.

O epigrama 188 também apresenta o eu-lírico, ferido por Eros, a expressar seus dissabores; Afrodite também é evocada. Reduzido a cinzas pelas setas ardentes do deus do amor, o eu-lírico anseia, no entanto, pelo revide, punindo aquele que é culpado:

120 LUIZ CARLOS MANGIA SILVA

AP 5, 188, Leônidas

Οὐκ ἀδικέω τὸν Ἔρωτα γλυκύς· μαρτύρομαι αὐτὴν
Κύπριν· βέβλημαι δ' ἐν δολίου κέραος
καὶ πᾶς τεφροῦμαι θερμὸν δ' ἐπὶ θερμῷ ἰάλλει
ἄτρακτον, λωφᾷ δ' οὐδ' ὅσον ἰοβολῶν.
χῶ θνητὸς τὸν ἀλιτρὸν ἔσω, κεῖ θνητὸς ὁ δαίμων, 5
τίσομαι· ἐγκλήμων δ' ἔσσομ' ἀλεξόμενος.

Não faço injustiça a Eros, sou doce. Evoco em testemunho
a própria Cípris. Fui presa do arco enganador
e reduzido inteiro a cinzas. Seta inflamada sobre seta
ele lança, sem cessar de tanto dardejar.
E eu, que sou mortal, punirei, se é mortal a divindade, 5
o culpado: serei o banido que acusa.

O verbo *adikéo* ("injustiçar"), no primeiro verso, ocorre na forma da primeira pessoa do discurso. Ainda no primeiro verso, *martýromai* ("evocar em testemunho") também aparece na primeira pessoa do singular. Temos ainda *tephroûmai* ("ser fulminado", v.3), *tísomai* e *éssom*[*ai*], no verso 6 (respectivamente, "punir" e "ser", no tempo futuro). É possível distinguir o gênero do eu-lírico: trata-se de alguém do sexo masculino, a que se refere o *glykýs* ("doce", v.1), na forma masculina, e também *thnetós* ("mortal", v.5), *enklémon* ("acusador", v.6; o adjetivo é de duplo gênero, mas o contexto nos força a interpretá-lo como masculino) e *aléxomenos* (v.6), forma participial masculina ("banido"). O eu-lírico é masculino, mas pouco nos autoriza afirmar que se trata de um *erastés* ou um *erômenos*, ou seja, de um amante cortejador ou de um amado cortejado, embora seja mais frequente, como afirmamos, tratar-se de um *erastés*, a parte amiúde rejeitada da relação. Feito um monólogo ou uma prece dirigida a Afrodite (*martýromai autén Kýprin*, "evoco a própria Cípris", v.1-2), o poema expõe as queixas de um amante ferido de desejo.

O MASCULINO E O FEMININO NO EPIGRAMA GREGO **121**

Evidenciemos o universo de Eros: *dolíou keráos* ("arcos enganadores", v.2), *thérmon átrakton* ("seta inflamada", v.3-4) e *iobolón* ("lançar dardos", v.4). Esses termos conferem à representação do desejo no epigrama os sentidos da caça e da guerra. Fazem parte também desse universo bélico as imagens relacionadas à justiça (*adikéo*, "injustiçar", v.1), a juras e testemunhos (*martýromai*, v.1, "evocar em testemunho"), à vida e à morte (*thnetós* e *daímon*, v.5, "mortal" e "deidade"), à punição (*tísomai*, v.6) do culpado (*alitrón*, v.5), à existência de um acusador (*enklémon*, v.6) e de um banido (*alexómenos*, v.6).

Como nos outros epigramas analisados, também o de número 188 não permite que se distinga o gênero do parceiro cortejado, de maneira que não temos elementos suficientes para alocá-lo nem no livro 5 da AP, nem no 12. Poema dirigido a Afrodite, o epigrama não expressa o teor da atração erótica pela qual o eu-lírico é vitimado; falando dos deuses e de suas próprias dores, ele não revela o objeto de seu ardor.

O epigrama 180 também representa uma queixa dirigida a Eros, feita em monólogo pelo eu-lírico. Como se veja ferido por fogo e espada, ele acredita que Eros seja filho da deusa Afrodite com, simultaneamente, o deus ferreiro, seu marido Hefesto (donde o atributo do fogo) e o deus da guerra, seu amante Ares (donde o atributo da espada). Trata-se da evocação da poligamia de Afrodite, conforme nos apresenta a *Odisseia* de Homero (Canto 8). Não se evocam, portanto, as origens de Eros relacionadas aos deuses primordiais, conforme nos apresenta a *Teogonia* de Hesíodo; aliás, os epigramas eróticos helenísticos praticamente não aludem a essa sua origem cosmogônica. Eis o epigrama:

AP 5, 180, Meléagro

Τί ξένον, εἰ βροτολοιγὸς Ἔρως τὰ πυρίπνοα τόξα
βάλλει καὶ λαμπροῖς ὄμμασι πικρὰ γελᾷ;
Οὐ μάτηρ στέργει μὲν Ἄρη, γαμέτις δὲ τέτυκται
Ἀφαίστου, κοινὰ καὶ πυρὶ καὶ ξίφεσι.
Ματρὸς δ' οὐ μάτηρ ἀνέμων μάστιξι θάλασσα

5

τραχὺ βοᾷ· Γενέτας δ' οὔτε τις οὔτε τινός.
Τοὔνεκεν ʽΑφαίστου μὲν ἔχει φλόγα, κύμασι δ' ὀργὰν
σπέρξεν ἴσαν, ῎Αρεως δ' αἱματόφυρτα βέλη.

Por que estranhar, se Eros funesto aos mortais lança os arcos
e flechas inflamados e com os olhos brilhantes ri agudamente?
Não é sua mãe que ama com carinho Ares, mas era a esposa
de Hefesto, sendo comum com fogo e espadas?
De sua mãe não é mãe o mar que, entre chicotes de ventos,   5
rudemente grita? Não é filho nem de um nem de ninguém.
Por causa disso ele possui as flamas de Hefesto, arrastou irritação
igual a ondas e dardos molhados de sangue de Ares.

No primeiro verso, Eros é qualificado como *brotoloigós*
("funesto"). Esse epíteto, conforme Bailly (1950), é comumente
atribuído a Ares. Seu uso, portanto, nesse contexto, cria a familiaridade entre o deus do amor e o deus da guerra, supostamente seu
pai. Não se deve estranhar, afirma o eu-lírico (*Tí xénon*, v.1), que
o deus da paixão seja "funesto", assim como não se deve estranhar
que ele lance arcos e setas "inflamados" (*pyrípnoa*, v.1), "Pois sua
mãe não amou Ares" (*Ou máter stérgei men Áre*, v.3), "tendo sido
esposa de Hefesto" (*gamétis de tétyktai Hapháistou*, v.3-4), "sendo
comum em fogo e espada?" (*koiná kai pyrí kai xíphesi*; v.4). Como
esposa de Hefesto, a "mãe" de Eros (*máter*, v.3) legou a seu filho as
qualidades ígneas (*pyrí*, v.4) do esposo ferreiro. De Ares, a quem
Cípris "amou com carinho" (*stérgei*, v.3), Eros herdou os atributos
bélicos, especificamente uma "espada" (*xíphesi*, v.4). Serão esses os
atributos do deus, por ter uma mãe "afim" (*koiná*, v.4) com fogo
e espada.

No verso 5, evoca-se a qualidade da deusa de filha do mar: *Matrós
d' ou máter thálassa*, "Da mãe [Afrodite] não é mãe o mar" (sendo
o "pai" o sêmen de Urano), que "rudemente grita" (*trakhý boaî*,
v.6) entre "chicotes de vento" (*anémon mástixi*, v.5)? Especula-se,

O MASCULINO E O FEMININO NO EPIGRAMA GREGO **123**

no entanto, que ele "não seja filho nem de um nem de outro" (*Genétas d'oúte tis oúte tinós*, v.6). Os dois versos finais arrematam a confusa genealogia, salientando as qualidades de Eros, a materna e as paternas:

Τοὔνεκεν ʽΑφαίστου μὲν ἔχει φλόγα, κύμασι δ᾽ ὀργὰν
σπέρξεν ἴσαν, ῎Αρεως δ᾽ αἱματόφυρτα βέλη.

Por isso, ele possui as flamas de Hefesto, arrastou irritação
igual a ondas e dardos molhados de sangue de Ares.

"Por isso" (*Tóuneken*, v.7) Eros recebeu de Hefesto "chamas" (*phlóga*, v.7), de Afrodite, "agitação" (*orgán*, v.7) "igual às ondas" (*ísan kýmasi*, v.8-7), e de Ares, por fim, "dardos úmidos de sangue" (*aimatóphyrta béle*, v.8).

O epigrama 180 representa um monólogo, em que, se o eu-lírico revela os seus sentimentos, o faz utilizando a narrativa dos amores adúlteros de Afrodite e do nascimento de Eros. Não se menciona, no poema, contudo, o objeto do desejo do eu-lírico. Não podemos distinguir no epigrama nem o cultivo de uma paixão por uma cortesã, nem por um cortesão. Fazendo a genealogia de Eros e justificando seus atributos, o eu-lírico não está preocupado em dar visibilidade a seu objeto de desejo, mas apenas em representar o deus, em mostrar-se como aquele que experimenta os efeitos do desejo.

Evidenciemos, na linha dos epigramas que apresentam o deus da paixão, apenas mais dois casos, compostos por um só dístico, que se dirigem a Eros, criticando-o ou expressando sua vilania:

AP 5, 57, Meléagro
Τὴν περινηχομένην ψυχὴν ἂν πολλάκι καίης,
φεύξετ᾽, ῎Ερως· καὐτὴ, σχέτλι᾽, ἔχει πτέρυγας.

Se por acaso queimar a minha alma que vagueia, Eros,
ela fugirá; é que ela própria também tem asas, cruel.

124 LUIZ CARLOS MANGIA SILVA

AP 5, 309, Diófanes
Τριλληστὴς ὁ Ἔρως καλοῖτ᾽ ἂν ὄντως·
ἀγρυπνεῖ, θρασύς ἐστιν, ἐκδιδύσκει.

Triplamente ladrão, Eros de fato poderia ser chamado:
vigilante, audacioso, saqueador.

No epigrama 57, o eu-lírico se dirige a Eros: o verbo *káieis* ("queimar"), no primeiro verso, aparece na segunda pessoa do singular, seguido pelos vocativos *Éros* (v.2) (são idênticas as formas nominativa e vocativa dessa palavra) e "cruel" (*skhétli[e]*, v.2). Como o texto apresenta um "tu", que é Eros, parece ser possível deduzir que "a alma que vagueia" é de um possuidor em primeira pessoa (daí o "*minha* alma que vagueia" da tradução). Há um trocadilho pretendido pelo poeta com os sentidos da palavra *psykhén* (v.1): se a tradução usual dessa palavra prima pelos sentidos de "alma", "mente", "espírito", tradução sempre difícil pela distância entre as visões culturais antiga e moderna, um outro sentido, e mais antigo, para *psykhén* é "borboleta". Como "alma" ou "espírito" não possua asas (*ptérygas*, v.2) na mentalidade grega, é o sentido de "borboleta" que o eu-lírico explora na segunda menção do termo, subentendido na expressão *kauté ékhei ptérygas*: "ela própria [como o deus Eros e como uma borboleta] também tem asas" (v.2). Assim, temos mais um poema em que se dirige não aos cortejados, mas ao deus Eros; não se pode afirmar novamente que o cortejo representado é dirigido a amantes masculinos ou femininos, pois apenas evidencia os ardores próprios da paixão.

O epigrama 309 fala de um Eros *trilleistés* ("três vezes ladrão", v.1), que é qualificado como *agrypteî*, *thrasýs* e *ekdidýskei* (v.2) ("que faz vigília", "é audacioso" e "saqueador"). Talvez o deus seja mencionado como "vigilante" pela sua característica de não dar folga aos seus subordinados – toda a espécie humana e também a divina. "Audacioso" ou "selvagem" talvez se refira às suas ousadias, de guerreiro destemido, que mesmo diante de Zeus não

O MASCULINO E O FEMININO NO EPIGRAMA GREGO **125**

se curva – ao contrário, faz o próprio deus dos deuses se curvar.[3] "Espoliador" talvez porque Eros é, por excelência, um deus venal, ou seja, paga-se com dinheiro ao amor mal correspondido das cortesãs e dos cortesãos dos livros 5 e 12; e tão logo acabe o dinheiro, nesse mesmo momento finda o amor.[4] Lembremos que a imagem de "piratas de Afrodite" não é estranha para qualificar as cortesãs no livro 5,[5] pois ela quadra bem com os sentidos de venalidade próprios do amor experimentado pelos parceiros nos epigramas eróticos helenísticos.

Ainda sobre os epigramas em que temos uma queixa dirigida a Eros ou um monólogo de lamento ou ainda uma ameaça ao deus do amor, ver os epigramas 112 (festas e velhice), 180 (os atributos de Eros), 211 (queixa das dores do amor e menção ao Desejo) e 212 (queixa a Eros). É preciso mencionar na íntegra mais um epigrama, em que o eu-lírico se insurge contra Zeus, protegido por Eros. O deus da paixão é evocado no poema por ter submetido Zeus ao seu poder:

AP 5, 64, Asclepíades

Νεῖφε, χαλαζοβόλει, ποίει σκότος, αἶθε, κεραύνου,
πάντα τὰ πυρφορέοντ' ἐν χθονὶ σεῖε, νέφη·
ἢν γάρ με κτείνῃς, τότε παύσομαι, ἢν δέ μ' ἀφῇς ζῆν,
καὶ διαδὺς τούτων χείρονα, κωμάσομαι·
ἕλκει γάρ μ' ὁ κρατῶν καὶ σοῦ θεός, ᾧ ποτε πεισθείς,   5
Ζεῦ, διὰ χαλκείων χρυσὸς ἔδυς θαλάμων.

---

3 Veremos mais à frente uma série de menções à sujeição de Zeus pelo deus do amor, quando de seus amores por Dânae, por Leda, entre outros.

4 Ver o caso exemplar de Sosícrates que, no epigrama 113 (AP 5), aprende forçosamente o provérbio *oudéis oudén ékhonti phílos* (v.6), "ninguém tem parceiro, sem posse de nada", ou melhor, "sem dinheiro, sem companhia".

5 Ver, por exemplo, o epigrama 161, em que três cortesãs são nomeadas "piratas de Afrodite" (*ta leitriká tes Afrodítes*, v.5).

126 LUIZ CARLOS MANGIA SILVA

Faze neve, chove granizo, faze treva, queima, fulmina,
sacode no chão todas as nuvens inflamadas;
se me matares, então cessarei, mas se me deixares viver,
e escapar de coisas piores que estas, comemorarei;
me arrasta o poderoso deus, também teu senhor: um dia   5
foste persuadido, Zeus, a penetrar ouro em quartos de cobre.

O eu-lírico, regido por Eros, "o poderoso deus que me arrasta"
(*ho kratôn theòs hélkei*, v.5), desafia os poderes de Zeus. No poema,
Eros é superior a Zeus (*kai soû theós*, "também teu deus", v.5); o
eu-lírico recorda que o deus da paixão já persuadiu-o uma vez ("por
quem foste persuadido um dia", *hói pote peisthéis*, v.5). Eros é assim
superior a todos os deuses, pois submete até o soberano Olímpico.
Guiado por ele, um amante não teme as reações nem de Zeus. No
primeiro verso, insubmisso, ele se dirige ao Cronida:

Νεῖφε, χαλαζοβόλει, ποίει σκότος, αἶθε, κεραύνου,
πάντα τὰ πυρφορέοντ' ἐν χθονὶ σεῖε, νέφη·

Faze neve, chove granizo, faze treva, queima, fulmina,
sacode no chão todas as nuvens inflamadas;

Os fenômenos da natureza são aqui atribuídos a Zeus: é ele quem
"neva" (*Neîphe*, v.1), "chove granizo" (*khalazobólei*, v.1), "faz treva"
(*póiei skótos*, v.1), "queima" (*aîthe*, v.1), "fulmina" (*keráunou*, v.1),
"sacode nuvens inflamadas no chão" (*seîe ta pyrphoréont[a] néphe
en khthoní*, v.2). Desafiando Zeus, o eu-lírico promete que, se não
morrer às suas mãos (*en me ktéineis*, "se não me matares", v.3),
"comemorará" (*komásomai*, v.4), pois só morto ele cessaria (*tóte
paúsomai*, "então pararei", v.3) de obedecer a Eros. Para enfatizar
a força de deus do amor, o eu-lírico lembra a Zeus o episódio em
que o Olímpico fora seduzido por Dânae, por ação de uma paixão.
Assim, transformando-se em uma chuva de ouro (pois Dânae fora
trancada em um cofre de metal, para que se evitasse a cópula com
o deus), esta será a imagem final do poema: "através de quatros de

cobre penetraste [como] ouro" (*diá khalkeíon khrysòs édys thalámon*, v.6). Submetendo humanos e imortais, Eros é, portanto, o deus por excelência nos epigramas eróticos helenísticos, dividindo seu poderio apenas com a mãe Afrodite e com outras deidades de seu cortejo.

O eu-lírico se materializa nas formas verbais *paúsomai* (v.3) e *komásomai* (v.4) (respectivamente, "cessar" e "comemorar") e também nos pronomes relacionados à primeira pessoa (*me*, duas vezes no terceiro verso e outra vez no quinto). O eu-lírico pode ser subentendido também no uso dos verbos em modo imperativo.

Além dessas marcas, há apenas uma única que permite que distingamos sua identidade sexual: trata-se do verbo *diadýo* ("escapar"), que aparece na forma *diadýs*, no quarto verso. Essa forma participial possui marcas de nominativo, de tempo (aoristo), de singular, de voz ativa – e de masculino. Temos, portanto, que o sexo do eu-lírico é masculino. E como ele se dirige a Zeus, não mencionando nenhum objeto de desejo – uma cortesã ou um cortesão –, não podemos saber que tipo de ardor erótico experimenta, se é que essa pergunta é procedente. Mais uma vez, temos um epigrama em que inexistem as informações necessárias para classificar o poema nos livros da AP.

Além dos epigramas do livro 5 da AP até aqui analisados, em que vimos um eu-lírico a dirigir-se aos deuses da paixão ou em monólogo, encontramos também outros poemas que não apresentam o gênero do amante cortejado. Trata-se de poemas em que o eu-lírico tece um elogio à paixão (epigramas 169, 170) ou propõe um brinde (epigrama 134) ou ainda faz uma crítica à passividade de um parceiro; há também o encontro, na rua, de dois amantes potenciais. Passemos a eles:

AP 5, 169, Asclepíades
Ἡδὺ θέρους διψῶντι χιὼν ποτὸν ἡδὺ δὲ ναύταις
ἐκ χειμῶνος ἰδεῖν εἰαρινὸν Στέφανον·
ἥδιον δ' ὁπόταν κρύψῃ μία τοὺς φιλέοντας
χλαῖνα, καὶ αἰνῆται Κύπρις ὑπ' ἀμφοτέρων.

No verão, a neve é doce bebida para os que têm sede; no fim
do inverno, é doce aos marinheiros ver a Coroa primaveril;
mais doce ainda é quando uma só coberta envolve
dois amantes e Cípris é honrada por ambos.

No epigrama 169, o poeta fala de "verão" (*thérous*, v.1) e "inverno" (*kheimônos*, v.2), afirmando que, na época de calor, a "neve"
(*khión*, v.1) é doce bebida para "os que têm sede" (*dipsónti*, v.1),
enquanto no frio é doce "aos marinheiros" (*naútais*, v.1) avistar
a constelação de Coroa (*Stéphanon*, v.2), certamente porque essa
constelação, primaveril, anuncia o fim da estação do inverno. "Mais
doce" (o poeta usa o superlativo *hédion*, v.3) que qualquer coisa é
quando uma coberta (*khláina*, v.4) envolve dois amantes (o termo
tous philéontas, v.3, aparece no plural masculino). Não é possível
distinguir o gênero dos que se amam, mas apenas que envolve pelo
menos um amante do sexo masculino (por força do plural masculino), o que não nos autoriza a deduzir se o poema se refere a um casal
de amantes hetero ou homossexuais.

Por sua linguagem ambígua, o poema constitui, pois, um elogio à paixão tanto entre um *erastés* e uma cortesã, como entre um
erastés e um cortesão, pois isso é o que conquista o discurso poético
dos epigramas analisados até aqui: trata-se de uma refinada representação poética em que o sexo/gênero dos amantes, por processos
metonímicos ou simplesmente pela indeterminação e elipse dos
sujeitos, desaparece, resultando num poema em que a linguagem é
adequada, por sua ambiguidade em torno do gênero, para expressar
toda sorte de paixões, pois deixa na "penumbra" os amados objetos
de cortejo.

É interessante no epigrama a gradação que conduz ao mais doce
dos atos: o encontro de dois amantes. É possível saber que se trata
de dois apenas, pois o uso de *amphotéron* ("ambos", "os dois", v.4)
caracteriza uma dupla ou um casal. Note-se que, se os amantes são
dois, a coberta é apenas "uma" (*mía*, v.3) – daí o "só" enfático de
nossa tradução. Isso afirma, entre outras coisas, o caráter cooperativo
e solidário do desejo erótico, segundo a visão expressa pelo poema.

O epigrama 70 também tece um elogio ao desejo erótico. Conforme o poema, aquele que jamais amou não é capaz de discernir o que é belo:

AP 5, 170, Nóssis

Ἅδιον οὐδὲν ἔρωτος, ἃ δ' ὄλβια, δεύτερα πάντα
ἐστίν· ἀπὸ στόματος δ' ἔπτυσα καὶ τὸ μέλι.
τοῦτο λέγει Νοσσίς· τίνα δ' ἁ Κύπρις οὐκ ἐφίλησεν,
οὐκ οἶδεν κήνας τἄνθεα ποῖα ῥόδα.

Nada mais doce que a paixão; em segundo, tudo
que é afortunado; e cuspo da boca o mel.
Isto é o que diz Nóssis: quem Cípris não amou,
não conhece, dentre as flores, quais são as rosas.

Tal como no epigrama 169 (v.3), utiliza-se aqui o superlativo *hédion*, agora na forma *Hádion*: "Nada é mais doce que a paixão" (*Hádion oudén érotos*, v.1). Destaquemos que "paixão" traduz *éros*, assim como em outras partes deste trabalho. O poema constrói os degraus axiológicos da paixão: se, em primeiro lugar, vem a paixão, em "segundo" (*déutera*, v.1) vem "tudo aquilo que é afortunado" (*ólbia pánta estín*, v.1-2). Passional, o eu-lírico chega mesmo a "cuspir da boca o mel" (*apo stómatos d' éptysa kai to méli*, v.2). E da mesma forma que a paixão é superior à boa fortuna e à doçura do mel, entre as flores, as rosas são superiores por sua beleza, mas isso só sabe aquele a quem Afrodite "beijou" (porque o verbo *philéo*, na forma *ephílesen*, v.3, além de "amar", também significa "beijar"). Assim, afirma Nóssis (v.3),[6] aquele a quem Cípris não amou não

---

6 O eu-lírico se nomeia no terceiro verso: *Nóssis* é seu nome e também o da autora do epigrama. Não é estranho o ato de se autonomear nos epigramas eróticos helenísticos: assim o fazem algumas vezes Asclepíades de Samos (AP 12, 50, por exemplo) e Meléagro de Gádara (AP 12, 257, por exemplo). Não se trata, ainda, de expediente desconhecido pela tradição literária grega – lembremos que Hesíodo se autonomeia na *Teogonia*, assim como Safo, em alguns fragmentos.

reconhece, "dentre as flores" (*tánthea*, v.4) "quais são as rosas" (*poîa rhóda*, v.4). As rosas, flores preferidas de Afrodite, são no epigrama o emblema da mais elevada beleza, tal como a paixão é superior aos outros sentimentos.

Notemos que o epigrama 170 não se dirige a um amado em cortejo, muito menos expressa seu gênero. O epigrama tece apenas um elogio à paixão, em lugar de se dirigir a um objeto de desejo. O eu-lírico, autonomeado Nóssis (nome da poetisa, autora do epigrama), é do sexo feminino, coisa bastante infrequente nesses epigramas. No entanto, como o poema não apresenta um "tu", não permite que saibamos os teores da paixão que ela experimenta.[7] Preocupado em cantar a paixão mais do que objetos de desejo (cortesãs ou cortesãos), também o epigrama 170 testemunha contra o critério da AP de classificação dos poemas por sexo/gênero do amado: no poema, um eu-lírico feminino faz apenas o elogio da paixão.

Outro epigrama, que também não obedece aos critérios da AP, é o 134:

AP 5, 134, Posidipo
Κεκροπὶ, ῥαῖνε, λάγυνε, πολύδροσον ἰκμάδα Βάκχου,
ῥαῖνε, δροσιζέσθω συμβολικὴ πρόποσις·
σιγάσθω Ζήνων ὁ σοφὸς κύκνος ἅ τε Κλεάνθους
μοῦσα, μέλοι δ' ἡμῖν ὁ γλυκύπικρος Ἔρως.

Derrama, garrafa de Cécrops, o sumo do abundante orvalho
de Baco, derrama; que o brinde comunal seja úmido do orvalho.
Que Zenon, o cisne sábio, faça silêncio, assim também a Musa
de Cleantes; que nos ocupe o Eros doce-amargo.

---

7 Nóssis apresenta-se como discípula de Safo em certo epigrama seu. Por essa filiação da sua poesia aos modelos sáficos, alguns estudiosos interpretam que o amor cultivado por Nóssis possui conotações homossexuais femininas. Isso não nos autoriza a conceber o teor do epigrama 170 dessa maneira, pois, se o texto não desabona tal visão, também não a fundamenta. Fiquemos apenas com a ideia de que se trata de um cortejo dirigido ao amor, como os demais casos analisados têm demonstrado.

O MASCULINO E O FEMININO NO EPIGRAMA GREGO **131**

No epigrama, temos um eu-lírico, subentendido no uso do imperativo *rhaîne*, ("derramar", "verter") nos versos 1 e 2. No poema, o "tu" para o qual o eu-lírico se dirige é a "garrafa de Cécrops" (*Kekropí lágyne*, v.1), uma garrafa de vinho evocada pela procedência de sua argila, da terra da Ática. No segundo verso, temos um imperativo exortativo (*drosizéstho*, "derrama"), relacionado a *symboliké próposis* ("o brinde comunal", v.2). Esse tipo de imperativo se repetirá outras duas vezes no epigrama, nos versos 3 e 4: dirigido a Zenon (*Zénon*), evocado como "o sábio cisne" (*ho sophós kýknos*), e à Musa de Cleantes (*Kleánthous moûsa*, v.3-4); no v.4, o imperativo exortativo vem no modo optativo e refere-se a Eros, evocado como um deus "doce e amargo" (*méloi glykýpikros Éros*, "nos ocupe Eros doce-amargo").

Notemos, no poema, a insistente repetição de elementos úmidos: *lágyne* ("garrafa"), no primeiro verso, alude por metonímia à bebida, ao vinho; assim também *ikmáda* ("sumo") e ainda *dróson*, no composto *polýdroson* ("muito orvalhado"), no mesmo verso. No segundo verso, temos *próposis* ("brinde") e o verbo *drosizéstho*, que assim como *polýdroson* (v.1), possui o radical *dros-* ("orvalho") na sua composição. Não nos esqueçamos, ainda, do duplo uso do verbo no imperativo, *rháine* (v.1 e v.2), com o sentido de "verter (líquidos)".

No epigrama 134, temos um brinde ao desejo, a Eros, e não podemos saber nem qual o sexo/gênero do eu-lírico. Tratando-se apenas de uma libação, um brinde feito em nome do desejo "doce--amargo", o epigrama 134 não corresponde às expectativas criadas pelos critérios da AP.

Analisemos o epigrama 306:

AP 5, 306, Filodemo
Δακρύεις, ἐλεεινὰ λαλεῖς, περίεργα θεωρεῖς,
ζηλοτυπεῖς ἅπτῃ πολλάκι, πυκνὰ φιλεῖς.
Ταῦτα μέν ἐστιν ἐρῶντος· ὅταν δ᾽ εἴπω· "Παράκειμαι",
καὶ σὺ μένῃς, ἁπλῶς οὐδὲν ἐρῶντος ἔχεις.

132 LUIZ CARLOS MANGIA SILVA

Choras, falas piedosamente, examinas com curiosidade
indiscreta, sentes ciúme, contrais muitas relações, fazes amor sem
interrupção. Coisas de amante. Se digo: "Deito-me
ao seu lado" e ficas imóvel, francamente não és amante.

O eu-lírico atribui várias ações ao seu interlocutor: o "tu" do
poema "chora" (*Dakrýeis*, v.1), "tagarela" (*laleîs*, v.1), "examina"
(*theoreîs*, v.1), "sente ciúme" (*zelotypeîs*, v.2), "contrai relações"
(*háptei*, v.2), "faz amor" (*phileîs*, v.2). Todos os verbos são acompanhados de um advérbio, salvo *Dakrýen* (v.1) e *zelotypeîs* (v.2): assim,
o interlocutor tagarela "piedosamente" (*eleeiná*, v.1), examina
"indiscretamente" (*períerga*, v.1), contrai "numerosas" relações
(*polláki*, v.2), faz amor "sem interrupção" (*pykná*, v.2). No terceiro
verso, o eu-lírico informa-nos que tudo o que fora mencionado
(*Táuta*, v.3, "estas coisas") são coisas próprias de um amante (*estin
erôntos*, v.3, "são de amante)". No entanto, afirma que, quando se
deita ao lado de seu objeto de desejo, cujo gênero não se atesta, o
parceiro permanece inerte: "quando digo 'Estou deitado/a' e tu
permaneces imóvel" (*hótan d' eípo: "Parákeimai" kai sy méneis*,
v.3-4). Ao que pensa, ficar inerte não é coisa de amante, de maneira
que nessa hora "simplesmente não tens nada de amante" (*haplós
oudén erôntos ékheis*, v.4).

A palavra "amante" (*erôntos*, v.3 e 4) aparece duas vezes no
epigrama: todos os verbos apresentados nos versos 1 e 2 ("chorar",
"tagarelar", "fazer amor" etc.) são próprios "de amante" (*erôntos*, v.3); não é coisa de amante permanecer inerte (*sy méneis*, v.4),
quando alguém – o eu-lírico, no caso – está deitado ao lado (*Parákeimai*, v.3). Note-se que não dispomos de elementos textuais para
afirmar qual é o gênero do interlocutor do epigrama, nem mesmo
do eu-lírico. Ao que pensamos, todas as ações expressas pelo poema
caracterizam a interação de um amante com uma cortesã ou um
cortesão (ambos os amantes podem ser vistos a "chorar", a "sentir
ciúme" e a "tagarelar" nos livros 5 e 12 da AP). Não temos, mais
uma vez, os dados necessários para alocarmos o epigrama no livro 5
(das cortesãs) ou no 12 (dos cortesãos).

O MASCULINO E O FEMININO NO EPIGRAMA GREGO **133**

Um último exemplo de epigrama que fica à margem do critério da AP, referente ao livro 5. Trata-se de um encontro casual (na rua, provavelmente) entre um amante e um parceiro venal. É possível distinguir o gênero apenas de um dos parceiros.

AP 5, 46, Filodemo

"Χαῖρε σύ. – Καὶ σύ γε χαῖρε. – Τί δεῖ σε καλεῖν; – Σὲ δέ; – Μήπω
τοῦτο· φιλόσπουδος. – Μηδὲ σύ. – Μή τιν' ἔχεις;
– Ἀεὶ τὸν φιλέοντα. – Θέλεις ἅμα σήμερον ἡμῖν
δειπνεῖν; – Εἰ σὺ θέλεις. – Εὖγε· πόσου παρέσῃ;
– Μηδέν μοι προδίδου. – Τοῦτο ξένον. – Ἀλλ' ὅσον ἄν σοι   5
κοιμηθέντι δοκῇ, τοῦτο δός. – Οὐκ ἀδικεῖς.
Ποῦ γίνῃ; πέμψω... – Καταμάνθανε. – Πηνίκα δ' ἥξεις;
– Ἣν σὺ θέλεις ὥρην. – Εὐθὺ θέλω. – Πρόαγε."

"Salve." "– Salve." "– Como te posso chamar?" "– E tu chamas...?"
"– Nada disso; sou zeloso." "– Não é." "– Tens alguém?"
"– Sempre um amante." "– Queres jantar comigo hoje?"
"– Se quiseres." "– Absolutamente! Por quanto te apresentas?"
"Não me pagues nada antes." "– Isso é estranho." "– Mas quanto   5
te parecer justo, depois de te deitares, então pague-o." "– É justo.
Onde te encontras? Enviarei..." "– Perceba." "– A que horas?"
"– À hora que tu quiseres." "– Quero imediatamente." "– Avança."

O poema constrói-se como um diálogo, recurso característico do teatro e que confere, por isso, vivacidade ao epigrama. Por seu caráter dramático, o poema parece uma miniatura de um gênero de teatro breve, conhecido na época helenística, chamado mimo.[8] No poema, o eu-lírico e o interlocutor interagem, como podemos ver no uso de imperativos em segunda pessoa: "Salve a ti" – "Pois salve a ti também" (*Khaîre sy* – *Kai sý ge khaîre*, v.1) e nos pronomes pessoais frequentes no poema (*sy*, "tu", duas vezes no v.1; depois, no v.2,

---

8 Cf. Waltz (1960, p.83, nota 1): "Essa peça é uma espécie de pequeno mimo [...] como os epigramas 183 e 185".

134 LUIZ CARLOS MANGIA SILVA

no v.4, no v.8, além do caso acusativo no v.1), marcas da segunda pessoa do discurso. O eu-lírico toma a iniciativa da abordagem (ao que parece, trata-se de um encontro casual de potenciais amantes), perguntando pelo nome da pessoa que corteja: "Como te posso chamar?" (*Tí deî se kaleîn*; v.1), pergunta, mas sem obter resposta, pois encontra a resistência do interlocutor: "E a ti [como posso chamar]?" (*Sé de*, v.1). Note-se que até aqui não foi revelado o sexo/ gênero dos interlocutores, algo que só acontece, pela primeira vez, no verso 3, quando o "tu" do discurso poético afirma que se relaciona "Sempre com um amante" (*Aeí ton filéonta*, v.3). O adjetivo "amante" possui o gênero masculino e o artigo que o acompanha (*ton*, v.3) endossa essa afirmação. À luz da informação de que o "tu" do discurso poético recebe homens, talvez devamos deduzir, provisoriamente, que o "eu" é do sexo masculino e se ajusta, portanto, ao perfil de gênero que o outro estabeleceu. No verso 2, o eu-lírico afirma sobre si mesmo que é *philóspoudos* ("zeloso", "cuidadoso"); como esse adjetivo é comum de dois gêneros, só agora podemos saber que se trata do masculino.

Não chegamos a conhecer, por falta de materialidade textual, o sexo/gênero do parceiro cortejado: tanto pode tratar-se de uma cortesã como de um cortesão. O eu-lírico é masculino, como pudemos apurar. Temos, por fim, no epigrama 46, mais um caso em que o teor da relação entre os parceiros não pode ser definido em termos de gênero: só forçosamente podemos afirmar que o poema faz alusão a uma paixão heterossexual, pois o texto não apresenta dados para esse tipo de interpretação, fundamento da classificação da AP em seu livro 5.

Analisamos, até aqui, todos os epigramas, recolhidos no livro 5 da AP (livro das cortesãs), que não apresentam nenhum vestígio do sexo/gênero do parceiro cortejado. Não é possível, em todos os casos analisados, distinguir o sexo/gênero do objeto de desejo do eu-lírico. No entanto, evidenciamos, algumas vezes, o sexo/ gênero do eu-lírico, sendo ele quase sempre do sexo masculino (uma exceção, todavia, foi vista no epigrama 170). Se o critério da *Antologia palatina* foi separar a produção erótica de epigramas

O MASCULINO E O FEMININO NO EPIGRAMA GREGO **135**

helenísticos conforme o sexo/gênero do amado, mostramos suficientes exemplos, extraídos do livro das cortesãs, que escapam a
esse critério. Passemos, agora, aos exemplos extraídos do livro 12,
livro dos cortesãos.

Análise dos epigramas "sem gênero" do livro pederástico (AP 12)

Ao realizarmos o trabalho de tradução e triagem do *corpus* de
116 epigramas helenísticos do livro 12 da AP, pudemos perceber
que, assim como no livro 5, um conjunto significativo de poemas
não atestava nenhuma marca de sexo/gênero dos interlocutores
ou, como em alguns casos, apenas do eu-lírico. Dessa forma, pudemos apurar que o critério que classifica os epigramas no livro 12
(poemas pederásticos, "homossexuais"), com base no sexo/gênero
do amante cortejado, não tem amparo seguro na materialidade da
linguagem dos poemas: ali, como veremos a seguir, um grupo de
pelos menos 17 epigramas não deixa que se distinga se são masculinos ou femininos os ardores do eu-lírico, seja porque o epigrama representa o monólogo de um amante abandonado, seja por
se tratar de queixas e ameaças dirigidas aos deuses, não a objetos
de desejo. Salientemos que, se vimos o mesmo fenômeno a respeito
dos epigramas do livro 5, os epigramas helenísticos do livro 12,
além de apresentarem grupos de poemas em que os amantes aparecem também sem marcas textuais de gênero, visitam igualmente os
mesmos lugares-comuns, apresentando, muitas vezes, as mesmas
metáforas, a mesma tópica literária, evidenciando a unidade existente entre essas duas produções.

Comecemos nossa análise pelos epigramas em que Eros é evocado como interlocutor: nesses casos, o deus aparece armado com
seu arco e flecha – atributos imprescindíveis em sua representação
nos epigramas helenísticos. Lutador, o deus, contudo, encontra
adversários insubmissos, avessos a seu jugo, como se isso fosse
possível...

136 LUIZ CARLOS MANGIA SILVA

AP 12, 45, Posidipo
Ναὶ ναὶ βάλλετ', Ἔρωτες · ἐγὼ σκοπὸς εἷς ἅμα πολλοῖς
κεῖμαι. μὴ φείσησθ', ἄφρονες· ἢν γὰρ ἐμὲ
νικήσητ', ὀνομαστοὶ ἐν ἀθανάθοισιν ἔσεσθε
τοξόται, ὡς μεγάλης δεσπόται ἰοδόκης.

Vamos, vamos! Lançai flechas, Amores! Eu sou um alvo
e jazo com muitos outros. Não poupeis, insensíveis.
Se me vencerdes, sereis renomados arqueiros
entre os imortais, qual senhores de invencível aljava.

O epigrama 45 apresenta o eu-lírico a fazer ameaças aos responsáveis pela paixão, a exortá-los a serem mais cruéis, caso queiram derrotá-lo: "Vamos, vamos! Lançai [flechas], Amores!" (*Nai
nai bállet'*, *Érotes*, v.1). Exorta-se no plural os deuses do amor, o
que não é incomum nos epigramas da AP (*Érotes*, "Amores" na
nossa tradução). Note-se que o verbo *bállo* aparece na pessoa adequada a um interlocutor em segunda do plural, modo imperativo
("lançai", *bállet[e]*, v.1). Além dessa alusão ao um interlocutor,
que já dá a perceber a presença de um eu-lírico, o locutor do discurso fala em primeira pessoa no mesmo verso primeiro: "Eu sou
um alvo" (*egó skopós heîs*, v.1). Destaquemos que *skopós* ("alvo",
"mira") aparece na forma masculina, pois concorda com o numeral
singular masculino *heîs* ("um"). Temos, então, um eu-lírico do
sexo masculino.

O eu-lírico afirma que jaz ("eu jazo", *keímai*, v.2) e não jaz só,
mas "com muitos outros [alvos]" (*háma pollóis*, v.1), ou seja, não é
o único a sofrer sob o jugo do deus duplo da paixão. Exortando os
Amores a serem ainda mais cruéis, no segundo verso, o eu-lírico os
incita com estas palavras: "não me poupeis, insensíveis!" (*mé pheí-
sesth' áphrones*). Depois, vislumbra a ideia de que, se os Amores saí-
rem vencedores dessa disputa, serão renomados arqueiros: "se me
vencerdes" (*en gar emé nikéset[e]*, v.2-3), "sereis renomados seteiros" (*onomastói ésesthe toxótai*, v.3-4), os mais destacados "entre os

O MASCULINO E O FEMININO NO EPIGRAMA GREGO **137**

imortais" (*en athanáthoisin*, v.3). Serão, por fim, "qual senhores de uma invencível aljava" (*hos megáles despótai iodókes*, v.4).

Não podemos distinguir, no epigrama 45, se os sofrimentos do eu-lírico, que é do sexo masculino, são decorrentes de seu ardor por um cortesão ou uma cortesã. Como o poema apenas coloque em cena as exortações do eu-lírico dirigidas aos deuses (convertidos, assim, em interlocutores do discurso poético), nada se pode afirmar acerca do gênero do parceiro cortejado, pois, sendo o segundo vértice da relação amante-amado-deuses (Luque, 2000, p.14), sua presença está excluída nesse poema, em que apenas o primeiro e o terceiro vértices interagem. O critério da AP reconhece injustificadamente no epigrama o teor pederástico, mas não é possível afirmá-lo. O poema também não quadra no livro 5: no poema, ao desinteressarem-se de exibir seus objetos de desejo, os amantes cantam o desejo em si, os deuses da paixão.

A seguir, o epigrama 48 apresenta, também ele, um eu-lírico a exortar Eros, a suplicar que o deus dê fim aos seus sofrimentos: evocado como uma divindade selvagem, o arqueiro lança setas inflamadas que queimam o coração de quem alcança.

AP 12, 48, Meléagro
Κεῖμαι· λὰξ ἐπίβαινε κατ' αὐχένος, ἄγριε δαῖμον.
οἶδά σε, ναὶ μὰ θεούς, καὶ βαρὺν ὄντα φέρειν·
οἶδα καὶ ἔμπυρα τόξα. βαλὼν δ' ἐπ' ἐμὴν φρένα πυρσούς,
οὐ φλέξεις· ἤδη πᾶσα γάρ ἐστι τέφρη.

Estou morrendo. Põe teu pé sobre meu pescoço, deus selvagem.
Eu te conheço – pelos deuses! – e és difícil de suportar.
Conheço também tuas flechas inflamadas. Ao lançar chamas
em meu coração, não o queimarás – pois ele já é só cinza.

No primeiro verso, já podemos distinguir a presença do eu-lírico: "Jazo", "Estou morrendo" (o verbo *keîmai* aparece na mesma forma e posição que no epigrama anterior, 45, v.2). Lançado

138 LUIZ CARLOS MANGIA SILVA

ao chão, ele pede que Eros, essa "deidade selvagem" (*ágrie daîmon*, v.1), pise-lhe o pescoço: "coloca teus pés sobre meu pescoço" (*láx epíbaine kat' aukhénos*, v.1). O eu-lírico dirá que Eros é um deus insuportável: "Te conheço e és difícil de suportar" (*oîdá se kai barýn ónta phérein*, v.2); *barýn* é o adjetivo relacionado ao deus: o termo possui ainda os sentidos de "pesado", "grave". "Conheço também seus arcos inflamados" (*oîda kai émpyra tóxa*, v.3), acrescenta o eu--lírico. E experimentado por tantas setas e arcos inflamados, ele não tem mais o que temer, pois, "ao lançar chamas em meu coração" (*balón d' ep' emén phréna pyrsoús*, v.3), o deus já não conseguirá queimá-lo ("não o queimarás", *ou phléxeis*, v.4): "pois ele já é todo cinza" (*éde pâsa gár esti téphre*, v.4).

Notemos que Eros não é nomeado no poema, embora não tenhamos dúvida em lhe atribuir o papel de interlocutor: os atributos – as flechas e as chamas – conduzem-nos, por processo metonímico, a esse deus da paixão. Trata-se, ademais, de atributos bastante recorrentes, conforme sua representação no conjunto dos epigramas da AP 5 e 12.

Não somos capazes de distinguir, nesse poema, o gênero do eu--lírico, pois não há nenhum nome (substantivo, adjetivo ou artigo) relacionado a ele, mas apenas verbos flexionados (nenhum em modo particípio; *balón*, v.3, único exemplo do texto, aparece no nominativo singular masculino: mas refere-se ao deus). Não temos, portanto, condições de saber se o eu-lírico é do sexo masculino ou feminino, embora tendamos a deduzir, pela frequência de ocorrências, que esses locutores são masculinos; nada nos impediria, no entanto, de ver ali uma cortesã representada. Notemos ainda que, se não temos o gênero do eu-lírico presente no texto, também não temos nenhuma indicação do gênero do amante pelo qual ele é incendiado. O interlocutor do poema é Eros, de maneira que não se podem ver ali os objetos de desejo. Mais uma vez, sem base segura a AP aloca um texto poético – o epigrama 48 – no seu livro 12, de teor pederástico; nada no poema, porém, permite vislumbrar um cortejo masculino. Nem feminino.

O MASCULINO E O FEMININO NO EPIGRAMA GREGO **139**

O epigrama 166 apresenta mais uma vez o deus da paixão no plural ("Amores"), que de novo conduz setas e chamas; e de novo, o eu-lírico exorta-o a ser mais cruel:

AP 12, 166, Asclepíades
Τοῦθ', ὅ τι μοι λοιπὸν ψυχῆς, ὅ τι δήποτ', Ἔρωτες,
τοῦτό γ' ἔχει πρὸς θεῶν ἡσυχίην ἄφετε·
εἰ μή, ναὶ τόξοις μὴ βάλλετέ μ', ἀλλὰ κεραυνοῖς,
ναὶ πάντως τέφρην θέσθε με κἀνθρακίην.
ναὶ ναὶ βάλλετ', Ἔρωτες· ἐνεσκληκὼς γὰρ ἀνίαις   5
ἐξ ὑμέων τούτων, εἴ γέ τι, βούλομ' ἔχειν.

Isto, o que resta de minha alma, o que um dia, Amores,
concedei ter a tranquilidade quanto aos deuses.
Se não, não me lanceis flechas, mas raios;
sim, colocai-me inteiro sobre a cinza e a brasa.
Sim, sim! Lançai, Amores! Dissecado assim   5
pelas rédeas do que é vosso, se algo há, quero ter.

No primeiro verso, podemos ver a marca da pessoa do discurso na expressão "minha alma" (*moi psykhês*, v.1) ou o que "resta" dela (*loipón*, v.1), depois que agiram as flechas de Eros ("não me lanceis flechas", *nai tóxois me bálleté m*[e], v.3). A presença do eu-lírico pode de novo ser vista no segundo verso: a forma imperativa do verbo *áphete* (segunda pessoa do plural, v.2), faz notá-lo. O interlocutor é evocado em vocativo *Érotes* ("Amores"), no fim do primeiro verso. De novo, por meio de imperativo e pronome pessoal, "eu" e "vós" interagem no quarto verso: "Colocai-me" (*Thésthe me*; infinitivo aoristo dois, "pôr", "colocar"; a forma *thésthai* é da família do verbo *títhemi*). Um vocativo e verbo no modo imperativo têm lugar no verso quarto, em que o eu-lírico exorta os Amores a lançar mais flechas: "sim, sim! Lançai [setas], Amores" (*nai nai bállet', Érotes*). Julga que assim as deidades finalmente conseguirão dissecá-lo (*enesklekós*), como se lê no quinto verso.

140   LUIZ CARLOS MANGIA SILVA

O eu-lírico só flexionará um verbo no último verso do poema: no verso 6, o verbo *boúlomai* ("querer", "desejar", regido com infinitivo) aparece na primeira pessoa, registrando sua presença. Também a forma verbal *enesklekós* ("dissecar", v.5) denuncia o eu-lírico: na forma participial do tempo perfeito, *enesklekós* permite ainda perceber que ele é do sexo masculino (na tradução, portanto, "dissecado"). Notemos que, em nenhum outro momento, o texto mostra evidência de gênero do eu-lírico, mas apenas nessa forma verbal; há, também, só um verbo flexionado pela primeira pessoa. Todas as outras evidências sobre os interlocutores partem apenas da materialidade da segunda pessoa do discurso e dos pronomes de primeira.

Salientemos a tópica cultivada no epigrama: fala-se ali *hesykhíen* ("calma", "tranquilidade", v.2), em *tóxois* e *keraunoîs* ("flechas" e "raios", "relâmpagos", v.3), em *téphren kanthakíen* ("cinza e brasa", v.3), em *enesklekós* e *aníais* ("dissecar" e "rédeas", "jugo", v.5). Nenhum dos termos aqui relacionados está fora dos campos de atuação de Eros, que tem no elemento *fogo* uma de suas importantes expressões: nos léxicos citados, a maior parte se relaciona direta ou indiretamente com esse elemento. O termo *aníais* (v.5, "jugo") pertence ao universo da cavalaria, que também é familiar a Eros, tanto na tradição lírica grega[9] como nos epigramas da AP 5 e 12 como um todo.

Sendo, pois, a expressão de palavras dirigidas aos deuses *Érotes*, que partem de um eu-lírico machucado pela paixão, o epigrama 166 não nos oferece elementos para que afirmemos tratar-se de uma voz pederástica que se faz ouvir. Como nos poemas até aqui analisados, também esse epigrama constitui uma peça sem a presença do gênero do amante cortejado; só o eu-lírico (que é masculino) é quem se materializa no poema. Mais um peça "andrógina" ou "sem gênero", no epigrama interessa apenas cortejar o amor, queixar-se de Eros.

---

9 O poeta Íbico usa a metáfora hípica para expressar a sujeição a um desejo dominador e Anacreonte trata nos termos da cavalaria o cortejo de uma moça em um famoso poema.

O MASCULINO E O FEMININO NO EPIGRAMA GREGO **141**

O epigrama 120 também encena um eu-lírico a se insurgir contra Eros:

AP 12, 120, Posidipo
Εὐοπλῶ, καὶ πρὸς σὲ μαχήσομαι, οὐδ' ἀπεροῦμαι
θνητὸς ἐών· σὺ δ', Ἔρως, μηκέτι μοι πρόσαγε.
ἤν με λάβῃς μεθύοντ', ἄπαγ' ἔκδοτον· ἄχρι δὲ νήφω,
τὸν παραταξάμενον πρὸς σὲ λογισμὸν ἔχω.

Estou bem armado, Eros, e lutarei contra ti. Mesmo mortal,
não desistirei. Não mais te aproximes de mim.
Se me pegares ébrio, carrega o abandonado. Sóbrio,
porém, tenho contra ti um plano preparado.

A primeira palavra do poema é o verbo no presente *Euoplô* ("armar-se bem"), na primeira pessoa do singular. Já aqui o eu--lírico se instala no discurso. Ele flexiona a seguir, no mesmo verso, *makhésomai* ("combater") e *aperoûmai* ("desistir"), ambos no tempo futuro, na voz média. Também, na mesma oração, temos *eón* (v.2), particípio de *eimí* ("ser"), no caso nominativo. Temos, pois, mais uma informação sobre o eu-lírico: ele é do sexo masculino.

Outras marcas da presença do eu-lírico podem ser percebidas no verso 3, com o verbo *népho* ("estar sóbrio"); no quarto verso, *ékho* ("ter") de novo evidencia a primeira pessoa do discurso. O verbo *methýont[a]* caracteriza o eu-lírico no terceiro verso (a "embriagar-se") e aparece na forma participial, marcado outra vez de masculino. No terceiro verso, *ékdoton* ("abandonado") refere-se a ele; adjetivo comum de dois gêneros, só agora temos segurança em traduzi-lo pelo masculino.

O interlocutor é *Éros*: mencionado em vocativo (v.2), a ele se referem-se as formas verbais em modo imperativo *prósage* ("aproxime") e *ápag[e]* ("carregar"), além do subjuntivo *lábeis* ("pegar"), todas no terceiro verso. Também pronomes pessoais atestam o "tu" do discurso: o acusativo *se* (v.1 e 4) e o nominativo *sy* (v.2).

142 LUIZ CARLOS MANGIA SILVA

Salientemos ainda o universo da tópica literária do poema: armas e combates (*euoplô* e *makhésomai*, v.1), desistência (*aperoûmai*, v.1), ebriez, abandono, sobriedade (*methýont[a]*, *ékdoton*, *népho*, v.3) e planos arquitetados (*logismón parataxámenon*, v.4). Trata-se de amar com luta e estratégia.

Mais uma vez, não dispomos daquilo que é fundamental para alocar o epigrama no livro 12 da AP: o poema não evidencia o gênero masculino do parceiro, pois representa o discurso do eu-lírico dirigido a Eros, desinteressado de objetos de desejo.

Apresentemos o epigrama 46, em que Eros é evocado no plural e de novo causa ardores e faz sofrer:

AP 12, 46, Asclepíades
Οὐκ εἴμ' οὐδ' ἐτέων δύο κεῖκοσι, καὶ κοπιῶ ζῶν
Ὦρωτες, τί κακὸν τοῦτο; τί με φλέγετε;
ἦν γὰρ ἐγώ τι πάθω, τί ποιήσετε; δῆλον, Ἔρωτες,
ὡς τὸ πάρος παίξεσθ' ἄφρονες ἀστραγάλοις.

Não tenho, Amores, nem vinte e dois anos e já cansei
de viver. Que mal é esse? Por que me inflamais?
Se eu sofro com isso, por que o fazeis? É óbvio, Amores,
que (como antes) brincais, insensíveis, com vosso jogo de dadinhos.

O eu-lírico pode ser apreendido já no primeiro verso ("Não tenho nem vinte e dois anos", *Ouk eím[i] oud' hetéon dýo kéikosi*), evidenciando assim, pela forma verbal *eim[i]*, a primeira pessoa do discurso poético. Salientemos sua pouca idade: vinte e dois anos. Isso faz pensar que se trata de um *erômenos* mais do que de um *erastés*, um homem adulto. O eu-lírico aparece também em *kopiô zôn* ("estou farto de viver", v.1) e flexionando o verbo *pátho*, no verso 3, que aparece no modo subjuntivo (aoristo dois de *páskho*, "experimentar", "sofrer"); as outras ocorrências do eu-lírico são pronominais, como o *me* (v.2) e o *egó* (v.3).

Notemos, contudo, que, se existe um eu-lírico, do qual sabemos a idade, na verdade nada nos autoriza a deduzir se ele é do sexo

O MASCULINO E O FEMININO NO EPIGRAMA GREGO **143**

masculino ou do feminino. São poucos os casos, embora existam epigramas no *corpus* deste trabalho que apresentam uma cortesã como eu-lírico. Assim, fique em suspenso a ideia de que sabemos sobre o gênero do eu-lírico, sendo apenas uma "ideia reflexa" a de que é do sexo masculino.

A presença do interlocutor do discurso poético pode ser notada nos dois vocativos: "Amores" aparece na forma *Órotes* (v.2), em que o "E" inicial de *Érotes* fundiu-se com a exclamação vocativa *Ó* (com ômega). Notemos os verbos relacionados aos Amores: *phléxete* ("queimar", v.2) e *poiésete* ("fazer", v.3), ambos na pessoa segunda do plural. Aparece, no verso 4, a palavra *áphrones*, caracterizando os Amores; notemos que ela vem no caso nominativo/acusativo (mais provável essa segunda forma, segundo a sintaxe) e passa a ser, portanto, o sujeito do verbo infinitivo *páixesthai* ("brincar"). O verbo "brincar" não tinha aparecido ainda, tratando-se de importante concepção do amor nesses epigramas (seu complemento vem em dativo, *astragálois*,[10] "jogo de ossinhos", v.4): lúdicas, as deidades da paixão maltratam até quase a morte – apenas por brincadeira.

O epigrama 46, constituindo um texto poético em que distinguimos um eu-lírico (do qual o gênero não é expresso) a dirigir-se aos Amores, não apresenta nenhuma informação sobre o objeto de seu desejo. Pondo em cena apenas sua queixa aos Amores, o epigrama não distingue, para nós, o gênero de nenhum dos envolvidos. Permanece inadequada a alocação da AP desse poema em qualquer um de seus livros eróticos 5 ou 12.

O epigrama 47 também nos mostra os brinquedos de Eros e seu universo pueril:

AP 12, 47, Meléagro
Ματρὸς ἔτ' ἐν κόλποισιν ὁ νήπιος ὀρθρινὰ παίζων
ἀστραγάλοις τοὐμὸν πνεῦμ' ἐκύβευσεν Ἔρως.

---

10 Os jogos são frequentemente evocados nos epigramas helenísticos e demandariam um estudo em separado.

144   LUIZ CARLOS MANGIA SILVA

Ainda nos peitos da mãe, Eros pueril, pela manhã
a brincar com seus dadinhos, joga com meu fôlego.

Tão infantil que ainda mama nos seios de Afrodite ("Ainda
nos peitos da mãe", *Matrós ét' en kólpoisin*, v.1), *Éros* (v.2) é representado no epigrama como sendo muito jovem ("pueril", *népios*,
v.1), tão jovem que pode ser visto "a brincar" (*paízon*, na forma
verbal de particípio presente, no nominativo singular masculino,
concorde com *Éros*, v.2) com seu "jogo de ossinhos" (*astragálois*,
v.2, palavra que apareceu no epigrama anterior), espécie de jogo
de dados. Ele "joga" (no grego, *ekýbeusen*, no tempo aoristo, traduzido por nós pelo presente histórico) com o "fôlego" (*pnéum[a]*,
v.2) do eu-lírico (a marca do eu-lírico está manifesta no pronome
toumón, v.2, "o meu [fôlego]"). Reforçando ainda a precocidade do
deus, o advérbio *orphriná* ("de manhã", "matinalmente", v.1; de
órthros, "aurora", "o início do dia") é ainda pleno de significados
nesse contexto.

Não temos, no epigrama 47, as tais marcas de gênero dos amantes, necessárias aos critérios da AP. O poema não representa um
cortejo pederástico, como faz supor sua recolha no livro 12, pois
não se pode saber que espécie de padecimento sofre o eu-lírico.
O epigrama 47 constitui mais uma peça em que o cortejo oculta o
amado na penumbra.

O epigrama 83 representa o deus da paixão e os ardores de um
amante, ferido por seu desígnio:

AP 12, 83, Meléagro
Οὔ μ' ἔτρωσεν Ἔρως τόξοις, οὐ λαμπάδ' ἀνάψας,
ὡς πάρος αἰθομέναν θῆκεν ὑπὸ κραδίᾳ·
σύγκωμον δὲ Πόθοισι φέρων Κύπριδος μυροφεγγὲς
φανίον, ἄκρον ἐμοῖς ὄμμασι πῦρ ἔβαλεν·
ἐκ δέ με φέγγος ἔτηξε. τὸ δὲ βραχὺ φανίον ὤφθη   5
πῦρ ψυχῆς τῇ 'μῇ καιόμενον κραδίᾳ.

O MASCULINO E O FEMININO NO EPIGRAMA GREGO 145

Eros não me feriu com seus arcos, não me incendiou com archote,
como antigamente, quando colocava aceso em meu coração.
Mas a centelha de brilhos perfumados de Afrodite, levando
aos Desejos o parceiro de festa, lançou alto fogo em meus olhos.
Assim, o clarão me consumiu. A ínfima centelha, fogo   5
de minha alma, foi vista queimando meu coração.

O eu-lírico pode ser percebido por meio do pronome pessoal
no primeiro verso (*m*[*e*], caso acusativo), no quarto (*emoîs*, caso
dativo), no quinto (*me*, acusativo) e no sexto ([*e*]*meî*, dativo). A
menção a "companheiro de festas" (*sýnkomon*, v.3) parece referir-se
ao próprio eu-lírico. Note-se que se trata de um adjetivo comum de
dois gênero, o que não nos autoriza, pois, a deduzir o sexo de quem
fala. Salvo essa referência ambígua, nenhum outro elemento textual
nos fornece informação sobre o gênero do eu-lírico.

Em seu monólogo (pois não há um "tu" para o discurso, mas
um "ele"), o eu-lírico apresenta *Éros* (v.1) com seus "arcos" (*tóxois*,
v.1) e "archote" (*lampád*[*a*], v.1), com os quais costuma ferir e queimar os corações; o coração do eu-lírico foi um deles ("colocou [o
archote] aceso em [meu] coração", *aithómenan théken hypo kradían*,
v.2). Não foi, no entanto, nenhum desses atributos de Eros que
conduziu o eu-lírico aos Desejos (*phéron Póthoisi*, "a conduzir aos
Desejos", v.3), mas "a centelha de brilhos perfumados" (*myrophen-
gés phánion*, v.3-4) de sua mãe "Cípris" (*Kýpridos*, v.3), a deusa do
amor. A centelha de Afrodite "lançou alto fogo sobre os olhos"
(*ákron emoîs ómmasi pýr ébalen*, v.4), e seu "clarão" (*phéngos*, v.5)
consumiu o eu-lírico: a "ínfima fagulha" (*brakhý phánion*, v.5),
"fogo da alma" (*pýr psykhês*, v.6), "foi vista" (*óphthe*, v.5, modo
passivo do verbo *horáo*, "ver") "queimando meu coração" (*tei 'meî
kaiómenon kradíai*, v.6).

Não há, conforme mostra nossa análise, elementos textuais suficientes para detectarmos o sexo/gênero (masculino ou feminino)
nem do eu-lírico, nem de seu objeto de desejo. Elaborado numa
linguagem de metonímias, o eu-lírico só menciona de si o "coração"
(*kradía*, v.2, v.6), os "olhos" (*ómmasi*, v.4) e a "alma" (*psykhês*, v.6),

146 LUIZ CARLOS MANGIA SILVA

além das informações dadas pelos verbos e pelo adjetivo *sýnkomon* ("companheiro/a de festas", v.3).

Não temos, portanto, elementos textuais que nos permitem distinguir, no epigrama 83, um poema de cortejo erótico masculino, como pretende a alocação no livro 12. Não expressando informações de gênero, esse epigrama e os outros analisados aqui começam a requerer, pela insistência dos casos, um estatuto de catalogação (se isso é necessário) mais adequado.

O epigrama 119 testemunha mais um caso de poema "sem gênero": temos representadas as queixas de um suplicante, dirigidas ao deus do vinho:

AP 12, 119, Meléagro
Οἴσω, ναὶ μὰ σέ, Βάκχε, τὸ σὸν θράσος· ἁγέο, κώμων
ἄρχε· θεὸς θνατὰν ἁνιόχει κραδίαν·
ἐν πυρὶ γενναθεὶς στέργεις φλόγα τὰν ἐν ἔρωτι,
καί με πάλιν δήσας τὸν σὸν ἄγεις ἱκέτην.
ἦ προδότας κἄπιστος ἔφυς· τεὰ δ᾽ ὄργια κρύπτειν   5
αὐδῶν, ἐκφαίνειν τἀμὰ σὺ νῦν ἐθέλεις.

Suportarei – sim, por ti, Baco! –, a tua audácia. Conduze,
começa as festas. Um deus dirige meu coração mortal.
Nascido no fogo, tu amas as chamas da paixão;
de novo a me prender, conduzes teu suplicante.
É certo, cresceste pérfido e ímpio. Ordenando o velamento   5
de tuas orgias, queres agora explicitar as minhas.

A presença do eu-lírico se materializa no primeiro verso, na primeira palavra: o verbo *Oíso* (futuro indicativo de *phéro*, "portar", "carregar") ocorre na primeira pessoa; para o verbo, o contexto nos levou ao sentido de "suportar" para a tradução, afim com o sentido de *thrásos* ("audácia", v.1). O eu-lírico também se materializa nos pronomes *me* e *tamá*, ("me" e "minhas", v.4, v.6). Ele alude ao

O MASCULINO E O FEMININO NO EPIGRAMA GREGO **147**

próprio coração ("[meu] coração mortal", *thnatán kradían*, v.2) e se designa como "teu suplicante" (*son hikéten*, v.4) de Baco (o pronome *són*, v.4, refere-se ao deus). O adjetivo *hikéten* é comum de dois gêneros, mas o pronome pessoal *son* vem marcado com o gênero masculino. Descobrimos, pois, o gênero do eu-lírico: masculino.

O interlocutor do discurso poético é Baco, evidente no vocativo *Bákkhe* (v.1) e na menção à *órgia* ("orgias", v.5). A ele se referem os verbos *hágeo* ("conduze", v.1) e *árkhe* ("principia", v.2), no modo imperativo. O segundo verso parece fazer alusão a Eros: amparado pelo deus da paixão, que "dirige" (*haniókhei*, v.2) seu "coração" (*kradían*, v.2), o eu-lírico será capaz de enfrentar os obstáculos que Baco lhe infligir. Baco também conduz o eu-lírico ("conduzes o teu suplicante", *ágeis ton son hiketén*, v.4), ele, que nasceu do fogo (*en pyrí gennasthéis*, v.3), talvez se referindo ao fato de sua mãe, Sêmele, ter sido fulminada por Zeus, quando gestava o bebê (o resto de sua gestação, Dioniso passou na coxa de Zeus) e que por isso é afim (*stérgeis*, v.3, "amas com carinho") com as chamas (*phlóga*, v.3). Depois de mencioná-lo como "pérfido" e "ímpio" (*prodótas kápistos*, v.5), o eu-lírico dirá ainda que Baco, escondendo suas próprias orgias (*teá d'órgia krýptein audôn*, v.4-5), pretende revelar as dele (*ekpháinein tama ephéleis*, "queres revelar as minhas", v.6).

Notemos a semelhança entre os atributos de Baco e Eros, no epigrama 119: a qualidade de "conduzir" (*ágeis*, v.4) amantes é normalmente atribuída a Eros nos epigramas eróticos helenísticos: no poema 64 (AP 5), o deus não é nomeado, mas pode ser implicitamente reconhecido na expressão *hélkei gár m' kratón kaí soû theós* ("me conduz o poderoso deus, também [senhor] de ti", v.5). Nesse verso, o campo semântico é o mesmo que o do nosso epigrama em questão. A omissão do nome denota que a identidade do deus mencionado talvez fosse de conhecimento comum. Assim, está para Eros a característica de "puxar" (*hélko*, verbo que pode ser também usado para se referir a "tender a corda de um arco"). Também no epigrama 29 (AP 5), o ato de conduzir é atribuído a uma deidade do cortejo de Eros, o "Desejo": *kai Póthos eis hetéren loipón ágei maníen* ("e o Desejo conduz o que resta à outra loucura",

148 LUIZ CARLOS MANGIA SILVA

v.4). De novo, pertence à esfera de Eros a ação de puxar e conduzir amantes. No epigrama 119, que estamos analisando, o verbo *haniókhei* (v.2) se relaciona a Eros, como podemos inferir pelo contexto. Lembremos um epigrama mais, o 140 (AP 5), em que se lê *Éros kállos eph' hení' okhôn* ("o belo Eros retendo as rédeas", v.2); note--se que o termo "rédeas" (*henía*) é aparentado com o verbo *haniokhéo*, que o mesmo Eros flexiona no epigrama (119, v.2), na forma dórica; a forma ática, porém, explicita melhor a relação com *heníon* ("rédea"), pois se grafa *heniokhéo*. Esse exemplo reforça a ideia de que Eros é o grande condutor no âmbito desses epigramas.

Esses dados talvez sejam suficientes para vermos uma troca de sujeito, no epigrama 119, a partir do segundo verso, quando se menciona o deus que "conduz"; dali para frente, deve-se entender como "tu" do discurso Eros e não mais Baco. Isso dá sentido à afirmação de que o eu-lírico será capaz de suportar a audácia de Baco, pois um deus – Eros – dirige o seu coração. A seguir, no terceiro verso, a alusão ao nascimento no fogo fica mais adequada se referida a Eros (lembremos o já analisado epigrama 180 AP 5, em que Eros é o deus das chamas e dos dardos por causa de sua "dupla" paternidade, Hefesto e Ares). Permanece estranha a afirmação, nos versos finais (5 e 6), do "velamento das orgias" de Eros, pois *órgia* é um termo mais apropriado ao universo de Baco. Talvez se deva, por isso, ler aí novamente a troca de interlocutor: assim, Baco é o interlocutor (*Bákkhe*, v.1) da primeira oração (versos primeiro e parte do segundo) e da oração final, em que se fala de "orgias". No quinto verso, os adjetivos "pérfido" e "ímpio", conforme esta leitura, referem-se a Eros, assim como todo os períodos anteriores, desde o segundo verso.

Uma outra leitura, mais simples e talvez mais eficaz, é a que pretendemos inicialmente, a saber, de que o único interlocutor do poema é Baco, com uma alusão a Eros no segundo verso. Aludindo, pois, a Baco, que conduz um suplicante, vela e revela as orgias, o eu-lírico faz dele o seu interlocutor no epigrama.

Para os fins de nossa análise, contudo, basta dizer que as marcas de gênero que caracterizam o eu-lírico são masculinas, não

O MASCULINO E O FEMININO NO EPIGRAMA GREGO **149**

havendo, porém, alusão ao seu objeto de desejo; no dístico final, a alusão às "minhas orgias" (*órgia tamá*) sem dúvida refere-se à consumação de seus amores, mas a expressão não permite distinguir o gênero dos amantes envolvidos. O epigrama 119 é mais um poema em que a indeterminação de gênero é evidente, sendo inadequada sua classificação no livro 5 ou 12 da AP.

O epigrama 135 encena uma desilusão amorosa regada a vinho:

AP 12, 135, Asclepíades
Οἶνος ἔρωτος ἔλεγχος· ἐρᾶν ἀρνεύμενον ἡμῖν
ἤτασαν αἱ πολλαὶ Νικαγόρην προπόσεις.
καὶ γὰρ ἐδάκρυσεν καὶ ἐνύστασε, καί τι κατηφὲς
ἔβλεπε, χὠ σφιγχθεὶς οὐκ ἔμενε στέφανος.

O vinho é a prova do amor. Os numerosos brindes
nos provaram que Nicágoras ocultava amar.
Ele então chorou, meneou a cabeça; olhava algo
com tristeza e a guirlanda não permanecia sobre a cabeça.

No primeiro verso, o poema estabelece uma legenda: "O vinho é a prova do amor" (*Oînos érotos élenkhos*). Testado pelo vinho, um amante há de revelar se tem ou não uma paixão, como mostra o exemplo de Nicágoras (o nome é masculino): os "numerosos brindes" (*pollái propóseis*, v.2) "nos provaram" (*hemîn étasan*, v.1-2) que ele tinha uma paixão, pois "Nicágoras ocultava seu amor" (*erân arnéumenon Nikagóren*, v.1-2). O gênero masculino do amante é reforçado pela forma verbal *arnéumenon*, que aparece no modo participial masculino.

A pessoa que fala no poema é alguém hipoteticamente destacado do grupo comum (de bebedores de vinho) que lança um olhar para Nicágoras, objeto de seu discurso. O eu-lírico fala-nos que, depois de muitos brindes, Nicágoras "chorou" (*edákrysen*, v.3) e "baixou a cabeça" (*enýstase*, v.3); "olhava as coisas com tristeza" (*ti katephés éblepe*, v.3-4) e sua "guirlanda" (*stéphanos*, v.4) "não permanecia presa [sobre a cabeça]" (*sphinkhthéis ouk émene*, v.3). Nicágoras

150 LUIZ CARLOS MANGIA SILVA

denunciou assim que seus amores não eram correspondidos, eram causa de grande tristeza ao amante. Notemos que, se sabemos que o gênero de Nicágoras é masculino, nada sabemos sobre o objeto de seus ardores.

O epigrama 135, como os outros analisados, não se interessa por revelar que tipo de ardor acomete o amante representado. No poema, Nicágoras sofre de amor, o que se revela através do vinho, a verdadeira "prova" (*élenkhos*, v.1) para os amantes. Nada nos autoriza a afirmar a preferência de Nicágoras, seja por parceiros masculinos ou femininos. O epigrama, por fim, não quadra nos critérios da AP.

> AP 12, 102, Calímaco
> Ἀγρευτής, Ἐπίκυδες, ἐν οὔρεσι πάντα λαγωὸν
> διφᾷ καὶ πάσης ἴχνια δορκαλίδος,
> στίβῃ καὶ νιφετῷ κεχρημένος· ἢν δέ τις εἴπῃ·
> "Τῆ, τόδε βέβληται θηρίονς, οὐκ ἔλαβεν.
> χοὐμὸς ἔρως τοιόσδε· τὰ μὲν φεύγοντα διώκειν   5
> οἶδε, τὰ δ' ἐν μέσσῳ κείμενα παρπέταται.

> Caçador, Epicides nas montanhas perscruta
> os rastros de toda lebre e de toda gazela,
> examinando a geleira e a neve. Mas se acaso
> alguém lhe diz: "Eis uma presa rendida", não pega.
> Assim também minha paixão: as coisas fugidias sabe   5
> perseguir, mas voa ao largo das que jazem ao pé.

O poema põe em cena, por meio de um eu-lírico narrador, as ações de Epicides: "Caçador" (*agreutés*, v.1), ele "perscruta" (*diphâi*, v.2) "nas montanhas" (*oúresi*, v.1) "toda lebre" (*pánta lagoón*, v.1) e também "os rastros" (*íkhnia*, v.2) "de toda gazela" (*páses dorkalídos*, v.2). Epicides procura as marcas dos animais "na geleira" (*stíbei*, v.3) e "na neve" (*niphetoî*, v.3). Notemos como o vocabulário é seleto em termos ligados à caça, sendo essa, pois, a principal tópica do epigrama. Não sendo estranha a metáfora da

O MASCULINO E O FEMININO NO EPIGRAMA GREGO **151**

caça ou da hípica à tradição lírica grega (citemos Anacreonte, entre outros), nem à produção da AP 5 (ver os epigramas 202, 203) nem à da AP 12 (142, 146), o epigrama 102 é mais um exemplo da visita a esse lugar comum para a representação do desejo. O poema afirma, mais à frente, que, se alguém mostra a Epicides um animal ferido ("se alguém lhe diz: eis uma besta rendida", *en dé tis eípes·Tei, tóde bébletai thérion*, v.3-4), ele recusa a oferta, pois "não pega" (*ouk élaben*, v.4) um animal que jaz.

Nos dois versos finais, o eu-lírico finalmente se manifesta e estabelece uma comparação entre o caçador e a si próprio: "também assim a minha paixão" (*khoumós éros tóisde*, v.5), pois "sabe perseguir as coisas fugidias" (*ta men phéugonta diókein oîde*, v.5-6), "mas voa ao largo das que jazem ao pé" (*ta d' en méssoi keímena parpétatai*, v.6). O exemplo de Epicides corresponde, na verdade, à expressão do próprio anseio do eu-lírico.

Quanto ao gênero de Epicides, sabemos que é masculino. A alusão a caçar "lebres" (trata-se de palavra do gênero masculino, no grego, v.1) e "gazelas" (de gênero feminino, v.2) não parece suficiente para sabermos que espécie de amores encanta nosso caçador. Também não podemos saber qual é o gênero do eu-lírico do poema, que narra os fatos sobre Epicides.

Mais uma vez, o poema expressa um cortejo sem determinar o gênero dos parceiros envolvidos. O epigrama 102 nos apresenta apenas um discurso poético "sem gênero" ou "andrógino", cuja tópica erótica é a caça.

Citemos, de passagem, outros epigramas do livro 12 da AP em que se pode verificar a mesma tese até aqui sustentada. Além dos casos analisados integralmente, conferir os epigramas 117 (sobre jogos), 98 (o Desejo e a cigarra), 44 (a codorniz), 137 (o galo matutino), 80 (uma alma carpideira), 132 (fogo e visgo) e 114 (aurora e estrelas). Enfim, um conjunto significativo de epigramas eróticos helenísticos oferece base para questionarmos a classificação por sexo/gênero dos parceiros cortejados (livros 5 e 12) pela AP, pois se trata de epigramas "sem gênero" ou "andróginos".

152 LUIZ CARLOS MANGIA SILVA

Conclusão

As duas dezenas de epigramas eróticos que analisamos aqui mostraram que os critérios da *Antologia palatina* não contemplam a toda espécie de poemas reunidos nos livros 5 e 12, cujo teor do desejo erótico representado afirma-se que seja, respectivamente, "hetero" e "homossexual". Ainda que esse critério possa ser aplicado a um conjunto grande de epigramas (como veremos na análise do Capítulo 4, em que trabalharemos com os epigramas com marcas de gênero), os trinta epigramas que ora foram o foco de nossa análise não podem ser vistos conforme esse critério: em todos eles, vimos representados apenas amantes sozinhos, abandonados, em monólogo ou a expressar queixas e ameaças dirigidas aos deuses. Não vimos jamais um par de amantes ou casal, cujas marcas textuais de sexo/gênero fossem apreensíveis, dado necessário para que se possa distinguir o teor da paixão encenada pelos epigramas (conforme o critério da *Palatina*).

Se cada evocação ao deus Eros correspondesse a uma evocação pederástica, então teríamos que todos os epigramas que apresentam um eu-lírico masculino (o *erastés*) a dirigir-se a ele seria um poema pederástico, passível, portanto, de ser alocado no livro 12 da AP. Da mesma maneira, se cada evocação a Afrodite correspondesse a uma evocação de teor heterossexual, então os epigramas que se apresentam como um discurso poético dirigido à deusa seriam passíveis de ser alocados no livro 5.

Ocorre, todavia, que, em ambos os livros, podemos ver, desorganizadamente, evocações dirigidas ora a Eros, ora a Afrodite, de maneira que a menção ao filho de Afrodite não está restrita ao livro 12, nem a da deusa, feminina, ao livro 5. Assim, não se deve conceber que a presença de um dos deuses em particular define o teor da relação estabelecida entre o eu-lírico e seus objetos de desejo.[11]

---

11 Há casos, embora muito poucos, em que Eros e Afrodite são comparados pelo eu-lírico aos seus amados cortejados; nesses casos, naturalmente, a determinação de gênero se faz fundamental. Ver epigramas da AP 5, 102 (Afrodite), 149 (Graças), entre outros; da AP 12, 76 (Eros), 77 (Eros), entre outros.

O MASCULINO E O FEMININO NO EPIGRAMA GREGO **153**

Não dispomos, portanto, de materialidade textual, de elementos extraídos dos próprios epigramas eróticos helenísticos que nos permitam definir o teor da paixão cantada nos vinte poemas analisados aqui. Ao não representarem o sexo/gênero dos amantes envolvidos no cortejo poético, esses epigramas talvez queiram expressar a desimportância desse dado e, por isso, reivindicam uma outra catalogação (se ela é mesmo necessária), mais afim com o teor de sua expressão: acerca desses poemas, talvez devamos destacar a qualidade poética de sua linguagem rigorosamente construída em bases "andróginas", indeterminantes do dado masculinidade-feminilidade dos parceiros cortejados. Devemos destacar a omissão e a indeterminação esquemática dos amados representados (que por isso permanecem na "penumbra", como afirmara Luque (2000)). O foco desses epigramas eróticos helenísticos é o cortejo, andrógino, da própria paixão.

4
Navegamar:
AS REPRESENTAÇÕES DA ÁGUA NO EPIGRAMA ERÓTICO HELENÍSTICO[1]

Os sentidos da água

> "A chuva me irritava. Até que um dia
> descobri que maria é que chovia.
> [...]
> Chuvadeira maria, chuvadonha,
> chuvinhenta, chuvil, pluvimedonha!
> [...]"
>
> (Carlos Drummond de Andrade, "Caso pluvioso")

> "O que liga o inconsciente, o que lhe impõe uma lei dinâmica,
> no reino das imagens, é a vida na profundidade
> de um elemento material."
>
> (Bachelard, 2002, p.135).

Tradicionalmente, e mesmo na poesia moderna, que procurou deliberadamente subverter as visões do passado, podemos encon-

---

1 Este capítulo foi redigido durante estágio na Universidade de Lisboa, sob a supervisão da professora doutora Marília Pulquério Futre Pinheiro, catedrática daquela instituição. A ela agradeço pela hospitaleira acolhida na capital portuguesa, por sua colaboração acadêmica e pela leitura dessas ideias.

156 LUIZ CARLOS MANGIA SILVA

trar exemplos de representações literárias em que o elemento *água* se associa ao feminino. Drummond, que citamos em epígrafe, faz com que, em seu poema, "maria" (evocada sempre em minúsculo) seja a causa de uma "chuva" que só cessa com intervenção divina. Evidenciando uma forte relação entre o feminino e a água, na imagem da chuva (ambas as palavras, água e chuva, são femininas em português), o poema reveste-se ainda de sensualidade e erotismo ao exibir uma "maria" tão lúbrica, capaz de "inundar" o eu-lírico até quase a morte.

A associação entre a água e o feminino parece obedecer a uma lógica bastante óbvia, mesmo a olhos menos eruditos. Como a mulher é, por excelência, a geradora, a portadora e a nutriz da vida, adjetivos que a água também possui (pois não há vida na ausência de água), a relação entre o feminino e a água surge, portanto, como inalienável e, mesmo, inevitável à nossa consciência e até mesmo à nossa inconsciência, ao nosso imaginário.[2]

Gaston Bachelard (2002), em seu estudo intitulado *A água e os sonhos*, dedica um capítulo ao estudo das relações entre a água e o feminino. O autor destaca não só a qualidade maternal das águas – quando as águas se investem do sentido de vida e nutrição (como um leite, pois "toda água é um leite" (ibidem, p.121)[3]) –, mas também sua qualidade de amante. Nesse caso, a feminilidade da água

---

2 A importância e supremacia do feminino (e de deusas femininas) nas sociedades antigas é mais que atestada. A concepção de panteões presididos por deuses masculinos é tardia, fruto já de sociedades patriarcais, não sendo o caso grego uma exceção. Ver, por exemplo, Stone (1989, p.100), citando Butterworth: "Mesmo se ela não representa uma regra universal, a matrilinearidade era muito difundida no mundo grego e egeu... e as consequências sobre a vida da época desse sistema de sucessão à realeza e de herança do patrimônio eram imensas. A maioria dos clãs era de tradição matrilinear; é por isso que a maior revolução da Grécia arcaica é aquela que substituiu a descendência patrilinear à filiação matrilinear e destruiu a integridade do clã". Sobre a prioridade do feminino nos panteões antigos, cf. também Roberts (1998, p.19-30) e Sicuteri (1985).

3 Bachelard (2002, p.122) cita ainda um hino védico, no qual podemos ler que as águas "são nossas mães [...] e nos distribuem o seu leite"; "A ambrosia [...], as ervas medicinais estão nas águas".

O MASCULINO E O FEMININO NO EPIGRAMA GREGO **157**

está em sua disposição para acolher um amante, como o lago que acolhe o banhista em um poema de Novalis: "Parecia que nessa água se tivesse dissolvido um grupo de donzelas encantadoras que, por um instante, se convertessem novamente em corpos ao contato com o jovem" (ibidem, p.131-32). A metamorfose água-mulher, presente no poema de Novalis (como no de Drummond), revela o que o estudioso chama de "substancialismo feminino da água", ou seja, a potencialidade da substância líquida de desempenhar a própria função do feminino. Assim, por suas qualidades, a água e o feminino são termos permutáveis.[4]

Os antigos também concebiam uma estreita relação entre o feminino e a água. A par dessa relação, destaquemos as afinidades entre o feminino e o mar, atestadas, por exemplo, em Semônides de Amorgos.[5] Em seu famoso *Iambo das mulheres*, o poeta afirma que há mulheres que descendem da raça do "mar" (*thálassa*, na forma feminina), pois, assim como sabem acolher bem um homem, sabem também repeli-lo. Enfatizando, pois, a instabilidade, oscilante entre calmaria e tempestade, esse tipo de mulher não é o ideal para esposa. Qualidade semelhante é explorada em uma fábula de Esopo, intitulada "O náufrago e o mar" (*Nauagós kai thálassa*): tendo chegado à praia, um náufrago dirige reprovas ao mar, uma vez que o seduziu, mas quase o matou. O "mar" (*thálassa*) então, assumindo forma "semelhante a uma mulher" (*homoiotheîsa gynaikí*), respondeu-lhe que a culpa não era sua, mas dos ventos.

O substantivo feminino *thálassa* aparece nos dois textos citados. No primeiro caso, a precisar a origem de certo tipo de mulher, o mar é responsável pelo caráter instável das mulheres; no segundo caso, enfatizando também a instabilidade do feminino (que se atribui aos ventos), o mar materializa-se e assume a forma de uma mulher, a fim de responder às injúrias do náufrago. Se Semônides nos exibe

---

4 Bachelard (2002, p.134) cita o epíteto grego *kallipárthenos* ("de belas virgens") aplicado a um rio, a exibir a mesma relação entre o feminino e a água.

5 Para esse exemplo e o que segue, assim como para sua interpretação, cf. Dezotti & Quinelato (2003, p.189-91).

158   LUIZ CARLOS MANGIA SILVA

a origem de atributos femininos, Esopo nos revela a capacidade de permuta entre o mar e uma mulher, atestando que também a cultura grega conheceu a identidade entre os termos água e feminino.

Os deuses e as águas

O fato de a literatura antiga – e podemos pensar aqui tanto nos gregos como nos latinos – ir buscar no mar e no universo a ele relacionado as suas imagens, as suas metáforas ou, em uma palavra, a sua *tópica* literária (definiremos este termo mais à frente) não nos surpreende.[6] Surpreenderia, ao contrário, se não as encontrássemos, uma vez que os gregos e os latinos foram povos de reconhecido destaque por suas atividades náuticas e pelo lugar que elas tiveram em sua arte. No âmbito da literatura, basta citar, entre os primeiros, a *Odisseia* de Homero e, entre os segundos, a *Eneida* de Virgílio, para mostrar como as viagens marítimas tiveram lugar em narrativas que se consideraram modelares entre os antigos, mas também depois deles.

Corrobora a visão de que o mar tinha grande importância entre eles ainda o fato de existirem inúmeras (talvez inumeráveis!) divindades relacionadas a ele. Posêidon, sem dúvida, deve ser o primeiro a ser lembrado, por ser o deus do mar e por seu lugar de destaque no panteão grego, ao lado dos doze deuses principais. A ele somem-se todas as deidades menores, mas não menos importantes, como as Nereidas, as Danáides, Ponto, entre muitas outras. Entre os deuses relacionados à água, especial papel desempenha a deusa do amor: ao presidir o desejo e a atividade sexual, Afrodite é também a deusa do mar e tem, para o nosso caso, especial importância, pois é evocada frequentemente nos epigramas eróticos helenísticos.

---

6 Cf. Abreu (2000, p.96, nota 4): "O mar e a água em si têm na literatura clássica uma representação poética bastante marcada, até porque desde o mundo clássico que tais elementos adquirem uma determinada importância na vida material e espiritual do homem. Fonte de vida e morte, o seu perene movimento é também símbolo de perpétuo movimento cósmico".

O MASCULINO E O FEMININO NO EPIGRAMA GREGO   159

Nascida do sêmen de Urano ao contato com as espumas do mar, quando da castração cosmogônica expressa na *Teogonia* de Hesíodo, a deusa Afrodite tem, já por nascimento, um duplo adjetivo líquido: de um lado, os líquidos seminais, que a relacionam com os amores, com as seivas animais e vegetais;[7] de outro, com o mar e com tudo aquilo que a ele se relaciona ou se pode relacionar.[8] Notemos que, após seu nascimento, a deusa foi conduzida pelos Zéfiros e pelas Horas a duas ilhas; uma delas, a de Chipre, decorrendo dessa sua passagem o epíteto "Cípris", evocado amiúde no epigrama erótico helenístico, como se verá. Em seus transportes, a deusa passou também por Citera, de que deriva um outro epíteto também mencionado entre os helenísticos: "Citéria". Notemos que ambos os sítios, Chipre e Citera, por serem ilhas, conferem à deusa um caráter insular. Por esse motivo, além de ser orientalizadas, Ragusa (2005, p.130) interpreta o nome de Creta no fragmento sáfico (2 Voigt): deusa insular, Creta seria, pois, um *locus* privilegiado para o culto de Afrodite.

Partilhando de semelhantes atributos e tendo um mesmo universo de atuação, o filho de Afrodite, o deus Eros, também será frequentemente evocado no epigrama helenístico, embora não tenha, como a mãe, um lugar entre os doze deuses máximos do panteão olímpico. Notemos ainda que este Eros (pelo menos o dos epigramas helenísticos) não é aquele de Hesíodo, deus primordial, embora, em um ou outro poema, se brinque com a sua ambígua gênese[9] e se confundam os seus atributos. E também não se trata do Eros, estabelecido por Platão, em *O banquete*; como nos mostra Marques (1950, p.56, 69), o Eros helenístico (do livro 5 da *Pala-*

---

7   Ver Petropoulos (2003, p.32-5) para os atributos da deusa relacionados aos frutos e às flores. Quanto à origem de Afrodite, Homero a faz filha de Zeus e Dione, genealogia raramente seguida por outros poetas.

8   Embora seja um anacronismo, não deixemos de mencionar que, em *Os lusíadas*, de Camões, a deusa é a protetora da viagem marítima dos lusos.

9   Ressaltemos ainda que não apenas dois, mas três Eros podem ser vistos na cultura grega (cf. Vernant, 1990). O epigrama helenístico que brinca com a duvidosa origem de Eros é o de número 177, de Meléagro (AP 5); no 180, do mesmo poeta (AP 5), aparecem os nomes de Ares e de Hefesto como possíveis pais da criança.

160 LUIZ CARLOS MANGIA SILVA

tina) tem apenas a contraparte "sensualista" daquele platônico, ou seja, apenas a expressão carnal.

De fato, nos epigramas eróticos helenísticos, Afrodite e Eros (e seu cortejo que envolve as Graças, as Horas, Dioniso, Zéfiros e Bóreas, entre outros) surgem apenas como deidades dos prazeres e das atrações sexuais. E mesmo que se afirme, como faz Carvalho (1987, p.35), a existência de diferentes esferas de atuação para cada um dos deuses – a expressão "espiritual" para Eros, ao passo que a "carnal" para Afrodite (isso tudo tirado de Platão, note-se) –, em nosso entender não é o que atestam os epigramas helenísticos. E mesmo que um poema, como o que segue, queira estabelecer distintas funções para os deuses – por ser mulher, Afrodite preside o desejo por mulheres; homem, Eros preside o desejo por homens –, ambos os deuses desempenham o mesmo papel, no conjunto dos epigramas eróticos helenísticos, presidindo igualmente ao universo do desejo:

AP 12, epigrama 86, Meléagro
Ἁ Κύπρις θήλεια γυναικομανῆ φλόγα βάλλει·
ἄρσενα δ' αὐτὸς Ἔρως ἵμερον ἀνιοχεῖ.
ποῖ ῥέψω; ποτὶ παῖδ' ἢ ματέρα; φαμὶ δὲ καὐτὰν
Κύπριν ἐρεῖν· "Νικᾷ τὸ θρασὺ παιδάριον."

Feminina, Cípris lança o ardor louco pelas mulheres.
É o próprio Eros quem governa a paixão por homens.
Para quem me inclinar? Para o menino ou a mãe? Penso
que a própria Cípris dirá: "Vence o menininho audaz".

Esse epigrama é da época helenística e, embora se queira mostrar nele a exclusividade de esfera de atuação de cada um dos deuses, trata-se apenas de uma exceção, uma vez que muitos outros epigramas representam ambos os deuses a atuar indistintamente, diferindo-se apenas como modelos de beleza – o que é natural, uma vez que, ao exaltar a beleza masculina, será necessária a evocação de um deus masculino (Eros) e para a beleza feminina, deusas femininas (Afrodite e as Graças). Mas voltemos ao mar.

A água na poesia amorosa

Uma vez reconhecida, embora brevemente, a importância do universo das águas, especificamente marinhas, para a literatura grega, é necessário agora que reconheçamos a importância que tal universo adquiriu em sua estreita relação com as representações do desejo erótico, com a expressão do amor na literatura antiga.[10] Consideremos, para esse fim, a citação que segue:

> O mar de amor (um conveniente título sob o qual agrupar as várias metáforas marinhas e náuticas, símiles, paralelos, alusões e analogias aplicadas ao amor e ao sexo) foi uma das mais importantes figuras amatórias. Caracterizou ambas as poesias grega e latina desde os primórdios até tempos recentes, foi empregada em muitas espécies de verso (predominando poemas de ocasião), aparecendo em prosa tanto quanto, e alcançou um estágio avançado de desenvolvimento às mãos dos alexandrinos, particularmente os da época de Augusto. (Murgatroyd, 1995, p.9)

Em seu artigo, convenientemente intitulado "The sea of love", Murgatroyd (1995) enfoca aquilo que chama de "uma das mais importantes figuras amatórias": as imagens do mar. Sendo elas "metáforas marinhas e náuticas, símiles, paralelos, alusões e analogias", tiveram a função de caracterizar o amor na literatura antiga (grega e latina). Reconhecendo-a como uma das mais importantes,

---

10 Destaquemos, com Abreu (2000, p.81, 91), o caráter econômico das metáforas náuticas na poesia antiga, pois, em Ovídio, elas relacionam-se tanto ao exílio como ao amor: "Sentimentos íntimos, relacionados com o sofrimento, e realidades físicas, nomeadamente a nave, os ventos, o porto e as ondas turbulentas cruzam-se, quer quando Ovídio fala das dores do amor, quer quando se refere às dores provocadas pelo exílio. E curiosamente as imagens poéticas são as mesmas". E adiante: "E se nos *Tristia* a nave inconstante que sofre com a força do mar e das tempestades é a imagem do poeta desterrado, esta imagem fora já na fase inicial da sua produção poética, nos *Amores*, a imagem do poeta enamorado que, empurrado por Cupido para a poesia amorosa, é arrastado pela brisa do amor e levado para a rápida corrente".

162 LUIZ CARLOS MANGIA SILVA

o autor afirmará ainda que tal expressão alcançou "um avançado desenvolvimento nas mãos dos alexandrinos [ou helenísticos]" (assim como nas dos "augustianos").

Destaquemos ainda a afirmação que se segue ao fragmento citado (ibidem, p.9): "A proposta deste artigo é fornecer o primeiro estudo interpretativo e detalhado do mar de amor, desde o período arcaico até o fim da Antiguidade". Especificando seu recorte para o estudo ("do período arcaico até o fim da Antiguidade"), o autor salienta que se trata do *primeiro* estudo interpretativo e detalhado" (grifo nosso) que, àquela altura (1995), se tinha notícia. Atualizando tal informação, podemos afirmar, com base em nossas pesquisas bibliográficas, que até a presente data o artigo de Murgatroyd constitui uma das referências mais amplas com ênfase na especificidade das imagens marinhas ou náuticas a representar o amor.[11] Nosso modesto estudo pretende ser, nesse sentido, mais uma referência, ao focalizar tais representações no âmbito do epigrama erótico helenístico.

O mérito do artigo de Murgatroyd está no fato de colocar, lado a lado, diversas ocorrências da imagem náutica para o amor, oferecendo-nos uma visão do *continuum* que tais expressões tiveram entre os antigos. Citemos, pois, os principais autores a que Murgatroyd dá voz, mas não exaustivamente, por não ser essa a nossa intenção aqui (estabelecer as origens das imagens amatórias), mas apenas mostrar que, em larga escala, sua novidade não deriva da poesia helenística.

Entre os autores que fizeram uso das imagens náuticas para a caracterização do amor, na Antiguidade, estão Alceu, Teógnis e Píndaro, na época arcaica; Aristófanes e Platão, na época clássica. Menandro e muitos poetas helenísticos, tais como Meléagro, Dioscórides, Asclepíades, Posidipo (além de poetas mais tardios, que escreveram em grego, como Nicarco e Antífilo), são os nomes citados para o período, uma vez que "Na era helenística há a consolidação e extensão [dessas imagens]" (ibidem, p.14) (alguns desses nomes figuram no presente capítulo). No mundo latino, em

---

11 O artigo de Abreu (2000, p.78-98), sobre a lírica latina de Ovídio, também constitui uma importante referência.

que a imagem náutica também fora cultivada, citam-se os nomes de Plauto, Lucrécio, Catulo, Propércio, Ovídio e Horácio, como alguns de seus cultores. Fica atestada, assim, a frequência com que a imagem náutica foi usada entre os autores antigos, seja em verso ou prosa, no mundo grego ou latino, com sentidos amorosos e sexuais.

Entre os seus usos, destaquemos as comparações de mulheres com barcos (Teógnis), um barco velho com uma cortesã também velha (Alceu), a cópula sexual como uma viagem marítima (Aristófanes), o homem como um barco e o pênis como o beque do navio (Aristófanes), Eros como timoneiro (Meléagro), cortesãs como barcos piratas (Plauto), o desejo a encontrar um mar calmo (Horácio), entre outros. Como veremos a seguir, muitas dessas representações serão recorrentes no epigrama erótico helenístico.

Tópica ou "lugar-comum" literário

"Tópica" (de *tópos* e, no plural, *tópoi*, "lugar") designa um tipo de gosto/método/prática da poesia antiga de cultivar determinados lugares-comuns literários, os quais um poeta deve "visitar" ao compor certa espécie de poesia. Assim, por exemplo, reconhece-se como um poema épico entre os antigos, um poema longo, composto em metro/ritmo hexamétrico, cujas ações e imagens principais – ou *tópoi* – são tiradas de narrativas bélicas. O epigrama erótico helenístico conheceu diversas tópicas, sendo a tópica das águas a que referiremos aqui.[12]

---

12 A obra de Cairns (1972), intitulada *Generic composition in Greek and Roman Poetry*, é uma das mais importantes para a moderna compreensão do princípio genérico ou tópico na poesia dos antigos. No Brasil, a obra de Achcar (1994), *Lírica e lugar-comum*, exibe as mesmas concepções acerca da poesia antiga. Tais obras embasam, naturalmente, a nossa compreensão acerca do epigrama helenístico. Ver ainda, sobre tópica literária na poesia antiga, o artigo de Escobar (2000, p.133-17), em que podemos ler: "As tópicas literárias, isto é, a recorrência intertextual de uma série de esquemas conceituais mais ou menos formalizados que os autores antigos empregam como recurso e que os receptores de suas obras percebem – em maior ou menor medida – como tais

164 LUIZ CARLOS MANGIA SILVA

Para dar um exemplo desse processo de composição – na verdade, dois, pois de outra maneira não ficaria evidente –, tomemos os epigramas que seguem, a fim de evidenciar o "princípio tópico" a nortear a poesia antiga. Embora de um mesmo poeta, isso não compromete nosso comentário:

AP 12, 76, Meléagro
Εἰ μὴ τόξον Ἔρως, μηδὲ πτερά, μηδὲ φαρέτραν,
μηδὲ πυριβλήτους εἶχε πόθων ἀκίδας,
οὐκ, αὐτὸν τὸν πτανὸν ἐπόμνυμαι, οὔποτ' ἂν ἔγνως
ἐκ μορφᾶς τίς ἔφυ Ζωΐλος ἢ τίς Ἔρως.

Se Eros não tivesse arco, nem asas, nem aljava,
nem as setas dos desejos que inflamam,
não!, eu juro pelo próprio alado! – jamais saberias,
pela aparência, quem é Zoilo ou quem é Eros.

AP 12, 78, Meléagro
Εἰ χλαμύδ' εἶχεν Ἔρως, καὶ μὴ πτερά, μηδ' ἐπὶ νώτων
τόξα τε καὶ φαρέτραν, ἀλλ' ἐφόρει πέτασον,
ναί, τὸν γαῦρον ἔφηβον ἐπόμνυμαι, 'Αντίοχος μὲν
ἦν ἂν Ἔρως, ὁ δ' Ἔρως τἄμπαλιν 'Αντίοχος.

Se Eros tivesse um manto, e não asas, ou arco
nos dorsos, ou aljava, e portasse um pétaso –
sim!, juro pelo efebo radiante: então Antíoco
seria Eros, e Eros, por sua vez, Antíoco.

---

tópicas, são próprias de toda literatura desenvolvida (na raiz, sobretudo, de sua difusão escrita), seja qual for sua tipologia linguística, formalizada em gêneros, ensinada nas escolas e – como traço fundamental – concebida essencialmente em função de seus destinatários". O estudioso menciona, ainda, a confusão do termo com "tema" ou "motivo", palavras comumente utilizadas para referir o mesmo aspecto da poesia antiga. Para as principais tópicas cultivadas pelos poetas helenísticos, cf. Vioque (2004, p.29-30), entre elas, os paradoxos e as juras de amor, o caráter instantâneo do desejo e os sintomas do amor.

O MASCULINO E O FEMININO NO EPIGRAMA GREGO **165**

Notemos como os epigramas são demasiado semelhantes: ambos são compostos em quatro versos, ambos fazem comparação entre um jovem (*Zoïlos*, v.4, no primeiro caso, e *Antíokhos*, v.4, no segundo) e o deus Eros. Por sua beleza, o deus e o jovem são intercambiáveis, de maneira que, se Eros não tivesse seus atributos seteiros, Zoilo passaria pelo deus; e contrariamente, se Eros tivesse os atributos de Antíoco (em lugar de ser seteiro), não se distinguiria o deus do rapaz.

Ressaltemos, em particular, como os vocábulos se repetem, ora em mesma posição sintática no verso, ora em diferentes caso e número: no primeiro poema, inicia-se o verso com a conjunção "Se" (*Ei*, v.1), o que acontece no segundo (*Ei*, v.1), em mesma posição; depois, temos *tóxon*, *pterá* e *pharétran* (respectivamente, "arco", "asas" e "aljava") no primeiro verso do primeiro poema; todos os termos repetem-se no segundo poema: *tóxa* (v.2, em mesmo caso, mas no plural e em outra posição), *pterá* (v.1, em mesmo caso, número e posição) e *pharétran* (v.2, em mesmo caso e número, mas em diferente posição). Notemos que, no primeiro poema, o verso 3 principia com a negação *ouk* ("não"), enquanto no segundo poema, no mesmo início de verso, temos a afirmação *nai* ("sim"). No terceiro verso, de ambos os casos, repete-se ainda o verbo *epómnymai* ("juro"), em idêntica posição, tempo e pessoa. O nome dos cortesãos só aparece, nos dois poemas, no verso final, criando o ponto alto da expectativa: só no encerramento do poema sabemos a quem Eros é comparado. Notemos ainda que a última palavra nos poemas é um nome próprio: no primeiro, o nome do deus Eros; no segundo, o nome de *Zoïlos*. Outras nuanças do processo de composição do epigrama poderiam ainda ser mencionadas; para os nossos fins, porém, bastam as destacadas.

Às repetições lexicais, portanto, podemos chamar *tópoi*, uma vez que, ao surgirem em diferentes poemas e serem cultivadas por diferentes poetas, elas acabam por estabelecer os limites de um universo poético específico, identificado a certo tipo de poesia (no nosso caso, do epigrama erótico helenístico). Instauram-se, pois, os "lugares-comuns" que os poetas têm a obrigatoriedade de visitar.

166 LUIZ CARLOS MANGIA SILVA

Por causa dessa repetição desejada de lugares-comuns, a poesia antiga não conheceu os critérios que modernamente nortearam e norteiam a literatura, tais como o da originalidade. Para eles, um poema deveria ser "novo" apenas na combinação e seleção que fazia de tópicas já conhecidas. E nesse sentido, reparemos, nos exemplos analisados, como, ao mesmo tempo que se repetem os *tópoi*, mudanças demasiado sutis podem ser observadas (como a troca de número e o caso de certas palavras ou seu lugar no verso ou outros ainda).[13]

Preocupados em analisar as representações eróticas do masculino e do feminino nesses livros, selecionamos, para o presente capítulo, todos os epigramas em que tais representações têm, como base de sua tópica, o elemento *água*. Trata-se de um conjunto de mais de 50 ocorrências, considerados ambos os livros.

As análises

Partamos agora para a análise dos epigramas helenísticos, a fim de revelar a presença sistemática de uma tópica das águas. Veremos, ademais, que tal tópica não se restringe ao mar (como destacado por Murgatroyd), mas ainda a outras águas (pluviais, lácteas, entre outras).

Começaremos nossa análise, naturalmente, pelo conjunto de epigramas helenísticos em que o cortejo de uma cortesã (livro 5 da *Palatina*) é representado, mostrando, portanto, as tradicionais relações entre a água e o feminino. Depois, passaremos à análise dos epigramas helenísticos em que o cortejo de cortesãos (livro 12 da *Palatina*) é representado com os mesmos símbolos úmidos, a evidenciar um contexto em que as águas não se relacionam necessariamente ao feminino.

---

13 Tarán (1997), atenta a essas pequenas mudanças (aos olhos modernos) nos epigramas helenísticos, dedicou uma obra ao estudo específico das repetições dos *tópoi* nesses poemas, intitulada *The art of variation in the Hellenistic epigram*.

O MASCULINO E O FEMININO NO EPIGRAMA GREGO **167**

As águas e o feminino – *Antologia palatina*, livro 5

Não será nossa intenção, aqui, fazer uma análise exaustiva (para o leitor, para o analista) das ocorrências de termos "líquidos" nos epigramas eróticos helenísticos. Tais ocorrências caracterizam em torno de 30 epigramas, no *corpus* proveniente do livro das cortesãs (AP 5). Desses 30, citaremos e analisaremos na íntegra cerca de uma dezena, mencionando apenas de passagem aqueles outros que, de uma maneira ou de outra, redundam na mesma tópica, não comprometendo, com isso, a compreensão global dos epigramas eróticos.

AP 5, 190, Meléagro
Κῦμα τὸ πικρὸν ῞Ερωτος ἀκοίμητοί τε πνέοντες
ζῆλοι καὶ κώμων χειμέριον πέλαγος,
ποῖ φέρομαι πάντῃ δὲ φρενῶν οἴακες ἀφεῖνται;
Ἦ πάλι τὴν τρυφερὴν Σκύλλαν ἀποψόμεθα;

Vagas amargas de Eros, ciúmes incessantes que emanam
e mar tempestuoso das festas, para onde me levai,
se os lemes de meu coração me abandonaram completamente?
Será que de novo veremos ao longe a delicada Cila?

Embora no poema não seja possível estabelecer o sexo do eu--lírico, consideremos que se trata de um amante masculino, pela raridade (ou inexistência) com que os epigramas helenísticos da AP apresentam cortejos de mulheres por mulheres. Assim, temos que as "vagas amargas" (*Kýma to pikrón*, v.1), regidas pelo deus "Eros" (*Érotos*, v.1), ao se associarem aos "ciúmes incessantes" (*akoímetoi zêloi*, v.1-2) que "sopram" (*pnéontes*, v.1) e a um "mar tempestuoso de festas" (*kômon kheimérion pélagos*, v.2), são responsáveis por conduzir o eu-lírico em direções que não lhe aprazem. No entanto, ele não é capaz de controlar os "lemes do coração" (*phrenôn oíakes*, v.3), de maneira que está à mercê dos efeitos desses ventos, desses mares. E, à deriva, ao sabor das ironias do deus do amor, o eu-lírico (que usa o verbo na primeira pessoa do plural, conjugando-se com seu coração ou com o deus timoneiro) já supõe os perigos: "veremos ao longe a delicada Cila?" (*trypherén Skýllan apopsómetha*, v.4). Ressaltemos o caráter reiterado desse encontro, expresso pelo advérbio *páli* ("de novo"), Eros como um deus renovador.

"Cila", na *Odisseia,* é um monstro (na verdade, uma "monstra", pois o termo, em Homero, também ocorre no feminino) dos mares e, por isso, não poderia ser nada "delicada" (*trypherén,* v.4). No poema, Cila é o nome da cortesã; o temor do eu-lírico, ao trabalhar um trocadilho com o termo, talvez se deva ao comportamento "monstruoso" dessa mulher. (Veremos mais à frente que não foi estranho os amantes chamarem as cortesãs de "piratas de Afrodite" ou "Sirenes", uma vez que espoliavam seus amantes.) De novo lançado na direção de mais um desejo, o eu-lírico singra mares amargos.

Destaquemos todos aqueles *tópoi* que, no poema, apresentam elementos úmidos: no primeiro verso, *Kýma* ("vaga") e *pnéontes* ("a soprar") (vimos que os ventos se relacionam aos domínios de Afrodite e Eros); no segundo verso, *kheimérion* ("tempestuoso") e *pélagos* ("mar"); no terceiro, por metonímia, *oíakes* ("lemes"); e no quarto verso, *Skýllan* ("Cila"), o monstro marinho homérico, aqui uma cortesã. Pelo que podemos ver, a tópica que anima o epigrama dá expressão ao elemento úmido na caracterização do desejo erótico.

Dois epigramas, equivocadamente alocados no livro 12 da AP,[14] merecem figurar nesta parte do capítulo. Neles, vemos cortesãs (e não cortesãos) sendo cortejadas por amantes masculinos. O primeiro deles é o que segue:

---

14 Paton (1999) afirma que se trata de um "erro grosseiro", pois julga — o que parece sensato — que os epigramas foram parar no livro 12 apenas porque os nomes das cortesãs aparecem em diminutivo (em tese, sem marca de gênero), ou seja, com o sufixo *-ion* (como *Phaníon,* AP 12, 53, v.4, e *Kallístion,* AP 12, 131, v.3). Para esses e outros "equívocos", cf. Paton (1999, p.280).

O MASCULINO E O FEMININO NO EPIGRAMA GREGO **169**

AP 12, 53, Meléagro

Εὔφορτοι νᾶες πελαγίτιδες, αἱ πόρον ῞Ελλης
πλεῖτε, καλὸν κόλποις δεξάμεναι Βορέην,
ἤν που ἐπ' ἠιόνων Κώνα κατὰ νᾶσον ἴδητε
Φανίον εἰς χαροπὸν δερκομέναν πέλαγος,
τοῦτ' ἔπος ἀγγείλαιτε· καλαὶ νέες, ὥς με κομίζει   5
ἵμερος οὐ ναύταν, ποσσὶ δὲ πεζοπόρον.
εἰ γὰρ τοῦτ' εἴποιτ', εὐάγγελοι, αὐτίκα καὶ Ζεὺς
οὔριος ὑμετέρας πνεύσεται εἰς ὀθόνας.

Bons cargueiros, navios marítimos que singram
o Helesponto, acolhendo no peito o agradável Bóreas,
se nas margens da ilha de Cós virdes a cortesã
Fânion a mirar o mar resplandecente
podereis enviar-lhe estas palavras: que o desejo me fez,   5
belos navios, não um marinheiro, mas um pedestre, a pé.
Se então disserdes isso, bons mensageiros, de súbito
Zeus soprará ventos favoráveis sobre vossas velas.

Dirigindo-se aos "Bons cargueiros" (*Eúphortoi*, v.1), aos "navios marítimos" (*nâes pelagítides*, v.1) que acolhem no peito o vento "Bóreas" (*Boréen*, v.2), o eu-lírico lhes faz um pedido: se ao "singrar" (*pleîte*, v.2) o "Helesponto" (*póron Hélles*, v.1) avistarem a cortesã "Fânion" (*Phaníon*, v.4) "a mirar" (*derkoménan*, v.4, forma participial no feminino) "o mar resplandecente" (*kharopón pélagos*, v.4), que os barcos digam a ela que o eu-lírico tornou-se "não um nauta" (*ou náutan*, v.6), mas um "pedestre", um "caminhante" (*pezopóron*, v.6), por causa do "desejo" (evocado como *hímeros*, v.6). Talvez por esse motivo, ele próprio não vá ao encontro da cortesã, já que lhe faltam os meios, por ser agora um mero pedestre. E acrescenta: se os "bons mensageiros" (*euángeloi*, v.7) levarem essa notícia, então "de súbito" (*autiká*, v.7) o próprio "Zeus" (*Zeús*, v.7) há de "soprar" (*pnéusetai*, v.8) "favorável [vento]" (*oúrios*, v.8) sobre "vossas velas" (*hymetéras óthonas*, v.8).

170 LUIZ CARLOS MANGIA SILVA

O poema não alude diretamente ao sexo. Depreende-se o contexto erótico pela predominância da tópica marítima: numa linguagem redundante, no primeiro verso, todas as palavras relacionam-se ao mar: *Éuphortoi* ("Bons cargueiros"), *nâes* ("navios"), *pelagítides* ("marítimos") e *póron Hélles* ("Helesponto"). Sem exceção, todos os termos são náuticos, o que chama a atenção e reafirma o princípio tópico já mencionado. No segundo verso, são náuticos o verbo *pleîte* ("singrar"), *Boréen* ("Bóreas") e *kólpois* ("peito"), que no contexto tem o sentido de "velas". No terceiro verso, alude-se às "margens" (*eiónon*) da "ilha de Cós" (*Kóina náson*). No quarto verso, aparecem *pélagos* ("mar") e um adjetivo muito usado para caracterizar suas águas azuis (*kharopón*, "resplandecente"). No mesmo verso, aparece o nome próprio "Fânion" (*Phaníon*), que literalmente significa "pequeno brilho", "centelha". Junto a *pélagos*, *Fânion* e *kharopón* criam um delicado contraste entre água e fogo. No quinto verso, mencionam-se "navios" (*nêes*; note-se a ligeira troca da forma dórica *nâes*, usada no primeiro verso, por esta, rara e homérica (Bailly, 1950), ambas em mesmo caso vocativo plural) e, no sexto, *náutan* (em oposição à *pezopóron*, "pedestre", ligeiro contraste entre água e terra). No último verso, fala-se ainda em "velas" (*óthonas*) e "ventos favoráveis" (*oúrios*) "soprados" (*pnéusetai*) por Zeus. Todos esses *tópoi*, enfim, constroem um universo erótico "úmido", seja pela relação direta com o elemento *água* ("mar", "ilha", entre outros), seja pela indireta, por meio de metonímias ("Bóreas", "velas", entre outros). De passagem, assinale-se ainda o ligeiro contraste criado entre fogo (*Phaníon*, "Fânio" ou "centelha", *kharopón*, "resplandecente", v.4) e água, mas também entre água e terra (*possí*, "a pé", e *pezopóron*, "pedestre", v.6).

Citemos mais um exemplo em que a metáfora erótica expressa-se nas formas de barcos e mares:

AP 12, 131, Posidipo
῾Α Κύπρον, ἅ τε Κύθηρα, καὶ ἁ Μίλητον ἐποιχνεῖς
καὶ καλὸν Συρίης ἱπποκρότου δάπεδον,
ἔλθοις ἵλαος Καλλιστίῳ, ἣ τὸν ἐραστὴν
οὐδέ ποτ᾽ οἰκείων ὦσεν ἀπὸ προθύρων.

O MASCULINO E O FEMININO NO EPIGRAMA GREGO **171**

Tu que percorres Chipre, Citera, Mileto
e a bela terra batida por cavalos – Síria;
venhas, bem-venturado, até Calístion:
jamais ela empurrou um amante porta afora.

Também alocado equivocadamente no livro homoerótico (AP 12), comecemos por evidenciar, nesse poema, o sexo dos interlocutores: "Calístion" (*Kallistíoi*, v.3) é uma mulher, pois, a explicitar essa informação (já que o nome possui terminação em neutro) temos, aposto ao nome, um pronome relativo feminino (*he*, v.3) referido a ela. Os amantes que ela recebe são do sexo masculino, o que se pode deduzir do uso do termo *erastén* ("erasta", v.3), combinado de artigo masculino (*ton*, v.3). Assim, o poema representa o cortejo entre um *erastés* e uma *hetaíra*, um amante e uma cortesã.

No primeiro verso, temos a referência a duas ilhas: "Chipre" (*Kýpron*) e "Citera" (*Kýthera*). Aludidos também por sua relação com o mar, os nomes "Mileto" (*Míleton*) e "Síria" (*Sýries*, v.2). Todas as menções são, assim, a lugares em que o mar constitui parte da paisagem, entre os quais as principais ilhas de culto da deusa do amor. O verbo *epoikhneîs* ("percorrer", "aproximar-se", v.1), embora no contexto possa ser tomado como sinônimo de "navegar", tem seu significado mais comum ligado a um deslocamento feito por terra; talvez por isso tenha sido escolhido pelo poeta, por contaminação com a expressão a que ele se refere: trata-se da Síria, uma "terra batida por cavalos" (*hyppokrótou dápedon*, v.2). Incita-se, a seguir, aos que percorrem tais distâncias, a frequentarem Calístion: "que tu venhas, bem-venturado, até Calístion" (*élthois hílaos Kallistíoi*, v.3), pois com essa cortesã não é preciso temores: "jamais ela empurrou um amante porta afora" (*oudé pot' oikéion hôsen apo prothýron*, v.4). Calístion "recebe" bem aqueles que a desejam. (Os sentidos sexuais do *prothýron* ou "umbrais" são foco de estudo no Capítulo 5.)

O poema constitui, pois, mais um caso em que a tópica náutica confecciona a representação do cortejo dos amantes. Cidades

172 LUIZ CARLOS MANGIA SILVA

costeiras e ilhas são mencionadas, entre elas Chipre e Citera, sítios privilegiados da deusa Afrodite.

Muitos outros exemplos podem ainda ser mencionados com o fim de evidenciar a recorrência, no epigrama erótico helenístico, da tópica náutica como expressão do desejo erótico. Analisemos o poema a seguir, que nos mostra novos *tópoi*:

AP 5, 161, Asclepíades
Εὐφρὼ καὶ Θαῒς καὶ Βοίδιον, αἱ Διομήδους
Γραῖαι, ναυκλήρων ὁλκάδες εἰκόσοροι,
Ἄγιν καὶ Κλεοφῶντα καὶ ᾽Ανταγόρην, ἕν ᾽ ἑκάστη,
γυμνοὺς, ναυηγῶν ἥσσονας, ἐξέβαλον.
῾Αλλὰ σὺν αὐταῖς νηυσὶ τὰ ληστρικὰ τῆς ᾽Αφροδίτης   5
φεύγετε· Σειρήνων αἵδε γὰρ ἐχθρότεραι.

Eufrô, Taís e Boidion, as Graias de Diomedes,
barcos de vinte remos dos capitães, repeliram,
uma cada um, Ágis, Cleofón e Antágoras, nus,
inferiores aos náufragos. Com vossas próprias naus,
fugi da pirataria de Afrodite: elas são   5
mais perigosas do que as Sirenes.

No poema, as cortesãs "Eufrô", "Taís" e "Boidíon" (*Euphró kai Thaïs kai Boídion*, v.1) são chamadas "Graias de Diomedes" (*Diomédous Graîai*, v.1-2), o que constitui uma alusão a duas narrativas diversas: as Graias (irmãs das Górgonas, em que Medusa se inclui) são deidades da geração pré-olímpica, três mulheres nascidas velhas e que partilham, entre si, um só olho e um só dente. Aparecem relacionadas ao mito de Perseu, que as ludibria a fim de realizar um de seus feitos. Viviam no extremo ocidente, no país da noite e jamais viam a luz do sol (Grimal, 1993, p.188). Diomedes, mencionado no poema, não é o famoso herói da guerra de Troia, mas o primeiro rei da Trácia, filho de Ares. Conta sua narrativa (ibidem, p.120) que ele expunha estrangeiros a seus cavalos, que os

O MASCULINO E O FEMININO NO EPIGRAMA GREGO   **173**

devoravam. Será Héracles o responsável por dar fim a essa prática e conduzir as bestas a outro lugar.

No poema, ao surgirem relacionados (as três Graias e Diomedes), talvez se pretenda que as triplas irmãs passem por "devoradoras de estrangeiros", como os cavalos desse rei. O motivo de se ter referido a elas (o que chama a atenção acerca dessa tripla deidade é, sem dúvida, sua velhice demasiada) não encontra outra justificativa, uma vez que não parece ser a velhice das cortesãs o que está em questão. (Notemos, ademais, que outros poemas aludem enfaticamente a cortesãs velhas, para elogio ou censura, como se verá.) Talvez a referência a elas se deva ainda ao fato de que, como na narrativa de Perseu, elas se colocaram como um obstáculo (lá elas têm a função de impedir o herói de chegar até Medusa). Mas, diferentemente do que acontece com Perseu, que supera o obstáculo, aqui as Graias-cortesãs "devoram" os amantes, tal como as bestas de Diomedes.

No segundo verso, comparam-se as cortesãs a barcos: *naukléron holkádes eikósoroi* ("barcos de vinte remos dos capitães"). A alusão a vinte remos ou remadores (*eikósoroi*) sem dúvida refere-se ao número de amantes que elas são capazes de receber. Essas mulheres-barcos, no entanto, assim que oferecerem seus prazeres, "expulsam" ou "repelem" (*exébalon*, v.4) os amantes ("Ágis, Cleofón e Antágoras", *Ágin kai Kleophónta kai Antagóren*, v.3; notemos que a sequência dos nomes próprios é simétrica àquela do primeiro verso, com os nomes das cortesãs, o que cria um paralelismo entre as estruturas) já agora tornados meros "náufragos" (*nauegôn*, v.4) ou, mesmo, "inferiores" (*héssonas*, v.4) a náufragos, completamente "nus" (*gymnoús*, v.4), despidos das roupas e do dinheiro.

Por serem tão ávidas, o poeta exorta seus interlocutores à fuga: "com suas próprias naus" (*syn autaîs neusí*, v.5), "fugi" (*phéugete*, v.6) da "pirataria de Afrodite" (*ta leistriká tes Afrodítes*, v.5). Porque, sedutoras, essas cortesãs são "mais perigosas que as Sirenes" (*Seirénon ekhthróterai*, v.6). As Sirenes, representadas ora como aves com cabeças humanas, ora como mulheres com rabo de peixe, são

174 LUIZ CARLOS MANGIA SILVA

a exata personificação do encantamento e da sedução. Note-se que o adjetivo *Seirénios*, recomenda o Bailly (1950), pode ser traduzido por "sedutor/a". A prudência, pois, deve nortear os contatos com as cortesãs, pois elas exercem grande poder sobre os homens, com seus requintes de atração (daí não interpretarmos o sentido de "velhas", mas de "devoradoras", derivado da alusão às Graias no texto).

Ao longo do poema, sobeja o uso da tópica náutica. Retomemos rapidamente os *tópoi*: "barcos de vinte remos" (*naukléron holkádes eikósoroi*, v.2), "náufragos" (*nauegôn*, v.4), "naus" (*neusí*, v.5), "pirataria" (*leistriká*, v.5), "Afrodite" (*Aphrodítes*, v.5) e "perigosas Sirenes" (*Seirénon ekhthróterai*, v.6). O universo náutico apresenta-se, portanto, tanto como a tema geral do poema – a comparação das cortesãs a piratas – como da tópica literária. Mais uma vez, podemos ver que o que anima o epigrama é o elemento *água*, especificamente as águas do mar e seu universo congênere.

Mencionemos, de passagem, um epigrama (AP 5, 204, Meléagro) em que uma velha cortesã, chamada Timário (*Timaríou*, v.1), é comparada em pormenores com um barco velho.[15] Cada parte de seu corpo corresponde a uma parte do barco: da cortesã, aparecem as "costas" (*nótoisi*, v.3), os "seios" (*mastôn*, v.5), a "barriga" (*gastrós*, v.6), entre outros; do barco, mencionam-se o "vigamento" (*pêgma*, v.2), o "mastro" (*kéras*, v.3) e as "velas" (*histía*, v.5), entre outros. O poema encerra com estes versos:

Δύστανός γ' ὃς ζωὸς ἔτ' ὢν ᾿Αχερουσίδα λίμνην
πλεύσετ' ἄνωθ' ἐπιβὰς γραὸς ἐπ' εἰκοσόρου.   10

Infortunado aquele que, ainda vivo, ao lançar-se sobre a velha de vinte remadores, navegará no alto do cais do Aqueronte.   10

---

15 Trata-se de um poema de difícil tradução, de onde não se excluem diversos trocadilhos.

O MASCULINO E O FEMININO NO EPIGRAMA GREGO **175**

A palavra "velha" traduz *graós* (v.10), cuja raiz compõe também "Graias" (termo que apareceu no poema anterior). Note-se que a velhice é associada ao "Aqueronte" (*Akherousída*, v.9) e, por extensão, à ideia de morte e de infelicidade ("Infortunado aquele...", *Dýstanós g' hos...*, v.9). Repete-se, como no poema anterior, o termo *eikosórou* ("vinte remadores", v.10), em mesma posição de fim de verso, mas em diferentes caso e número (genitivo singular neste, nominativo plural naquele). A tópica que alude mais diretamente ao elemento água, nesses versos, é "cais" ou "porto" (*límnen*, v.9), "Aqueronte" (*Akherousída*, v.9) e "navegar" (*pléuset'*, v.10). Somando-se às outras referências anteriormente mencionadas, o epigrama evidencia, na comparação entre uma cortesã e um barco já velhos, mais um caso em que a tópica náutica é a base da representação do universo erótico.

Passemos a outro poema:

AP 5, 156, Meléagro
ʽΑ φίλερως χαροποῖς ᾽Ασκληπιὰς οἷα γαλήνης
ὄμμασι συμπείθει πάντας ἐρωτοπλοεῖν.

A amorosa Asclépia, com seus olhos claros como a calmaria do mar, incita todos a navegamar.

"Asclépia" (*Asklepiás*, v.1) é, no poema, o nome da cortesã, mas também, conforme Bailly (1950), a "planta" de Asclépio, o mítico médico grego. Note-se que esse sentido não se afasta da esfera de atuação de Afrodite (deidade das seivas vegetais) e, por esse motivo, adapta-se duplamente ao contexto do epigrama (de um lado, como um nome próprio feminino, e, de outro, pelo sentido literal de planta).

A cortesã, além da qualidade de "amorosa" (*phíleros*, v.1), tem "olhos claros" (ou "azuis") (*kharopoîs ómmasi*, v.1-2) como a "calmaria do mar" (*galénes*, v.1). O adjetivo *kharopoîs*, que aqui se refere aos olhos da cortesã, já apareceu relacionado ao mar (no epigrama 53, v.4, AP 12). Isso cria, como parece ser a intenção nesse poema,

176 LUIZ CARLOS MANGIA SILVA

uma estreita relação entre os termos "mar" e "olhos", uma vez que um mesmo adjetivo serve para caracterizar ambos. Consequência de seus atributos, Asclépia "incita" (*sympeíthei*, v.2) em "toda a gente" (*pántas*, v.2) uma vontade de "navegar num mar de amor" (*erotoploeîn*, v.2) ou, em nosso neologismo, "navegamar". O termo composto *erotoploeîn* é um excelente exemplo daquilo que temos tentado evidenciar até aqui (por isso nos oferece o título deste capítulo): ao combinar as palavras *éros* ("desejo", "paixão") e *ploeîn* ("navegar", "singrar mares"), cria uma profunda afinidade entre os vocábulos e acaba por revelar a estreita relação, concebida entre os poetas helenísticos, entre o desejo erótico e os símbolos do mar.

Vejamos o poema que segue:

AP 5, 154, Meléagro
Ναὶ τὰ νηξαμέναν χαροποῖς ἐνὶ κύμασι Κύπριν,
ἔστι καὶ ἐκ μορφᾶς ἁ Τρυφέρα τρυφερά.

Sim, por Cípris a nadar nas vagas claras;
pela forma, Trifera é também delicada.

Outro poema de apenas um dístico (dois versos é a extensão mínima do epigrama erótico helenístico, conforme nosso *corpus*), não por isso carente de múltiplas "visitações" à tópica náutica; ao contrário. Notemos, no primeiro verso, que todos os nomes referem-se ao mar: alude-se a "Cípris" (*Kýprin*), no fim do verso, que surge a "nadar" (*nexaménan*) nas "vagas" (*kýmasi*) – vagas tão "claras" (*kharopoîs*) como os olhos da cortesã Asclépia no poema anterior. Assim, podemos afirmar que o primeiro verso é totalmente "líquido", pois apresenta somente termos ligados ao mar.

No segundo verso, o poeta alude a "Trifera" (*Tryphéra*), cortesã cujo nome cria um trocadilho (que nossa tradução não mantém) com o adjetivo que a ela se refere, no fim do verso: trata-se de *trypherá*, agora em minúscula (e com o acento deslocado do épsilon para o alfa). O significado de *trypherá* é "delicada", tal como o nome próprio. Assim, por sua "forma" (*morphâs*, v.2), "Delicada" é também "delicada". Ressaltemos ainda que o adjetivo *trypherós* aparece nos poemas helenísticos do livro 5 também a caracterizar flores e plantas (no epigrama 174, de Meléagro, "delicado broto", *trypheròn thálos*, v.1), além de atribuído à cortesã Cila ("delicada Cila", *trypherén Skýllan*, v.4) em um epigrama anteriormente analisado. Curiosamente, o termo também tem seu uso atestado no livro 12 ("homo") da *Palatina*, a referir-se a cortesãos (por exemplo, no epigrama 109, de Meléagro, "delicado Diodoro", *trypherós Diódoros*, v.1).

No epigrama 154, evidenciamos, por fim, o universo da tópica do mar (que no primeiro verso aparece absolutamente conciso), além de outras referências ao universo e aos domínios da deusa de Chipre.

Citemos, muito brevemente, outras ocorrências, menos concentradas que as apresentadas até aqui (às vezes se trata de apenas uma palavra em todo o poema), a aludir à tópica náutica ou a termos que se possa relacionar com a água.

Dois epigramas – o de número 53 e o 193, ambos de Meléagro –, além de serem absolutamente idênticos entre si, apresentam, em idêntica posição no verso, a palavra *sýmploun* ("companheiro de viagem [marítima]" ou, simplesmente, "nauta", v.4). No epigrama 107, cita-se o "mar da Jônia" (*póntoi Ioníoi*, v.5-6). No epigrama 177, de Meléagro, apresenta-se a controversa paternidade de "Eros" (*Érota*, v.1) e menciona-se, como possível progenitor, o "Mar" (*Pélagos*, v.6). Outro poema (169, de Asclepíades) menciona "marinheiros" (*náutais*, v.1) e a "constelação primaveril de Coroa" (*eiarinón Stéphanos*, v.2), que serve de direção e regozijo aos nautas, por anunciar o fim do inverno (*kheimônos*, v.2).

Analisamos até aqui (citando só de passagem outros tipos de ocorrências) os epigramas eróticos helenísticos do livro 5 da *Antologia palatina*, em que uma tópica náutica, ou seja, as representações do mar ou das águas salgadas, é "visitada" pelos poetas, a fim de representar o cortejo entre um amante masculino e uma cortesã.

Agora passaremos àqueles epigramas, também abrigados no livro 5, em que as representações da água têm sua tópica tirada, não do mar e seu universo congênere, mas das águas doces. Bachelard (2002, p.15) reconhece a "supremacia" da água doce "sobre a água

178 LUIZ CARLOS MANGIA SILVA

do mar". De nossa parte, e de posse do *corpus* de epigramas helenísticos, devemos dizer que as representações "líquidas" relativas ao mar são mais frequentes do que as de água doce, embora não se desconheçam exemplos desta última; além de outras águas: a água das lágrimas (de que daremos um exemplo), a água dos vinhos (água misturada com fogo, "água ardente"), a água láctea. Assim, são muitas e diversificadas as representações do elemento *água* nos epigramas, evidenciadas, até agora, em sua exclusiva relação com o cortejo de parceiras femininas.

Citaremos, integralmente, apenas mais três exemplos, cumprindo nossa intenção inicial de apresentar uma dezena de análises dos epigramas; julgamos com isso termos atingido nossos objetivos preliminares.

Passemos à análise das águas doces:

AP 5, 125, Basso
Οὐ μέλλω ῥεύσειν χρυσός ποτε· βοῦς δὲ γένοιτο
ἄλλος χὠ μελίθρους κύκνος ἐπηόνιος.
Ζηνὶ φυλασσέσθω τάδε παίγνια· τῇ δὲ Κορίννῃ
τοὺς ὀβολοὺς δώσω τοὺς δύο, κοὐ πέτομαι.

Jamais intentarei derramar-me em forma de ouro. Um outro
se mude em touro e, de canto melífluo, em cisne de águas rasas.
Essas brincadeiras se reservem a Zeus. Para Corine,
eu darei os dois óbolos, e sem voar.

Ressaltando o caráter venal e os baixíssimos custos de seus amores – o amante "paga" (*dóso*, v.4) apenas "dois óbolos" (*oboloús dýo*, v.4) para ter relações com a cortesã "Corine" (*Korínne*, v.3) –, ele zomba das difíceis e caras metamorfoses de "Zeus" (*Zenì*, v.3), evocando, primeiro, a narrativa de Dânae, sobre a qual o Cronida "derramou-se" (*rhéusein*, v.1; note-se que se trata de um verbo relacionado ao líquido) em forma de uma chuva de "ouro" (*khrysós*, v.1). Depois, menciona sua "transformação" (*génoito*, v.1) em "touro" (*boûs*, v.1), a fim de ter relações com Europa. Por último, cita seus

O MASCULINO E O FEMININO NO EPIGRAMA GREGO **179**

amores com Leda, quando de sua metamorfose em "cisne" (*kýknos*, v.2), ave de "canto melodioso" (*melíthrous*, v.2) e das "águas rasas" (*epeiónios*, v.2). Todas essas mutações do soberano olímpico, a fim de obter o amor das mulheres, o eu-lírico despreza, chamando-as de "brincadeiras" (*páignia*, v.3). Pois, como afirma, com apenas dois óbulos (a moeda de menor valor entre os gregos), é possível frequentar a *hetaíra* Corine (que pela baixa soma se parece mais com uma prostituta comum, uma *porné*).

Os elementos líquidos, caracterizadores das águas doces, são representados, principalmente, pela imagem do "cisne"[16] e seu adjetivo, "das águas rasas", que se compõe de *epi* ("o que está sobre") e *eión* ("as margens de um lago ou riacho") (Bailly, 1950). "Cisne" e "riacho" são duas fortes imagens eróticas. Outra alusão importante ao elemento líquido advém de *rhéusein*, que se refere ao "correr" ou "fluir" das águas – de um rio, de lágrimas, de sangue (ibidem). No poema, relaciona-se a um tipo de chuva muito especial, uma "chuva de ouro", não se tratando, pois, exatamente do tipo de líquido que concebemos aqui, embora não deixe de ser uma forma privilegiada e rara de "água" – daí a desprezo do eu-lírico por essa difícil forma de "pagamento" por encontros amorosos.

De passagem, mencionemos outro poema (epigrama 307, de Antífilo) em que um rio tem lugar, o "espartano Eurota" (*Eurótao Lakonikón*, v.1) e seu "fluir" (*kheûma*, v.1). Aparecem "Leda" (*Léda*, v.2), "sem véus" (*akályptos*, v.1) e o "Cronida" (*Kronídas*, v.2) na forma de "cisne" (*kýknoi*, v.2). A menção a Eurota (termo que, conforme Bailly (1950), possui o sentido de *eurýs*, "largo", mas também refere-se "às partes femininas") parece criar um trocadilho, baseado em sexo. E depois de referir-se ao rio (conotando provavelmente as genitálias femininas, segundo Bailly), à Leda "sem

---

16 Bachelard (2002, p.39) ressalta que a imagem do cisne evoca "sempre um desejo" e que "O canto do cisne é portanto o desejo sexual em seu ponto culminante". Destaca ainda que o cisne carrega qualidades hermafroditas, pois "é feminino na contemplação das águas luminosas; é masculino na ação". Afirma que a função sexual da imagem do rio "é evocar a nudez feminina", sendo o cisne "a nudez permitida".

180 LUIZ CARLOS MANGIA SILVA

véus" e ao cisne-Zeus, o eu-lírico se vê inflamado ("Vós inflamais este mal-amado", *dysérota katáithete*, v.3). Pensa até mesmo em uma mutação, a fim de consumar seus amores. E se Zeus metamorfoseou-se em cisne, humildemente o eu-lírico se transformará em "cotovia" (*kórydos*, v.4). Note-se que, se o poema alude a elementos líquidos, os símbolos do ar também têm grande importância.

Vejamos um exemplo em que, não o mar, nem um rio, mas uma chuva (que não é de ouro) representa as águas no contexto erótico:

> AP 5, 120, Filodemo
> Καὶ νυκτὸς μεσάτης τὸν ἐμὸν κλέψασα σύνευνον
> ἦλθον καὶ πυκινῇ τεγγομένη ψακάδι.
> Τοὔνεκ' ἐν ἀπρήκτοισι καθήμεθα κούχὶ, λαλεῦντες,
> εὔδομεν ὡς εὔδειν τοῖς φιλέουσι θέμις;

> E no meio da noite eu vim, escondida de meu companheiro
> de leito e molhada por uma chuvinha ininterrupta.
> É por causa disso que permanecemos inertes em vão, tagarelas,
> que não dormimos como a lei divina está a dormir entre os amantes?

O poema apresenta um eu-lírico feminino, evidenciado pelos verbos *klépsasa* ("escondida", v.1) e *tengoméne* ("molhada", v.2), ambos em formas pessoais do particípio. Note-se que se trata de uma cortesã ou, a julgar pelo termo *sýneunon* ("esposo", "companheiro de leito", v.1), de uma mulher legítima. Tendo, pois, abandonado seu esposo "no meio da noite" (*nyktós mesátes*, v.1), ela foi ter com seu amante que, no entanto (ao que parece, pois os versos 3 e 4 são de difícil interpretação), prefere dormir ao seu lado a fazer amor (*apréktoisi kathémetha*, v.3, "permanecemos inertes"), frustrando todos os seus esforços para chegar ao encontro – abandonar o companheiro em casa, sair no meio da noite, enfrentar uma "chuvinha ininterrupta" (*pykineî psakádi*, v.2), ou seja, ela se "molhou" em vão (parece-nos autorizado ler conotadamente o termo). Menciona-se (última palavra do poema) a "lei divina" (*thémis*, v.4), o que parece colaborar para a ideia de que se trata de uma esposa (adúltera), pois

O MASCULINO E O FEMININO NO EPIGRAMA GREGO   **181**

as leis divinas tendem a honrar os laços legítimos. Menciona-se duas vezes o verbo "dormir", no quarto verso (*héudomen* e *héudein*); ao fim do terceiro verso, surge ainda a palavra *laleûntes* ("tagarelas"), mas não nos parece possível compreender a que interlocutor se refere.

Não obstante os problemas de interpretação do epigrama, o que nos interessa está bastante evidente: trata-se das referências a elementos úmidos (águas doces) e, por extensão, feminis. Consideremos, primeiramente, a "chuvinha" ou "garoa" (*psakádi* é a forma diminutiva de *psakás*) que, miúda, não cessa todavia: é "ininterrupta" (*pykineî*, v.2). Naturalmente, a esposa-cortesã se molha: *tengoméne* ("molhada", v.2). Note-se que, se a alusão a "molhar-se" na chuva contribui para o caráter erótico e feminil do poema, a interlocutora ter saído "escondida" (*klépsasa*, v.1) reforça tal ideia, pois o ocultamento e a dissimulação quadram como ações próprias do feminino, conforme a visão tradicional. Também a noite, que no poema vai pelo meio (*nyktós mesátes*, v.1), reforça os sentidos femininos (o homem, o sol; a mulher, a noite), de maneira que os dois versos iniciais são um exemplo privilegiado para a apreensão do feminino nesse epigrama.

Passemos a um último exemplo:

AP 5, 145, Asclepíades

Αὐτοῦ μοι, στέφανοι, παρὰ δικλίσι ταῖσδε κρεμαστοὶ
μίμνετε, μὴ προπετῶς φύλλα τινασσόμενοι,
οὓς δακρύοις κατέβρεξα· κάτομβρα γὰρ ὄμματ' ἐρώντων.
'Αλλ' ὅταν οἰγομένης αὐτὸν ἴδητε θύρης,
στάξαθ' ὑπὲρ κεφαλῆς ἐμὸν ὑετὸν, ὡς ἄν ἄμεινον   5
ἡ ξανθή γε κόμη τἀμὰ πίῃ δάκρυα.

Permanecei aqui junto de mim, oh guirlandas, suspensas
nestes dois batentes, sem sacudir as folhas com precipitação, as quais
com lágrimas eu banhei; é que os olhos dos amantes são chuvosos.
Mas quando, porta aberta, vós o virdes, a minha tempestade
de lágrimas derramai sobre sua cabeça, pois é melhor   5
que sua cabeleira loira beba minhas lágrimas.

182   LUIZ CARLOS MANGIA SILVA

Também nesse epigrama temos aparentemente um eu-lírico feminino, notado por dedução, pois sabemos que o amante a que se refere é do sexo masculino (no quarto verso, o pronome *autón* o atesta). As "guirlandas" (*stéphanoi*, v.1) foram um *tópos* absolutamente "visitado" pelos poetas helenísticos (os antologistas Meléagro e, depois dele, Filipe de Tessalônica chamaram suas respectivas coletâneas, publicadas na época helenística, de *Stéphanos*, em que compararam os poemas e poetas a flores, mas também por se tratar de um importante *tópos* cultivado naqueles poemas). Talvez se trate de duas guirlandas, pois o eu-lírico fala em "duplos batentes" (*diklísi*, v.1), o que nos faz interpretar o contexto como sendo o de um encontro a que o amante não veio (a guirlanda simboliza, entre outras coisas, a disposição para as festas e para o amor). Ao faltar o amante, a cortesã põe-se a chorar: pendurando as coroas de flores, afirma que as "banhou com lágrimas" (*dakrýois katébrexa*, v.3), pois os "olhos dos amantes" (*ómmat' erónton*, v.3) são "chuvosos" (*kátombra*, v.3). Cobertas de lágrimas, que as coroas fiquem inertes, até o momento em que por aquela porta (*thýres*, v.4) passe o amante negligente. Nessa hora, continua o eu-lírico, que as coroas "derramem" (*stáxath'*, v.5) sua "tempestade [de lágrimas]" (*hyetón*, v.5), para que sua "cabeleira loira" (*xanthé kóme*, v.6) "beba" (*píei*, v.6) tais "lágrimas" (*dákrya*, v.6), vingando assim o encontro malsucedido.

No poema, misturam-se água doce e água salgada, no paralelo que se cria entre chorar e chover. A caracterizar tais líquidos, um grande número de *tópoi* é evocado: "lágrimas" (*dakrýois*, v.3), "banhar" (*katébrexa*, v.3), "chuvosos" (*kátombra*, v.3), "derramar" (*stáxath'*, v.5), "tempestade" (*huetón*, v.5) e, de novo, "lágrimas", em outra posição e caso (*dákrya*, v.6). Salientemos ainda que "flores" (na imagem das "guirlandas", *stéphanoi*, v.1) e "folhas" (*phýlla*, v.2) referem-se ao universo de Afrodite, o das seivas vegetais, que, associado à representação dos líquidos, contribui para o comentário geral feito até aqui.

Quanto a outras ocorrências, no livro 5 da *Palatina*, seja de *tópoi* de águas pluviais, seja de *tópoi* de águas lacrimosas, seja ainda de *tópoi* de águas lácteas, baste-se apenas a menção a seguir: aparece um "narciso pluvial" (*phílombros nárkissos*, v.1-2) no epigrama 144, de Meléagro; "cachos molhados e perfumados" (*myrópnous artibrekhés plókamos*, v.2) em 175, Meléagro; um "umbral banhado a perfume" (*myrórranton próthyron*, v.2) em 198, Meléagro; "tudo úmido de perfumes" (*mýrois pánta mydônta*, v.3) em 199, Hédilo; "Berenice" (*Bereníka*, v.3) "úmida de perfumes" (*mýroisi noteî*, v.2) em 146, Calímaco. Temos outra "chuva de ouro sobre Dânae" (*Es Danáen érreusas khrysós*, v.1) em 33, Parmênion. Quanto às lágrimas: uma amante "a chorar" (*kláiousa*, v.7) em 107, Filodemo; "olhos úmidos" (*noterôn ommatíon*, v.2) e o verbo "chorar" (*Dakrýeis*, v.5) em 130, Mécio; uma "rosa a chorar" (*Dakrýei rhódon*, v.5) em 136, Meléagro; "doces lágrimas" de Eros (*glykýdakrys*, v.3) em 177, Meléagro; persuasão feminina com "lágrimas" (*Mé me dókei dakrýoisi*, v.1) em 186, Posidipo; "lágrima" (*dakrý*, v.2) em 212, Meléagro; "chorar" (*Dakrýeis*, v.1) em 306, Filodemo. Quanto às águas lácteas, mencionam-se "seios fartos de leite" (*mazói glagóentes*, v.5) em 56, Dioscórides; "seios" (*mastôn*, v.5) em 199, Hédilo; "seios" (*mastôn*, v.5) também em 204, Meléagro. No epigrama 107, menciona-se "Naiáde" (*Naïádos*, v.8) que, referida no singular ou no plural, é a ninfa "do elemento líquido" (Grimal, 1993, p.321-2). Ainda segundo Grimal (1993), trata-se de uma deidade feminina de grande longevidade, mas mortal. Evoquemos Bachelard (2002, p.7) para tentarmos justificar essa mortalidade: afirma o autor que "A água é realmente o elemento transitório", "A água corre sempre, a água cai sempre, acaba sempre em sua morte horizontal". Considerando essa afirmação, faz-se compreender que uma deidade (que, por natureza, é imortal) representativa das águas, ou melhor, "da nascente ou do curso de água que habitam" (Grimal, 1993, p.321-2), das águas que nascem e das águas que correm, possa ser mortal e que, até mesmo, deva ser mortal. Afinal, "o sofrimento da água é infinito" (Bachelard, 2002, p.7), pois ela morre para poder renascer – tal como uma ninfa. Salientemos que o nome "Naiáde" é o último termo mencionado no poema (fim do oitavo verso), posição que lhe confere especial destaque.

184 LUIZ CARLOS MANGIA SILVA

Conclusão prévia

Com tais análises, esperamos ter mostrado a evidente relação estabelecida entre a água e a representação do cortejo de cortesãs, conforme nosso *corpus* de epigramas eróticos helenísticos do livro 5 da *Palatina* ("hetero"). Destacando-se as águas do mar, a partir dos usos de uma tópica marinha ou náutica, como a chamamos, os poemas expressam as aproximações entre um amante masculino e uma cortesã e primam em dar uma feição "líquida" a esse cortejo, de onde não estão excluídas chuvas, lágrimas, leite, além de outras formalizações da matéria *água*. Talvez porque a água se relacione particularmente ao feminino, conforme a visão tradicional destaca, esses epigramas tenham tomado ao mar e a outras fontes o elemento com que confeccionar a representação do cortejo em seus versos. No entanto, relativizemos essa visão. Passemos agora a outras águas: às águas masculinas

As águas e o masculino – *Antologia palatina*, livro 12

Se vimos até aqui a evidente relação entre a água e o feminino, na construção de uma tópica bastante "líquida" para a representação do desejo erótico, veremos agora que tais representações não se referem, nos epigramas eróticos helenísticos, exclusivamente ao feminino.

Um pouco menos frequente no caso da atração entre homens[17] (nosso *corpus* do livro 12 apresenta pouco mais de vinte exemplos), o epigrama helenístico não desconheceu uma tópica "líquida" para a caracterização das atrações entre os parceiros masculinos. E também aqui a tópica marinha tem especial destaque, embora fon-

---

17 A menor frequência do elemento *água* a caracterizar o cortejo de um cortesão parece reforçar a ideia de que esse elemento se relaciona mais propriamente ao feminino. No entanto, consideremos o fato de o *corpus* helenístico de epigramas eróticos dos livros da *Palatina* ser desigual: no livro 5 ("hetero"), temos 140 epigramas; no livro 12 ("homo"), há pouco mais de 110.

O MASCULINO E O FEMININO NO EPIGRAMA GREGO **185**

tes, néctares e outras formas líquidas não estejam ausentes. Teremos ocasião, pois, de analisar integralmente cerca de uma dezena de casos, enfatizando os exemplos mais relevantes para as ideias desenvolvidas neste capítulo. Outros casos serão mencionados de passagem, apenas de maneira a evidenciar a totalidade da expressão "líquida" dos epigramas eróticos helenísticos do livro 12 ("homo").

Mencionemos que Murgatroyd (1995), em artigo já citado, coloca entre os seus exemplos de "metáforas náuticas" alguns casos em que o cortejo amoroso é "homossexual"; seu estudo não confere, todavia, nenhuma ênfase a esse fato. Trata-se dos versos de Teógnis e Píndaro, ambos a relacionar amor e águas marinhas com o cortejo pederástico (ibidem, p.7-8). O cultivo de uma tópica marinha a caracterizar as atrações de amantes masculinos não é, pois, novidade da Helenística, assim como não era acerca do cortejo entre os amantes e as cortesãs.

Passemos à análise do *corpus* que representa o cortejo masculino, primeiramente a enfocar a tópica marinha e, posteriormente, a tópica de outras águas. Comecemos pelo seguinte epigrama:

AP 12, 167, Meléagro
Χειμέριον μὲν πνεῦμα· φέρει δ' ἐπὶ σοί με, Μυΐσκε,
ἁρπαστὸν κώμοις ὁ γλυκύδακρυς Ἔρως.
χειμαίνει δὲ βαρὺς πνεύσας Πόθος, ἀλλά μ' ἐς ὅρμον
δέξαι, τὸν ναύτην Κύπριδος ἐν πελάγει.

Tempestuoso o vento. Eros, que faz verter doces
lágrimas, com festas me conduz arrebatado sobre ti, Miisco.
O forte Desejo, a soprar, vem tempestuoso. Recebe-me
no ancoradouro – eu, o navegante de Cípris em alto-mar.

No poema, o eu-lírico surge como um marinheiro, um "navegante" (*náuten*, v.4) "conduzido por festas" (*phérei kómois*, v.1-2) que o deus "Eros de doces lágrimas" (*glykýdakrys Éros*, v.2) lhe impõe. "Sopra" (*pneûsas*, v.3) sobre suas velas um "tempestuoso vento" (*Kheimérion pneûma*, v.1), que "vem tempestuoso" (*khei-*

186 LUIZ CARLOS MANGIA SILVA

máinei, v.3) e é a própria ação de um "forte Desejo" (*barýs Póthos*, v.3). À deriva, pois, e "em alto-mar" (*pelágei*, v.4), o navegante de "Cípris" (*Kýpridos*, v.4) só deseja um "ancoradouro" (*hórmon*, v.3), um porto seguro para aportar. E esse porto seguro é "Miisco" (*Myïske*, v.1) que, evocado no primeiro verso, tem o verbo na forma imperativa ("recebe", *déxai*, v.4) a ele relacionado. O eu-lírico é masculino (*ton náuten*, v.4), de maneira que o poema caracteriza um cortejo entre homens, de onde, no entanto, não está excluída a presença de uma deusa feminina, Cípris (v.4).

Toda a tópica do epigrama é náutica: o primeiro verso abre com um "Tempestuoso vento" (*Kheimérion pneûma*). Lembremos que os ventos (Zéfiros, Bóreas) aparecem frequentemente nos epigramas eróticos helenísticos e constituem um importante atributo da deusa Afrodite, uma vez que, deidade do mar, mas também deidade "insular", a ela os ventos estão intrinsecamente ligados,[18] assim como as atividades da navegação. Enfatizando a presença dos ventos desde o primeiro verso, temos, no terceiro verso, imagens que redundam nessa mesma tópica: *kheimáinei* ("vir tempestuoso") tem a mesma raiz que *Kheimérion* e está em idêntica posição no verso (os acentos tônicos de ambas as palavras também são na mesma sílaba); difere uma palavra da outra por se tratar, no primeiro caso, de um adjetivo e, no segundo, de um verbo. Ainda no terceiro verso, *pneûsas* ("a soprar") repete o radical de *pneûma*, que apareceu no verso 1; no primeiro caso, tratava-se de um substantivo, neste, de um verbo relacionado ao "forte Desejo" (note-se que *barýs*, a adjetivar *Póthos*, confere intensidade à ação dos ventos e da paixão, pois no poema é "Desejo" quem sopra). No mesmo verso 3, temos ainda *hórmon* ("ancoradouro"), *tópos* também evocativo das atividades do mar. No verso 4, depois de *déxai* ("receber"), cujo sentido também está relacionado ao mar (a tradução por "ancorar" ou "aportar" não seria inadequada), todas as palavras são "maríti-

---

18 Ver, para a presença dos ventos no *corpus* em análise, por exemplo, os epigramas 53 ("Bóreas agradável"), 55 ("folhas ao vento"), ambos do livro 5 da *Palatina*, entre outros; do livro 12, o epigrama 171 ("Zéfiro dulcíssimo"), 52 ("Noto propício"), entre outros.

O MASCULINO E O FEMININO NO EPIGRAMA GREGO   187

mas": *náuten* ("navegante"), *Kýpridos* ("Cípris") e *pelágei* ("alto--mar"). Esses *tópoi* fecham, assim, o poema com grande ênfase em imagens náuticas.

Salientemos ainda que "lágrimas" paradoxalmente[19] "doces" (*glykýdakrys*, v.2) não estão excluídas do epigrama, nem "festas" (*kómois*, v.2), ambiente por excelência dos cortejos eróticos e das desilusões.

O poema, pois, faz uso da tópica marinha para a caracterização da atração entre os amantes de sexo masculino. Isso principia por nos mostrar que a representação das águas não é exclusiva do livro 5 da *Palatina*, ou seja, que ela não caracteriza somente as atrações entre parceiros "heterossexuais".

O epigrama que segue pode ser interpretado como homoerótico, se considerado à luz do anteriormente analisado; note-se que a *Palatina* o interpreta assim, pois o abriga em seu livro 12:

AP 12, 157, Meléagro
Κύπρις ἐμοὶ ναύκληρος, Ἔρως δ' οἴακα φυλάσσει
ἄκρον ἔχων ψυχῆς ἐν χερὶ πηδάλιον·
χειμαίνει δ' ὁ βαρὺς πνεύσας Πόθος, οὕνεκα δὴ νῦν
παμφύλῳ παίδων νήχομαι ἐν πελάγει.

Cípris é minha capitã. Eros guarda o timão;
tem nas mãos o elevado leme de minha alma.
O forte Desejo, a soprar, vem tempestuoso: agora
singro o mar de jovens de toda estirpe.

A ambiguidade quanto ao sexo dos cortejados reside no uso, no verso final, de *páidon* ("jovens"), em caso genitivo plural, de maneira que não podemos distinguir a marca de gênero. Não

---

19 Na verdade, para Eros, que desde Safo é *glykýpikron* ("doce e amargo") (Carson, 1986, p.3), não existem paradoxos ou contrastes inconciliáveis, pois, em sua esfera de atuação, bem como na de Afrodite, a contradição e o paradoxo são a melhor expressão. Para um Eros *glykýpikros* nos epigramas da *Palatina*, cf. livro 5, 134.

188   LUIZ CARLOS MANGIA SILVA

podendo ser precisado o sexo dos amantes a que o eu-lírico faz alusão (nossa tradução também é ambígua nesse ponto), consideremos que se trata de parceiros masculinos pela frequência com que esse termo se refere a ele em nosso *corpus*.

No poema, o eu-lírico surge como um barco, do qual "Cípris" (*Kýpris*, v.1) é a "capitã" (*náukleros*); "Eros" (*Éros*, v.1), por sua vez, "guarda" (*phylássei*, v.1) o "timão" (*óiaka*, v.1); o deus segura "nas mãos" (*en kherí*, v.2) o "alto leme" (*ákron pedálion*, v.2) de sua "alma" (*psykhês*, v.2). Novamente, "o forte Desejo" (*barýs Póthos*, v.3), "a soprar" (*pneûsas*, v.3), "vem tempestuoso" (*kheimáinei*, v.3). Note-se que esse verso é idêntico ao terceiro verso do epigrama anterior, mudando somente, depois de *kheimáinei*, o uso da partícula *de*, que, nesse caso, aparece inclinada no artigo *ho*. Assim, desde o início do terceiro verso até a palavra *Póthos*, todas as palavras são idênticas em seus casos, números e posições.[20]

Sendo um barco, não será estranha a ocorrência do verbo "singrar" (*nékhomai*, v.4) em primeira pessoa, com sentido literal, a referir-se às ações do eu-lírico. E ele singra "o mar" (*pelágei*, v.4) de "jovens de toda estirpe" (*pamphýloi paídon*, v.4), ou seja, envolve-se no cortejo de jovens de toda sorte.

Retomemos os *tópoi* náuticos: no primeiro verso, temos *náukleros* ("capitã"; essa palavra deriva de *naûs*, "barco") e *óiaka* ("timão"); os deuses Afrodite, evocada por *Kýpris* ("Cípris"), e seu filho *Eros*; o verbo *phylássei* ("guardar", "vigiar") que, em sua relação com o conjunto de termos, adquire sentidos náuticos; e, no segundo verso, *pedálion* ("leme"). Nesse contexto, a palavra *psykhé* ("alma") não se relacionando com a navegação remete-nos aos sentidos eróticos do poema, pois estabelece uma conexão com as paixões. No terceiro verso, temos *kheimáinei* ("vir tempestuoso"), *pneûsas* ("soprar") e *barýs Póthos* ("forte Desejo"). No verso final, aparecem *nékhomai* ("singrar") e *pelágei* ("mar", "alto-mar"). Nesse verso, alude-se ainda a "jovens" (*páidon*), o que, juntamente com "alma", eviden-

---

20 Remetamos, novamente, o leitor ao estudo de Tarán (1997), cujas análises focalizam a variação nos epigramas helenísticos.

O MASCULINO E O FEMININO NO EPIGRAMA GREGO **189**

cia os sentidos conotados dos versos: tratando de mares e navegação, seu tema é, na verdade, as atrações passionais.

A presença de Cípris e Eros, nesse epigrama assim como no anteriormente analisado (AP 12, 167), reforça o que afirmamos no tópico "Os deuses e as águas", no início deste capítulo: ambos os deuses presidem indiferentemente as representações dos cortejos "hetero" e "homossexuais", de maneira contrária ao que pretende revelar o epigrama da AP 12, 86, citado àquela altura. Neste poema, afirma-se que Eros preside os amores masculinos, e Afrodite, os femininos. Tomando por base tal epigrama, pode-se incorrer no erro de distinguir esferas de atuação diversas para cada um dos deuses, como o faz Carvalho (1987, p.35). Com os exemplos que ora analisamos, parece provar-se, no entanto, que os deuses atuam sem exclusividade, sendo idênticos ou, no mínimo, limítrofes seu universo e atributos. Isso nos leva a considerar o epigrama da AP 12, 86, em que se distingue diferentes esferas de atuação, como um caso à parte, uma brincadeira proposta pelo poeta. Salientemos ainda que os três epigramas comentados são de um mesmo autor (Meléagro), o que parece reforçar este último sentido.

Passemos a outro poema em que um cortesão é alvo do desejo do amante e a tópica náutica a representação dessa atração:

AP 12, 52, Meléagro
Οὔριος ἐμπνεύσας ναύταις Νότος, ὦ δυσέρωτες,
ἥμισύ μευ ψυχᾶς ἅρπασεν ᾿Ανδράγαθον.
τρὶς μάκαρες νᾶες, τρὶς δ᾽ ὄλβια κύματα πόντου,
τετράκι δ᾽ εὐδαίμων παιδοφορῶν ἄνεμος.
εἴθ᾽ εἴην δελφίς, ἵν᾽ ἐμοῖς βαστακτὸς ἐπ᾽ ὤμοις   5
πορθμευθεὶς ἐσίδῃ τὰν γλυκόπαιδα ῾Ρόδον.

Quando o propício Noto soprou aos navegantes,
oh mal-amados, arrebatou Andrágato, metade de minha alma.
Três vezes venturadas as naus, três vezes afortunadas as vagas do mar,
quatro vezes de bom agouro o vento que carrega jovens.
Quisera ser um delfim: transportado como carga   5
em meus dorsos, ele avistaria Rodes de doces jovens.

"Andrágato" (*Andrágathon*, v.2) é o nome do cortesão que foi "arrebatado" (*hárpasen*, v.2), conduzido para longe do amante por ação dos ventos. Note-se que o cortesão é uma "metade da alma" (*hemisý meu psykhâs*, v.2) do eu-lírico, de maneira que, aos pedaços, ele só pode estar infeliz – e infeliz, ele evoca seus iguais (*ô dysérotes*, "oh mal-amados, v.1), fazendo-os interlocutores de seu discurso. O verbo *harpázo*, que traduzimos por "arrebatar", tem seus sentidos ligados a "conduzir com força", donde "raptar", "pilhar" (Bailly, 1950). O radical dessa palavra já apareceu em um poema, comentado há pouco (AP 12, 167), compondo o adjetivo verbal *hárpaston* ("arrebatado", v.2). Veremos ainda, mais à frente, novas ocorrências dessa palavra e, por extensão, do sentido de "rapto", de "captura", para o cortejo dos amantes masculinos (e o capturado por excelência, nesses epigramas, é o jovem Ganimedes).

No poema, nenhum termo explicita o sexo do eu-lírico, de maneira que é por dedução e pela relação desse epigrama com outros semelhantes que o consideramos de teor masculino. O amante, assim que "o propício Noto" (*Oúrios Nótos*, v.1) "soprou" (*empnéusas*, v.1) "aos navegantes" (*náutais*, v.1), teve metade de sua alma arrebatada, pois os ventos conduziram seu amado Andrágato. Notemos que Noto é um vento quente e úmido, vindo do sul (Grimal, 1993, p.333). E se ele é "propício" (*Oúrios*, v.1) aos navegantes, não é ao eu-lírico, pois carregou consigo seu objeto de desejo. Talvez a ideia de Bachelard (2002, p.34), a saber, de que o frescor associado à água é agradável, mas associado ao vento provoca desconfortável sensação de frio ("o frescor é pejorativo no reino das imagens do ar. Um vento fresco provoca uma sensação de frio"), talvez essa ideia se refira, no contexto, exclusivamente ao amante abandonado (ainda que se trate de um vento quente), uma vez que são afortunados os que, soprados por Noto, partem a conduzir Andrágato.

A fortuna das naus raptoras alcança todas as imagens que seguem aos versos iniciais: no verso 3, temos "três vezes" (*trís*) "venturadas" (*mákares*) "as naus" (*nâes*), "três vezes" (*trís*) "afortu-

O MASCULINO E O FEMININO NO EPIGRAMA GREGO **191**

nadas" (*ólbia*) "as vagas do mar" (*kýmata póntou*) e, no verso 4, "quatro vezes" (*tetráki*) "de bom agouro" (*eudáimon*) "o vento" (*ánemos*) "que carrega jovens" (*paidophorôn*). Depois de enfatizar, assim, a sorte das naus em conduzir o cortesão, sorte invejada pelo eu-lírico, ele deseja ser um "delfim" (*delphís*, v.5), para que, a rivalizar com elas, ele mesmo pudesse carregar o seu amado: "transportado" (*porthmeutheís*, v.6) qual "carga" (*bastaktós*, v.5) sobre os seus "dorsos" (*ómois*, v.5), o cortesão "avistaria" (*esídei*, v.6) "Rodes de doces jovens" (*glykópaida Ródon*, v.6). Como ilha, Rodes é bastante adequada ao contexto.

A representação de delfins no universo erótico não é estranha, pois não é difícil imaginar que, deidade relacionada ao mar (por parte de mãe), o deus Eros seja também o senhor de animais marinhos. Evoquemos Carvalho (1987, p.107-9) que, ao analisar não só os livros eróticos (5 e 12), mas os outros livros da *Palatina* em que se representa Eros, abre um tópico em seu trabalho para falar sobre o poder do deus sobre a natureza. Ela mostra um exemplo helenístico (AP 9, 221, Marco Argentário) em que Eros surge como domador de leão, a empunhar um chicote, a afirmar seu poder sobre o animal. Em outro epigrama (da *Antologia de Planudes*, 207), Eros aparece montado em um delfim, com uma flor na mão. Sobre essa última ocorrência, a autora afirmará que, se o poder de Eros realiza-se sobre os animais, neste exemplo seu universo "se alarga ao reino vegetal, simbolizado pela flor que o deus segura" (ibidem, p.108). Assim, Eros é representado tanto como deus dos animais terrestres e aquáticos, como dos vegetais, atributo que partilha com sua mãe, Afrodite, já evocada aqui como deusa das seivas. A ocorrência, pois, do delfim, em nosso epigrama em análise, não é estranha ao universo regido pelos deuses do amor.

Percebamos, por fim, que, centrado na tópica marítima, o epigrama apresentado é um caso bastante emblemático, uma vez que se evocam ali numerosos *tópoi*, todos alusivos direta ou indiretamente ao mar e às suas atividades.

Analisemos o epigrama que segue:

192 LUIZ CARLOS MANGIA SILVA

AP 12, 42, Discórides

Βλέψον ἐς Ἑρμογένην πλήρει χερί, καὶ τάχα πρήξεις
παιδοκόραξ ὧν σοι θυμὸς ὀνειροπολεῖ,
καὶ στυγνὴν ὀφρύων λύσεις τάσιν· ἢν δ' ἁλιεύῃ
ὀρφανὸν ἀγκίστρου κύματι δοὺς κάλαμον,
ἕλξεις ἐκ λιμένος πολλὴν δρόσον· οὐδὲ γὰρ αἰδὼς   5
οὐδ' ἔλεος δαπάνῳ κόλλοπι συντρέφεται.

Procura Hermógenes com a mão cheia de dinheiro,
corvo de efebos, e farás as coisas que sonha teu coração.
Soltarás o odioso franzido dos sobrolhos.
Mas se pescas nas ondas com uma vara sem anzol,
tirarás muita água do porto. Pois nem o pudor,   5
nem a piedade se nutre de um devasso dispensioso.

Enfatizemos, primeiramente, o caráter venal da atração erótica
no poema: "Hermógenes" (*Hermogénen*, v.1), recomenda a instân-
cia poética ao eu-lírico, só deve ser "procurado" (assim traduzimos
Blépson, "ver", v.1, no contexto) com as "mãos cheias [de dinheiro]"
(*plérei kherí*, v.1). Só assim ele conseguirá "soltar" (*lýseis*, v.3) o
"odioso" (*stygnén*, v.3) "franzido dos sobrolhos" (*ophrýon tásin*, v.3)
e "fará o que sonha" (*oneiropoleî*, v.2) o seu "coração" (*thymós*, v.2).
Como o eu-lírico é chamado de *paidokórax* ("corvo de efebos", v.2),
não devemos deduzir que ele tenha as melhores intenções para com
Hermógenes.

A tópica marinha surge a partir do verso 3 e se particulariza
em metáforas ligadas às atividades da pesca. Estabelece-se uma
analogia: procurar um cortesão sem dinheiro nas mãos, afirma-se
nos versos iniciais, equivale a pescar sem anzol. O eu-lírico "pesca"
(*haliéuei*, v.3) "nas ondas" (*kýmati*, v.4) com uma "vara" (*kálamon*,
v.4) "privada de anzol" (*orphanón ankístrou*, v.4). E procedendo
assim, em lugar de apanhar peixe ou, no caso, um cortesão, ele
apenas "tirará" (*hélxeis*, v.5) "muita água" (*pollén dróson*, v.5) "do
porto" (*ek liménos*, v.5). Pois para o cortesão-peixe não há nem
"pudor" (*aidós*, v.5) e nem "piedade" (*éleos*, v.6) a serem prezados,
uma vez que ele só se entrega por dinheiro. Trata-se, pois, de um

O MASCULINO E O FEMININO NO EPIGRAMA GREGO 193

"devasso" (*kóllopi*, v.6) bastante "dispendioso" (*dapánoi*, v.6), um amante venal.

Assim, no epigrama, as metáforas estabelecem uma analogia entre a venalidade da atração erótica e a pesca sem sucesso. Os termos que evocam a água, direta e indiretamente, são: *haliéuei* ("pescar", v.3), *kýmati* ("ondas", v.4), *kálamon* e *ankístrou* ("vara" e "anzol", v.4), *liménos* ("porto", v.5) e *dróson* ("águas", v.5). Um pouco diferente, essa tópica "pesqueira" evidencia uma nova formalização do elemento *água*.

Passemos a um último exemplo de metáforas "líquidas", em que a tópica relaciona-se ao mar:

AP 12, 171, Dioscórides
Τὸν καλόν, ὡς ἔλαβες, κομίσαις πάλι πρός με θεωρὸν
Εὐφραγόρην, ἀνέμων πρηΰτατε Ζέφυρε,
εἰς ὀλίγων τείνας μηνῶν μέτρον· ὡς καὶ ὁ μικρὸς
μυριετὴς κέκριται τῷ φιλέοντι χρόνος.

Conduzas de novo para mim, Zéfiro dulcíssimo
entre os ventos, o belo peregrino Eufrágoras, que tomaste,
prolongando para mim a duração de poucos meses.
Pois um curto tempo parece infinito ao amante.

O epigrama representa o afastamento de dois amantes masculinos ou do eu-lírico, cujo sexo pode ser depreendido do uso de *philéonti* ("amante", v.4), combinado ao artigo masculino *toi* e seu objeto de desejo, "Eufrágoras" (*Euphragóren*, v.2). O afastamento de ambos se deu pelo fato de que "Zéfiro" (*Zéphyre*, v.2), "o mais doce" (*preütate*, v.2) "dos ventos" (*anémon*, v.2), soprou forte e "tomou" (*élabes*, v.1) dos braços do eu-lírico o seu objeto de desejo, adjetivado, por isso, de "peregrino" (*theorón*, v.1). Separado de Eufrágoras, o amante sente mais lentamente a passagem do tempo, de maneira que "a duração de poucos meses" (*olígon menôn métron*, v.3) "prolonga-se" (*téinas*, v.3). No verso final, ele é ainda mais claro a respeito dessa sua sensação: "pois" (*hos*, v.3) "para o amante" (*toi philéonti*, v.4) "um curto tempo" (*mikrós khrónos*, v.3-

194   LUIZ CARLOS MANGIA SILVA

4) "é percebido" (*kékritai*, v.4, "parece" em nossa tradução) como "infinito" (*myrietés*, v.4). Ressaltando, pois, a qualidade psicológica da percepção do tempo, o poema testemunha os efeitos de um afastamento passional.

A alusão ao elemento líquido é indireta: como vimos anteriormente, há intrínseca relação entre os ventos e as atividades náuticas, e, por isso, parece lícito deduzir que o mar seja, também no caso desse poema, o pano de fundo da tópica. De maneira diferente, teríamos que supor que o sopro dos ventos faria voar o amado das mãos do eu-lírico (em alguns poemas – daremos exemplos mais à frente –, Zeus arrebata, feito águia, seus amantes do solo) ou apressado sua caminhada na direção oposta ao amante. Parece mais lógico, porém, deduzir que, à maneira de um barco impelido pelo sopro do vento, dessa maneira partiu Eufrágoras, a singrar outros mares e a ver outras terras.

No epigrama, pois, a alusão à tópica náutica ocorre com os termos *anémon* ("ventos", v.2) e *Zéphyre* ("Zéfiro", v.2) e, no contexto, *komísais* ("conduzir") e *theorón* ("peregrino"). Como os ventos são também da esfera de atuação dos deuses do amor, o poema pode ser lido como erótico.

Passemos agora aos epigramas em que outras formalizações da água podem ser vistas, tópicas não relacionadas ao mar.

Apenas duas menções à água doce são atestadas no *corpus* de epigramas helenísticos do livro 12 da *Palatina*. E se Bachelard (2002, p.15) afirma a superioridade dessa água em relação à água do mar, é, no entanto, especialmente com águas marinhas que os epigramas confeccionam sua tópica.

O poema seguinte é um dos mais famosos de nosso *corpus* de epigramas eróticos helenísticos, seja pela importância de seu autor para a época, pela força das imagens ou pela crítica subjacente à poesia épica:

AP 12, 43, Calímaco
Ἐχθαίρω τὸ ποίημα τὸ κυκλικόν, οὐδὲ κελεύθῳ
χαίρω τις πολλοὺς ὧδε καὶ ὧδε φέρει·

O MASCULINO E O FEMININO NO EPIGRAMA GREGO **195**

μισῶ καὶ περίφοιτον ἐρώμενον, οὐδ' ἀπὸ κρήνης
πίνω· σικχαίνω πάντα τὰ δημόσια.
Λυσανίη, σὺ δὲ ναίχι καλὸς καλός· ἀλλὰ πρὶν εἰπεῖν   5
τοῦτο σαφῶς, ἠχὼ φησί τις "Ἄλλος ἔχει."

Destesto o poema cíclico, nem me rejubilo
com um caminho que conduz muitos para lá e para cá.
Odeio também o amado volúvel. Não bebo em fonte
que não jorra. Sinto aversão a tudo que é público.
Lisânie, de fato és belo, muito belo. Mas antes   5
que, sábio, eu diga isso, um eco diz: "Outro o tem".

De tom aristocrático, o eu-lírico principia por mencionar sua
aversão ("Detesto", *Ekhtháiro*, v.1) ao "poema cíclico" (*póiema
kyklíkon*, v.1), muito difundido na poesia grega, pois "cíclico" é o
verso hexamétrico, cultivado pela épica. Também não lhe agrada
("nem me rejubilo", *oudé kháiro*, v.1-2) um "caminho" (*keléuthoi*,
v.1) que "conduz" (*phérei*, v.2) "muitos" (*polloús*, v.2) "para lá e
para cá" (*hôde kai hôde*, v.2). "Odeio também" (*misô kai*, v.3), continua o eu-lírico, "o amado volúvel" (*períphoiton erómenon*, v.3).
A menção à água acontece no passo seguinte: "não bebo" (*oud'
píno*, v.3-4) em "fonte que não jorra" (*krénes*, v.3). Bailly (1950)
opõe *krénes* a *pegé*, que também podemos traduzir por "fonte",
mas que brota; *krénes* refere-se mais propriamente a águas paradas,
por extensão, sem vida. A completar seu raciocínio, afirmará o
eu-lírico: "sinto aversão" (*sikkháiro*, v.4) a "tudo o que é público"
(*pánta ta demósia*, v.4).

A contradição vem nos versos seguintes: encantado pelo cortesão "Lisânie" (*Lysaníe*, v.5), que é "belo, muito belo" (*náikhi
kalós kalós*, v.5), o amante não consegue realizar seus desejos, pois
Lisânie é um amado "público" e já possui outro parceiro ("outro o
tem", *Állos ékhei*, v.6). Assim, não obstante a tendência para o que
é exclusivo, um parceiro público, venal, é quem exerce poder de
sedução sobre o eu-lírico.

196 LUIZ CARLOS MANGIA SILVA

A menção à água ocorre apenas na imagem da "fonte que não jorra" (*krénes*, v.3) e no verbo a ela relacionado, "bebo" (*píno*, v.4). Não deixa, todavia, de ter sua relevância, uma vez que cria uma analogia entre a inércia do gosto popular e a imagem da água estagnada. Passemos a outro epigrama, representativo das águas doces. Sua tópica é tirada da caça e já tivemos ocasião, neste capítulo, de afirmar que a tópica da caça é mais comum no livro 12 ("homo") da *Palatina* do que no 5 ("hetero"):

AP 12, 102, Calímaco
Ἀγρευτής, Ἐπίκυδες, ἐν οὔρεσι πάντα λαγωὸν
διφᾷ καὶ πάσης ἴχνια δορκαλίδος,
στίβῃ καὶ νιφετῷ κεχρημένος· ἢν δέ τισ εἴπῃ·
"Τῆ, τόδε βέβληται θηρίον", οὐκ ἔλαβεν.
χοὖμὸς ἔρως τοιόσδε· τὰ μὲν φεύγοντα διώκειν   5
οἶδε, τὰ δ' ἐν μέσσῳ κείμενα παρπέταται.

Caçador, Epicides nas montanhas perscruta
os rastros de toda lebre e de toda gazela,
examinando a geleira e a neve. Mas se acaso
alguém lhe diz: "Eis uma presa rendida", não pega.
Assim também minha paixão: as coisas fugidias sabe   5
perseguir, mas voa ao largo das que jazem ao pé.

"Epicides" (*Epíkydes*, v.1) é o "caçador" (*Agreutés*, v.1) que "perscruta" (*diphaî*, v.2) nas "montanhas" (*oúresi*, v.1) os sinais ("rastros", *íkhnia*, v.2) dos animais que lhe interessa caçar, "lebre" (*lagoón*, v.1) ou "gazela" (*dorkalídos*, v.2). Ele percorre as distâncias, "examinando" (*kekheménos*, v.3) a "geleira" (*stíbei*, v.3) e a "neve" (*niphetoî*, v.3). Ao encontrar, porém, uma "presa rendida" (*bébletai theríon*, v.4), aristocrático, como o eu-lírico do epigrama anterior (por sinal, ambos dos mesmo poeta Calímaco), "não a pega" (*ouk élabon*, v.4). A ação se justifica na comparação, feita nos versos finais, entre a caça e a "paixão" (*éros*, v.5): "perseguir" (*diókein*, v.5) "o que foge" (*ta phéugonta*, v.5) "a minha paixão" (*khoumós éros*, v.5) "sabe" (*oîde*, v.6); todavia, "voa ao largo" (*parpétatai*, v.6) "do que jaz" (*ta kéimena*, v.6) "ao pé" (*en méssoi*, literalmente, "ao meio", "no meio"). Assim, o prazer do amante é perseguir o que lhe foge e não pegar o que está à mão.

A menção à água ocorre no terceiro verso: não se trata de água em estado líquido, mas sólido: "geleira" (*stíbei*) e "neve" (*niphetoî*). A caçar nas frias montanhas, Epicides parece, assim, desinteressado de se aquecer com uma paixão.

Mencionemos, apenas de passagem, outro epigrama (AP 12, 142, de Riano), em que a tópica da caça pode ser vista: no poema, "Dexiônico" (*Dexiónikos*, v.1) utiliza "visgo" (*Ixoî*, v.1) para prender pássaros. Alude-se ali a "plátano verdejante" (*khloreî platanístoi*, v.1), a "Eros e frescas Graças" (*Éros kai theralái Khárites*, v.4) e também à "lágrima" (*dakrý*, v.6). O poema constrói um universo bastante conhecido, o de Afrodite, ao mencionar seivas ("visgo"), vegetais ("plátanos verdejantes") e frescor ("frescas Graças"). Note-se ainda que, ao mencionar Eros e as Graças, no mesmo verso, o poema atesta o que já afirmamos anteriormente: a ausência de exclusividade das esferas de atuação dos deuses do amor, eventualmente oriundas de sua masculinidade ou feminilidade.

Citemos um último exemplo integral, em que um importante elemento líquido aparece. Trata-se, aliás, de uma frequente alusão, uma vez que o parceiro evocado tem como atributo uma função "líquida" e é, algumas vezes, modelo de beleza nos epigramas helenísticos:

AP 12, 65, Meléagro
Εἰ Ζεὺς κεῖνος ἔτ᾽ ἐστίν, ὁ καὶ Γανυμήδεος ἀκμὴν
ἁρπάξας, ἵν᾽ ἔχῃ νέκταρος οἰνοχόον,
κἠμοὶ τὸν καλὸν ἐστὶν [ἐνὶ] σπλάγχνοισι Μυΐσκον
κρύπτειν, μή με λάθῃ παιδὶ βαλὼν πτέρυγας.

Se foi Zeus quem raptou Ganimedes na flor
da idade, para possuir um vertedor de néctar,
sou eu quem oculta no peito o belo Miisco: que não me fuja
na direção de um jovem, com o bater das asas.

198 LUIZ CARLOS MANGIA SILVA

"Ganimedes" (*Ganymédeos*, v.1), cuja ascendência, conforme certas fontes antigas, remonta aos dárdanos ou troianos, foi raptado por Zeus para ser escanção no Olimpo; nessa função, substituiu Hebe, a divindade da juventude. O jovem era considerado o mais belo entre os mortais (Grimal, 1993). Associa-se a seu rapto a águia que, em algumas versões, foi enviada por Zeus para conduzi-lo ao Olimpo, em outras, é o próprio Zeus metamorfoseado.

O epigrama afirma que "Zeus" (*Zeús*, v.1) "raptou" (*hárpaxas*, v.2) Ganimedes "na flor da idade" (*akmén*, v.1), com a intenção de ter no Olimpo um *oinokhóon* ("vertedor", v.2) de "néctar" (*néktaros*, v.2). Notemos que o termo *oinokhóon* é composto de "vinho" (*oînos*) e do verbo "verter" (*khoéo*). O sentido de "vinho" perde sua força, no entanto, na relação estabelecida com o termo *néktaros* ("néctar"), uma vez que esta é a bebida por excelência dos deuses (que, aliás, não bebem vinho).

Se Zeus raptou Ganimedes, o eu-lírico fará algo semelhante com "Miisco" (*Myïskon*, v.3): ele pretende "ocultar" (*krýptein*, v.4) em seu "peito" (*splágkhnoisi*, v.3) o amado, para que não lhe fuja "com o bater das asas" (*balón ptérygas*, v.4). Zeus serve assim como modelo de comportamento para a relação do eu-lírico com Miisco.

Talvez a ideia de "verter néctar" carregue consigo conotados sentidos sexuais, pois a escolha do jovem "mais belo" dentre os mortais para a função de escanção, por quem Zeus foi arrebatado por um desejo fulminante, parece elemento suficiente para essa conclusão. Para além do desvelo psicanalítico do mito, devemos mencionar, todavia, que a imagem de Ganimedes vertedor de néctar é relativamente frequente nos epigramas da *Palatina* 12. Citaremos, a seguir, outras alusões ao jovem, apenas para confirmar esse argumento.

No epigrama 64, de Alceu de Messene, há referência ao "Dardanida" (*Dardanídou*, v.4), ao "escanção" (*oinokhóon*, v.3) e à divina "águia" (*aietós*, v.3); em 68, Meléagro, mencionam-se o "néctar" (*néktar*, v.2), o "vertedor" (*oinokhóon*, v.2) e também a "ambrosia" (*ambrosías*, v.10); em 70, Meléagro, menciona-se o "vertedor de néctar" (*néktaros oinokhóon*, v.2); em 20, Júlio Leônidas, menciona--se Zeus como "raptor" (*hérpase*, v.3) e "amante de meninos" (*philopaîs*), alusão indireta à narrativa de Ganimedes.

Mencionemos ainda a ocorrência, no livro 12 da *Palatina*, de outros líquidos: "lágrimas" podem ser vistas em 68, de Meléagro (*dákrya*, v.6); um amante a "chorar", a "verter lágrimas" (*edákrysen* e *enýstase*, v.3) aparece em 135, Asclepíades. Em 34, Automédon, menciona-se um cortesão que "dá de beber" (*pieîn edídou*, v.4) a seu amante.

Encerremos nossas análises com mais um epigrama, em que se faz referência a um outro elemento líquido, não atestado até aqui: trata-se do "óleo (de oliva)" (*élaion*, v.1). Ao ser requerido após o banho ou em exercícios ginásticos (Bailly, 1950), o uso de óleos não exclui, pois, o campo sexual; no poema, ele tem explícita conotação erótica. Aparecem no epigrama também as Graças e as Horas (*Hôrai* e *Khárites*, v.1), que presidiram o nascimento de Afrodite e participam de seu cortejo:

AP 12, 38, Riano
Ὡραί σοι Χάριτές τε κατὰ γλυκὺ χεῦαν ἔλαιον,
ὦ πυγά· κνώσσειν δ' οὐδὲ γέροντας ἐᾷς.
Λέξον μοι, τίνος ἐσσὶ μάκαιρα τὺ καὶ τίνα παίδων
κοσμεῖς; ἁ πυγὰ δ' εἶπε· "Μενεκράτεος."

As Horas e as Graças verteram sobre ti doce óleo,
oh bunda. Nem a um velho tu deixas dormir.
Dize-me: tu és a venturada de quem? De qual jovem
és o adorno? A bunda responde: "De Menécrates."

Conclusão

Como vimos com as análises desenvolvidas neste capítulo, em ambos os livros eróticos da *Palatina*, respectivamente, 5 ("hetero", das cortesãs) e 12 ("homo", dos cortesãos), uma tópica orientada pelo elemento *água* é sistematicamente evocada. Ela constitui a base de uma série de *tópoi* e confecciona as atrações e o afastamento dos parceiros. Diversas formalizações da água podem ser vistas, tendo especial relevo as relacionadas às atividades marítimas.

200 LUIZ CARLOS MANGIA SILVA

A tópica "náutica", como a chamamos, a partir das reflexões de Murgatroyd (1995), é bastante frequente no livro 5: a caracterizar as atrações dos amantes pelas cortesãs, pudemos ver quase uma dezena de exemplos cujas águas salgadas e atividades da navegação constituem a principal metáfora. Sendo Afrodite uma deusa do mar, não parece estranha a insistente relação do cortejo de cortesãs com esse elemento líquido. No livro 12, no entanto, embora menos frequente, a tópica náutica também tem seu lugar. E a representar o universo de cortejo pederástico, essa tópica é evocada em exemplos absolutamente semelhantes àqueles do livro 5.

Além da tópica náutica, outras tópicas puderam ser detectadas: no livro 5, ocorrem alusões a águas doces (chuvas e rios), a águas lacrimosas, a águas lácteas. No livro 12, menos frequentes, as águas doces aparecem apenas em dois exemplos (43 e 102), sem constituir, ademais, o primeiro plano das metáforas. A alusão a néctares, evocados a partir da narrativa de Ganimedes, o "vertedor de néctar" por excelência, ocorre apenas no livro 12.[21] Nesse mesmo livro, alguns epigramas tiveram sua tópica tirada à caça, algo menos frequente no livro 5, embora existentes.[22]

Conceber, todavia, a partir desses casos, que existem diferentes tópicas para cada um dos livros eróticos da *Palatina* parece menos adequado do que afirmar sua unidade. O resultado do cotejo de ambas as produções de epigramas revela profundas identidades, abonando o que defendemos no Capítulo 1, com base nos estudiosos das antologias antigas: uma vez que os epigramas eróticos helenísticos não circularam separadamente na Antiguidade, mas reunidos, relacionados por temas, devemos admitir a existência de afinidades, mais do que diferenças, entre essas produções. Assim,

---

21 Um único exemplo apresenta "néctar" no contexto feminino: trata-se do epigrama 56 (AP 5), em que se mencionam "os umbrais nectáreos da boca" de uma cortesã.

22 Se considerarmos que a referência a Eros seteiro é uma alusão à caça, ambos os livros são "varados" dessa tópica; cf., por exemplo, no livro 5, os epigramas 10, 177, 180; e no livro 12, 45, 83, 109. Esses poemas não foram, contudo, analisados neste capítulo.

parecem suficientes os casos analisados a comprovar tais semelhanças, seja pelo cultivo das mesmas tópicas, seja pela idêntica representação dos parceiros cortejados.

Nesse sentido, salientando a privilegiada relação existente entre o feminino e as águas, devemos conceber ainda que os epigramas dos livros das cortesãs e dos cortesãos (respectivamente, 5 e 12), uma vez que se assemelham pelo cultivo da mesma tópica ligada ao mar, assemelham-se ainda pela feminilização dos parceiros cortejados: potencialmente feminino, o elemento *água* tem a força de feminilizar os parceiros masculinos; evocado sistematicamente, esse elemento acaba por atribuir aos parceiros cortejados uma caracterização bastante própria do feminino.

Para além dos critérios da *Antologia palatina*, que separa os epigramas conforme o sexo/gênero dos parceiros cortejados, o reiterado uso da tópica náutica, ligada às águas do mar, cria uma profunda identidade entre as duas produções eróticas; e criando uma profunda identidade também entre os parceiros representados, evidencia um único tipo de representação do desejo. Assim, mesmo sendo possível distinguir, nos epigramas analisados, a presença de um amante masculino (identificado com o eu-lírico), a cortejar uma parceira feminina ou um parceiro masculino, pouco importa o traço distintivo do sexo dos amados (ou sua determinação biológica). Ao evocar os mesmos símbolos culturais, expressos pela tópica náutica, os epigramas eróticos helenísticos tendem a homogeneizar as identidades de cortesãs e cortesãos, a representá-los culturalmente de uma só maneira.

A separação, portanto, de tais epigramas conforme o critério masculino/feminino dos parceiros cortejados não permite que vejamos tratar-se de uma só concepção cultural para a representação de toda sorte de amados. A simetria das representações literárias das cortesãs e dos cortesãos coloca mais um obstáculo à pretendida separação dos livros da *Palatina*. Essa separação, não sendo conhecida na Antiguidade, foi-nos legada pela tradição (cristã e tardia), escamoteia importantes traços da produção de epigramas eróticos helenísticos e deve ser revista e questionada.

5
A FEMINILIZAÇÃO DOS CORTESÃOS

Como resultado da comparação entre as duas produções de epigramas eróticos helenísticos, alocadas nos livros 5 e 12 da *Antologia palatina*, pudemos ver a grande homogeneidade na linguagem de ambas as produções, a despeito de sua separação, por mãos tardias, conforme o sexo/gênero do amado cortejado. Assim, a expectativa de encontrarmos produções heterogêneas de epigramas (respectivamente, *erotiká*, dirigido a cortesãs, e *paidiká*, dirigido a efebos) frustra-se na medida em que boa parte desses epigramas não apresenta a identidade sexual dos dois parceiros, mas apenas de um deles, conforme vimos no Capítulo 3; frustra, outra vez, a expectativa de produções heterogêneas, a evidência de que as produções *erotiká* e *paidiká* fazem uso do mesmo universo tópico, ligado a diferentes simbolizações do elemento *água*. A análise desses símbolos tem lugar no Capítulo 4.

Neste capítulo, mostraremos que, para além da homogeneidade evidente na linguagem das duas produções de epigramas helenísticos (que, como demonstramos no Capítulo 1, jamais circularam separadamente na Antiguidade), os poemas de ambos os livros da *Palatina* tendem a assemelhar-se também por decorrência da uniformidade da caracterização dos parceiros cortejados: os cortesãos dos livro 12 são representados com os mesmos adjetivos que as cortesãs, adjetivos que, segundo a tradição literária grega, representam melhor o feminino que o masculino. Assim, os epigramas do livro 12 revelam o gosto por cortesãos afeminados, em lugar do tradicional culto à virilidade e ao vigor, conforme atestam as fontes do período clássico. Esse é mais um obstáculo, talvez intransponível, para a separação segundo os critérios sexo/gênero do parceiro cortejado de nosso *corpus* de poemas.

Analisaremos o processo de feminilização dos cortesãos considerando três pontos: a) focalizaremos o conjunto das representações de cortesãs (livro 5) e cortesãos (livro 12) segundo a recorrência à evocação das deusas Graças e de uma tópica ligada a flores; b) o conjunto de poemas em que o *paraklausíthyron* ou o "lamento diante de uma porta fechada", diante do umbral, constitui a tópica; e c) os poemas em que os adjetivos dos cortesãos são idênticos aos das cortesãs, a destacar atributos marcadamente femininos como a delicadeza, a maciez da pele, entre outros. Os três conjuntos de poemas, centrando-se em tópicas feminilizadoras, feminilizam toda sorte de parceiros, cortesãs e cortesãos.

As deusas Graças e as flores

As Graças (*Khárites*) são deusas que personificam o charme, a beleza e a graça (Hornblower & Spawforth, 1996, p.318). Aparecem quase sempre representadas como um trio, mas esse número pode variar. Hesíodo nomeia essas filhas de Zeus e Eurínome: Aglaia, Eufrosine e Tália (Oliveira, 1982, p.165-66; Hornblower & Spawforth, 1996, p.318). As Graças são deusas secundárias, sem narrativa própria. Assim, essas triplas deidades aparecem relacionadas ao cortejo de Afrodite, cujo nascimento assistiram. Com Afrodite partilham o caráter de deusas da fertilidade. Em suas origens, as Graças eram deusas ctônicas, relacionadas com o culto dos mortos (Oliveira, 1992, p.150), o que explica sua relação posterior com a vegetação e a fertilidade.[1]

---

1 Cf. Rosado Fernandes (apud Oliveira, 1982, p.150, nota 1): "As Graças, na verdade, foram inicialmente divindades ctônicas, cuja relação com o mundo

O MASCULINO E O FEMININO NO EPIGRAMA GREGO **205**

As Graças são deidades particularmente relacionadas aos encantos musicais.[2] Seu gosto por poesia, canto e dança (Hornblower & Spawforth, 1996, p.318) faz delas deidades protetoras dessas artes:

> Tanto como a *prova* arqueológica da existência da associação explícita das *Chárites* à música – evidente nas representações das deusas, com instrumentos musicais, sobre a mão direita da estátua de Apolo, em Delos, do século VII a.c. – valem os testemunhos lingüísticos contidos nos epítetos *keladennái*, "melodiosas", *philesímolpos*, "amiga do canto", e *erasímolpos*, "apaixonada pelo canto" – os dois últimos expressivas criações pindáricas, que parece deverem situar-se no primeiro quartel do século V a.c. (Oliveira, 1982, p.165)

Relacionadas, desde o século VII a.c., às artes musicais, será assim, por tais dons, que as Graças serão representadas nos epigramas eróticos helenísticos.[3]

Antologia palatina 5 – Graças, flores e cortesãs

Em pelo menos treze epigramas helenísticos do livro 5 (das cortesãs) da *Antologia palatina*, temos a ocorrência da palavra *kháris*

---

subterrâneo é evidente. Depois, seguindo a evolução natural da religião grega, o âmbito das suas funções ir-se-á alargando, de modo que, na época histórica, já as Graças há muito existem como deusas da vegetação e fecundidade, o que não impede que bastantes vestígios permaneçam da sua primeira origem". Destaquemos ainda que o número três, "o número mágico", relaciona-se particularmente com o culto dos mortos, o que as aproxima das Erínias, as divindades ctônicas mais antigas e importantes do panteão grego (Oliveira, 1982, p.150). Ver ainda Oliveira (1982, p.151, nota 3), sobre "o desenvolvimento religioso das Cárites, as quais passaram de deusas preponderantes no obscuro mundo ctônico a deusas ligadas à vegetação e promotoras da sua fecundidade".

2 Para uma relação mais completa sobre as Graças, como patronas da música, e as Musas, com quem "concorrem", cf. Oliveira (1982, p.149-79).

3 E Teócrito, poeta que não consta de nosso *corpus*, pode ser evocado como mais um testemunho helenístico que relaciona as Graças e a música (ibidem, p.166).

206 LUIZ CARLOS MANGIA SILVA

("graça") ou *Khárites* ("as deusas Graças"). Desse conjunto, analisaremos na íntegra quatro poemas, citando de passagem os demais casos.

As Graças aparecem evocadas por suas qualidades ligadas ao canto, à música, ao bem-falar, como testemunha o epigrama que segue:

AP 5, epigrama 140, Meléagro
Ἡδυμελεῖς Μοῦσαι σὺν πηκτίδι, καὶ Λόγος ἔμφρων
σὺν Πειθοῖ, καὶ Ἔρως κάλλος ἐφ' ἡνί' ὀχῶν,
Ζηνοφίλα, σοὶ σκῆπτρα Πόθων ἀπένειμαν, ἐπεί σοι
αἱ τρισσαὶ Χάριτες τρεῖς ἔδοσαν χάριτας.

As Musas de doce canto com a lira, a Eloquência prudente
com a Persuasão e Eros retendo nas rédeas a beleza –
vieram trazer pra ti, Zenófila, o cetro dos Desejos,
uma vez que as triplas Graças te deram três graças.

As "Graças" (*Khárites*, v.4) são evocadas por sua qualidade de deusas "triplas" (*hai trissái*, v.4), capazes, portanto, de "conceder triplas graças" (*treîs édosan kháritas*, v.4), o que constitui um trocadilho entre a ocorrência da palavra *kháris* em maiúscula, a personificar as deusas, e a forma minúscula, literalmente, os dons que as deusas oferecem. As três graças são os dons trazidos para a cortesã Zenófila (*Zenophíla*, v.3) pelas outras deidades evocadas no poema: as "Musas" (*Moûsai*, v.1), qualificadas como "de doce canto" (*Hedimeleîs*, v.1), trazem uma "lira" (*pektídi*, v.1), a "Eloquência prudente" (*Lógos émphron*, v.1) traz a "Persuasão" (*Peithoî*, v.2) e o deus do amor, *Éros* (v.2) traz, "sob as rédeas" (*éph' heni' okhôn*, v.2), a "beleza" (*kállos*, v.2). Todas essas graças (*kháritas*, v.4) são ofertadas a Zenófila, que passa a ser a dona do "cetro dos Desejos" (*skêptra Póthon*, v.3).

As três graças oferecidas a Zenófila referem-se apropriadamente aos atributos das triplas deusas: como deusas ligadas às atividades da música e do canto, da fala e da oratória, alude-se no poema à música (através da metonímia da lira, v.1) e ao "doce canto" (v.1) das Musas, à "Eloquência" (*Lógos*, v.1) e à "Persuasão" (*Peithoî*, v.2). Notemos, portanto, que o universo poético relacionado às Graças refere-se especialmente aos dons das atividades vocais (oratória e música), além da beleza, que também constitui uma das graças que essas deusas ofertam.

Destaquemos o conjunto lexical caracterizador do universo em que as Graças aparecem: *Hedimeleîs* ("doce canto [das Musas]"), *pektídi* ("lira"), *Lógos émphron* ("Eloquência prudente"), *Peithoî* ("Persuasão"). Eros, a beleza e o cetro dos Desejos integram a representação das deusas Graças, cujos dons concedidos a Zenófila fazem dessa cortesã uma amante "divina".

Passemos a outro epigrama, de Calímaco. A par da brincadeira, levada a cabo pelos que afirmam a existência de uma décima Musa (comumente Safo),[4] também uma quarta Graça pode, por vezes, ser colocada ao lado das outras três:

AP 5, 146, Calímaco
Τέσσαρες αἱ Χάριτες· ποτὶ γὰρ μία ταῖς τρισὶ κείναις
ἄρτι ποτεπλάσθη κῆτι μύροισι νοτεῖ
εὐαίων ἐν πᾶσιν ἀρίζαλος Βερενίκα,
ἇς ἄτερ οὐδ᾽ αὐταὶ ταὶ Χάριτες Χάριτες.

Quatro as Graças. Pois junto daquelas triplas uma nova
foi moldada e ainda está úmida de perfumes
– distinta entre todas a venturada Berenice:
sem ela, as próprias Graças não seriam Graças.

---

4 Cf. Oliveira (1982, p.163): "Mas o maior interesse do epigrama de Calímaco [AP 5, 146], para nós, reside no paralelo nítido que oferece com a ideia da 'décima Musa' – lugar tradicionalmente conferido a Safo. [...] Logo, o conceito de *Khárites* abrange uma nova personagem [Berenice], como o de *Moûsai* compreende, também, uma nova personagem". Ver ainda Gosetti-Murrayjohn (2006, p.21-45) sobre Safo como a décima musa no epigrama helenístico.

208 LUIZ CARLOS MANGIA SILVA

O epigrama, que é também um poema de elogio ao soberano –
tema bastante conhecido na época e especialmente cultivado na
época de Filipe de Tessalônica, conforme Vioque (2004, p.31-3) –,
põe em cena a soberana "Berenice" (*Bereníka*, v.3), rainha da
família dos Ptolomeus, imperadores no Egito, em Alexandria. A
"distinta" (*arízalos*, v.3) e "venturada" (*euáion*, v.3) Berenice está
"ainda úmida de perfumes" (*kéti mýroisi noteî*, v.2), pois acaba de
"ser feita" (*poteplásthe*, v.2). Essa quarta Graça (*Téssares hai Khárites*, "Quatro as Graças", v.1), embora recém-chegada, é bastante
importante, pois, como se lê no verso final, "sem ela, as próprias
Graças não seriam Graças" (*hâs áter oud' autái tai Khárites Khárites*). Assim como o epigrama anteriormente analisado (AP 5, 140),
no último verso joga-se com o termo *Khárites* ("Graças"), que ecoa
no final da sequência: *autái tai Khárites Khárites*.

As Graças são evocadas nesse poema não por sua qualidade de
deusas das artes musicais, mas por sua relação com os úmidos perfumes (*mýroisi noteî*, v.2) ou com as flores – sendo a rosa e o mirto
as preferidas (Hornblower & Spawforth, 1996, p.318). As deusas
são mencionadas também por sua qualidade de guardiãs da "fama
honrosa", qualidade não ignorada pelos estudiosos,[5] de maneira
que, no poema, o adjetivo atribuído a Berenice (*arízalos*, "ilustre")
não destoa de sua esfera de ação. Comparada às deusas, a soberana
Berenice é elevada às alturas, divinizada, poeticamente; sem ela,
aliás, as próprias deusas não teriam graça, pois deriva de Berenice
o seu brilho. Nesse sentido, podemos interpretar o termo *arízalos*
"ao pé da letra": antes de significar "ilustre", a palavra significa
"claro", "brilhante [referindo-se à luz de um astro]",[6] o que confere
ao quarteto uma resplandecência divina.

---

5 Cf. Oliveira (1982, p.161-2): "Aliás, não surge em singularidade esta associação das *Cárites* com a fama honrosa. Numa outra composição de Baquílides cabe ao vocábulo *timé* ['honra'] o significar em que consiste o papel das
deusas".

6 Notemos que, em outro lugar (cf. Bailly, 1950; ver *Bereníke*), o mesmo poeta
Calímaco faz derivar da cabeleira de Berenice uma constelação.

O MASCULINO E O FEMININO NO EPIGRAMA GREGO **209**

No próximo poema, mais uma vez temos um trocadilho com os sentidos maiúsculo e minúsculo da palavra *Kháris*, além da menção a seus dons ligados à oratória e à doce linguagem:

AP 5, 148, Meléagro
Φαμί ποτ' ἐν μύθοις τὰν εὔλαλον Ἡλιοδώραν
νικάσειν αὐτὰς τὰς Χάριτας χάρισιν.

Penso que certo dia, por suas palavras, Heliodora de bela linguagem vencerá, com suas graças, as próprias Graças.

O poema põe em destaque o conflito entre a cortesã Heliodora e as Graças, a fim de saber quem vence (*nikásein*, v.2) em linguagem (*en mýthois*, v.1). Heliodora tem "bela linguagem" (*éulalon*, v.1), o que faz dela uma rival privilegiada. Segundo o eu-lírico, "certo dia" (*pot'*, v.1) a cortesã superará, por tais "graças" (*khárisin*, v.2), as próprias Graças (*autás tas Kháritas*, v.2). Notemos que, nesse breve epigrama, a alusão às Graças evidencia-se não só na menção explícita às triplas deidades (no segundo verso), mas também no vocabulário caracterizador do universo poético ligado a elas. Como as deusas se relacionam ao bem-falar, temos no poema os termos *mýthois* ("linguagem", "histórias", v.1) e o adjetivo *éulalon* ("bem-falante" ou "que fala bastante"). Com o trocadilho final, na alusão às Graças, compreendemos que os termos do primeiro verso (*mýthois, éulalon*) referem-se à esfera de atuação das triplas deusas, que concedem o encanto da linguagem.

Notemos que, nos três epigramas analisados até aqui (respectivamente, AP 5, 140, 146 e 148), as Graças são relacionadas a mulheres, a quem oferecem seus dons, sejam eles a musicalidade, a eloquência ou a beleza. Colocadas ao lado das cortesãs Zenófila (epigrama 140), Heliodora (148) ou ainda da soberana Berenice (146), as deusas servem também como parâmetro de beleza. Os dons que elas concedem divinizam as mulheres, que com as "graças" dadas chegam quase a superar as próprias Graças. Notemos,

210　LUIZ CARLOS MANGIA SILVA

pois, que as Graças sugerem um parâmetro de beleza feminina no âmbito do epigrama erótico helenístico.

Por sua relação com as flores, uma vez que, junto com Afrodite, as Graças são deusas ligadas à fertilidade e à vegetação, as triplas deidades são comparadas a uma guirlanda, comparação que pode incluir, uma vez mais, uma quarta Graça, Zenófila:

AP 5, 195, Meléagro

Αἱ τρισσαὶ Χάριτες, τρισσὸν στεφάνωμα, συνευνᾷ
Ζηνοφίλαν, τρισσᾶς σύμβολα καλλοσύνας,
ἁ μὲν ἐπὶ χρωτὸς θέμενα πόθον, ἁ δ' ἐπὶ μορφᾶς
ἵμερον, {ἁ} δὲ λόγοις τὸ γλυκύμυθον ἔπος.
Τρισσάκις εὐδαίμων, ἇς καὶ Κύπρις ὥπλισεν εὐνὰν   5
καὶ Πειθὼ μύθους καὶ γλυκὺ κάλλος Ἔρως.

As triplas Graças, uma guirlanda tripla, unem-se
a Zenófila, símbolos de tripla beleza;
uma deu o desejo pela pele, outra a atração pela forma,
e outra a doce linguagem do que se diz com as palavras.
Três vezes afortunada aquela para quem Cípris preparou o leito,   5
a Persuasão as palavras e Eros a doce beleza.

"As triplas Graças" (*Hai trissái Khárites*, v.1), identificadas com uma "tripla guirlanda" (*trissón stephánoma*, v.1), "símbolo" (*sýmbola*, v.2) de "tripla beleza" (*trissâs kallosýnas*, v.2), concedem três dons a Zenófila: um deles, o "desejo pela pele" (*khrotós póthon*, v.3), outro, a "atração pela forma" (*morphâs hímeron*, v.3-4), e o terceiro, "dizer" (*épos*, v.4) "doces palavras" (*glykýmython*, v.4) "com a linguagem" (*lógois*, v.4). Destaquemos que, ao lado de qualidades físicas ligadas à sedução ("pele", *khrotós*, v.2, "forma", *morphâs*, v.2; os termos *póthon* e *hímeros*, v.3-4, respectivamente, "desejo" e "atração", ajudam a construir o contexto erótico), mencionam-se também qualidades ligadas ao bem-falar, à oratória: em um verso

O MASCULINO E O FEMININO NO EPIGRAMA GREGO   211

bastante conciso (v.4), três termos de longa tradição na cultura grega são apresentados: trata-se de *lógois*, *mýthon* (no composto *glykýmython*) e *épos*, palavras cujos sentidos ora complementares, ora opositivos, abarcam o campo semântico de "palavra", "discurso", "história", entre outros. Mais uma vez, portanto, junto de qualidades próprias à atividade erótica, as Graças passam por parâmetro de beleza para a cortesã "Zenófila" (*Zenophílan*, v.2): ao lado delas, a quem se une (*syneunaî*, v.1), a cortesã ajuda a compor o "símbolo da beleza" (*sýmbola kallosýnas*, v.2). Os dois versos finais arrematam:

Τρισσάκις εὐδαίμων, ἇς καὶ Κύπρις ὥπλισεν εὐνὰν   5
καὶ Πειθὼ μύθους καὶ γλυκὺ κάλλος Ἔρως.

Três vezes afortunada aquela para quem Cípris preparou o leito,   5
a Persuasão as palavras e Eros a doce beleza.

A deusa Afrodite, evocada por seu epíteto "Cípris" (*Kýpris*, v.5), é mencionada como a que "prepara" (*hóplisen*, v.5) o "leito" (*eunán*, v.5); a "Persuasão" (*Peithó*, v.6), as "palavras" (*mýthous*, v.6); e Eros, a "doce beleza" (*glyký kállos*, v.6). A menção a "leito", "beleza" e "palavras" corresponde a uma expansão das ideias expressas nos versos anteriores, com os termos "pele", "forma" e "linguagem". Associando três deuses (Cípris, Persuasão e Eros) às três novas representações do universo erótico (leito, palavras e beleza), o epigrama redunda no uso do número três, esse "número mágico" (Oliveira, 1982, p.150). Destaquemos a ocorrência reiterada do numeral: no primeiro verso, *trissái* ("triplas [Graças]") e *trissón* ("tripla [guirlanda]"); no segundo verso, temos *trissâs* ("tripla [beleza]"). No quinto verso, mais uma vez, o sentido do numeral três faz-se presente com o uso do advérbio *Trissákis* ("Três vezes [afortunado...], v.5). Assim, literal ou implicitamente, o número três é abundantemente representado no epigrama (o próprio poema tem seis versos, múltiplo de três). Para os fins de nossa análise, a insistência do número manifesta a presença das triplas Graças, que triplos dons concedem à cortesã Zenófila.

A presença de metáforas ligadas a flores que, como já afirmamos, relacionam-se ao universo de Afrodite, deusa das seivas vegetais e da fecundidade (Petropoulos, 2003, p.32-5), assim como ao universo das Graças (Hornblower & Spawforth, 1996, p.318), é uma constante nos epigramas eróticos helenísticos. Sua presença, já insinuada nos poemas anteriormente analisados,[7] relacionada com as Graças, faz-se mais sistemática em contextos que não mencionam as Graças. Analisaremos, a seguir, dois casos bastante paradigmáticos de representação do que chamaremos de uma *tópica primaveril* nos epigramas eróticos. Somada à evocação das Graças, a tópica primaveril ajuda a construir os sentidos de viço e perenidade, de delicadeza e feminilidade que as deusas triplas insinuam.

Inscrita num projeto mais amplo, a alusão a flores constitui uma das principais metáforas das duas antologias helenísticas de onde extraímos nosso *corpus* em análise: as coletânea de Meléagro de Gádara e de Filipe de Tessalônica, intituladas ambas *Guirlanda* (*Stéphanos*). No *Proêmio* à sua obra (ver livro 4, 1, da *Antologia palatina*), Meléagro declarava que cada um dos poetas reunidos em sua coleção equivalia a uma flor, de maneira que ele havia recolhido "flores" de toda sorte para sua guirlanda poética, dando ao termo *anthología* seu significado literal de "recolha de flores" (cujo correlato em latim é "florilégio"). Assim, fundada numa metáfora, de que o *Proêmio* no livro 4 da AP é o poema de introdução e o epigrama 256 (*AP* 12) poderia ser o encerramento,[8] a alusão à tópica primaveril será uma constante no conjunto dos epigramas eróticos helenísticos, como projeto geral da obra (que o título *Guirlanda* deixa evidente), como tópica em particular ligada aos elementos vegetais.

---

7 Ver os "perfumes" (*mýroisi*, v.2) de Berenice, em 146 (AP 5); no poema 195 (*AP* 5), aparece uma "guirlanda" (*stephánoma*, v.1).

8 O epigrama 256, do livro 12, será analisado adiante. Mas o fechamento da antologia de Meléagro apresentava, mais provavelmente, o epigrama 257, conforme discutimos no Capítulo 1.

O MASCULINO E O FEMININO NO EPIGRAMA GREGO **213**

O epigrama seguinte representa o eu-lírico a compor uma guirlanda, cujo destino será ornar a bela cabeleira da cortesã Heliodora:

AP 5, 147, Meléagro
Πλέξω λευκόϊον, πλέξω δ' ἁπαλὴν ἅμα μύρτοις
νάρκισσον, πλέξω και Ø τὰ γελῶντα κρίνα,
πλέξω καὶ κρόκον ἡδύν· ἐπιπλέξω δ' ὑάκινθον
πορφυρέην, πλέξω καὶ φιλέραστα ῥόδα,
ὡς ἂν ἐπὶ κροτάφοις μυροβοστρύχου ʽΗλιοδώρας   5
εὐπλόκαμον χαίτην ἀνθοβολῇ στέφανος.

Trançarei goivo, trançarei o delicado narciso
com mirtos, trançarei também os lírios alegres,
trançarei o doce açafrão; entrelaçarei o jacinto
purpúreo, trançarei também rosas caras aos amantes:
a guirlanda possa cobrir de flores, por sobre as têmporas,   5
a cabeleira bem cacheada da Heliodora dos cachos perfumados.

Muitos nomes de flores são mencionados: a guirlanda que o eu-lírico "trançará" – o verbo *pléxo* aparece várias vezes no poema; duas vezes no primeiro verso, uma no segundo, outra no terceiro, juntamente com uma forma composta (*epipléxo*, "entrelaçar" na nossa tradução) e ainda uma última vez aparece no quarto verso – será feita com "goivo" (*leukóïon*, v.1), com o "delicado narciso" (*hapalén nárkisson*, v.1-2), com "mirtos" (*mýrtois*, v.1), também com "lírios" (*krína*, v.2), com o "doce açafrão" (*hedýn krókon*, v.3), com o "jacinto purpúreo" (*hyákinthon porphyréen*, v.3) e com a "rosa" (*rhóda*, v.4), que é "cara aos amantes" (*philérasta*, v.4). No quinto verso, podemos mencionar o composto *myrobostrýkhou*, cujo sentido alude a perfume ("de cachos perfumados"), por sua relação com a tópica primaveril, uma vez que o perfume é uma qualidade própria das flores. Alude-se, por fim, ao universo da tópica primaveril no último verso: o termo *anthoboleî* ("cobrir com flores"), seguido de *stéphanos* ("guirlanda"), encerra o conjunto das metáforas florais: se o poema caminhava para a composição de uma guirlanda, a palavra *stéphanos* (nome das coleções antigas), última do epigrama, representa a realização do projeto.

A guirlanda destina-se a "Heliodora" (*Heliodóras*, v.5), dona de cabelos elogiáveis; nos versos 5 e 6, quatro termos aludem às melenas da cortesã: ela tem uma "espessa cabeleira" (*kháiten*, v.6), de fios "bem cacheados" (*euplókamon*, v.6); os "cachos" são "perfumados" (*myrobostrýkhou*, v.5), de maneira que, "sobre a têmpora" (*epi krotáphois*, v.5), quadra-lhe bem uma trançada guirlanda. As flores compõem, assim, um dos atributos relacionados à beleza feminina: o viço e o perfume da guirlanda, além de correlatos das qualidades apreciadas nas cortesãs, representam ainda a disposição dessas parceiras ao cortejo erótico, pois portar uma guirlanda tinha tal conotação entre os antigos.

Destaquemos que as flores podem ser associadas ao feminino; e, nesse sentido, devemos considerar que a rosa, em particular, tem longa tradição em representá-lo:

> A exploração puramente estética do motivo da rosa é, entretanto, excepcional na Literatura e nas Artes romanas. Pois a beleza apreendida é, ao mesmo tempo, fonte, signo e produto das múltiplas correspondências para o qual é composto o simbolismo da rosa.
>
> Com o símbolo primeiro da Beleza universal coincide intimamente a relação – tão frequentemente estabelecida nas literaturas antigas e modernas – entre a rosa e a mulher [...] expressão a um só tempo metafórica (a mulher é bela *como* a rosa) e metonímica (confusão mulher-rosa, sob o signo do Belo). (Callebat, 1992, p.25-6)

A "rosa" (*rhóda*, v.4) é mencionada no epigrama 147: adjetivada de "cara aos amantes", ao compor a guirlanda destinada à cortesã Heliodora, investe de feminilidade o artefato confeccionado pelo eu-lírico. Última flor mencionada na relação, a rosa, assim como o "mirto" (v.1), são as flores preferidas pelas Graças (Hornblower & Spawforth, 1996, p.318), mas também as preferidas pela deusa Afrodite (Callebat, 1992, p.27). Mais que isso, a rosa substitui a

O MASCULINO E O FEMININO NO EPIGRAMA GREGO **215**

deusa, e significando a mulher, representa ainda a força vital da renovação (ibidem).[9]

Consideremos ainda o que afirma Callebat (1992, p.27-8) sobre o simbolismo da rosa:

> Vênus, antes de ser deusa, é primeiramente *Força Vital*: a força que faz amar; como Ísis, ela é também a Grande-Mãe. A rosa, flor da primavera e flor da renovação, participa intimamente dessa Força Vital. Em sua cor – vermelho de vigor, da juventude do homem e da natureza, da rejeição aos malefícios –, interferem, aos olhos dos antigos, o ardor do fogo (fogo das paixões, da alegria, da exuberância), o clarão de um astro (a rosa é flor do sol) e a potência ativa do sangue: interferências notadamente significativas pelos verbos e adjetivos aplicados à rosa: *fulgere, refulgere, micare, nitescere; ardens, candens, sanguineus, splendidus...* Sangue, fogo e luz, a rosa antiga participa ainda do princípio úmido que a impregna. Flor de Vênus, Mãe universal, oferta aos deuses da vida e da fecundidade (Hera, Baco, Priapo...), a rosa não é somente signo estético e afetivo de amor, mas símbolo fundamental da Criação e do *Élan* vital.

Em sua complexa simbologia, afirmará Callebat (1992, p.29), a rosa é um "Microcosmo em que estão reunidos os quatro elementos (água, ar, terra, fogo)". Assim, por sua ambivalência, as rosas adquirem as mais variadas conotações.[10]

---

9 Sobre a íntima relação entre Afrodite e a rosa, cf. Callebat (1992, p.27): "Mas muito mais forte e rico de significação se revela a relação de Vênus e da rosa. Que ela seja nascida com a deusa ou que ela tenha recebido a coloração do seu sangue, a rosa não é, como o mirto, a flor escolhida [...] por seu perfume e seu resplendor incomparáveis, e que designou Vênus [...] como a imagem mais perfeita da beleza. Elemento privilegiado de um brasão de Vênus [...] a rosa identifica-se à Vênus-mulher, e a deusa torna-se rosa".

10 Ver Callebat (1992, p.27-8): "As conotações relacionadas à rosa são aquelas do amor, da alegria, do prazer, da sensualidade, de uma arte refinada de viver". E ainda: "Flor de sensualidade e de voluptuosidade, a rosa é também marca de reserva e de pudor, já talvez signo de castidade".

216   LUIZ CARLOS MANGIA SILVA

Para mostrar a força e a presença da rosa no universo erótico relacionado à Afrodite no *corpus* de epigramas helenísticos, mencionemos um poema (já analisado em outro capítulo) que, não servindo ao propósito deste – pois não feminiliza nenhum amante –, atesta, pelo menos, o lugar superior da rosa em relação às outras flores:

AP 5, 170, Nóssis
῝Αδιον οὐδὲν ἔρωτος, ἃ δ᾽ ὄλβια, δεύτερα πάντα
ἐστίν· ἀπὸ στόματοσ δ᾽ ἔπτυσα καὶ τὸ μέλι.
τοῦτο λέγει Νοσσίς· τίνα δ᾽ ἁ Κύπρις οὐκ ἐφίλησεν,
οὐκ οἶδεν κήνας τἄνθεα ποῖα ῥόδα.

Nada mais doce que a paixão; em segundo, tudo
que é afortunado; e cuspo da boca o mel.
Isto é o que diz Nóssis: quem Cípris não amou,
não conhece, dentre as flores, quais são as rosas.

No poema, o eu-lírico afirma que aquele que Afrodite (evocada pelo epíteto *Kýpris*, v.3) "não amou" (*ouk ephílesen*, v.3; o verbo pode ser traduzido também por "beijou") não discerne a superior beleza, "dentre as flores" (*tánthea*, v.4), das "rosas" (*rhóda*, v.4). Associada, pois, à deusa do amor, esse epigrama endossa as afirmações de Callebat (1992) acerca do simbolismo dessa flor na poesia antiga. Salientemos ainda que o vocábulo *rhóda* ocupa o derradeiro lugar no último verso (já tivemos ocasião de comentar esse procedimento no epigrama helenístico), o que confere ao termo especial relevo. Helenístico, o epigrama de Nóssis compõe nosso *corpus* e evidencia a profunda relação entre Afrodite (Vênus) e a rosa na época em estudo.

Prossigamos em nossa análise da tópica primaveril. No epigrama que segue, uma nova guirlanda é posta em cena: símbolo da beleza efêmera, ela serve como advertência à amada que não desfruta os prazeres urgentes da carne. Entre os latinos, a tópica converter-se-á no famoso *carpe diem*.

O MASCULINO E O FEMININO NO EPIGRAMA GREGO   217

AP 5, 118, Marco Argentário

Ἰσιὰς ἡδύπνευστε, καὶ εἰ δεκάκις μύρον εὕδεις,
ἔγρεο καὶ δέξαι χερσὶ φίλαις στέφανον,
ὃν νῦν μὲν θάλλοντα, μαραινόμενον δὲ πρὸς ἠῶ
ὄψεαι, ὑμετέρης σύμβολον ἡλικίης.

Oh Ísias de doce hálito, se bem que dormes dez vezes
mais perfumada, desperta e recebe nas mãos queridas
esta guirlanda que, viçosa agora, pela aurora
verás consumida, símbolo de tua juventude.

O poeta dirige censuras à cortesã Ísias (*Isiás*, v.1), aparentemente
pelo fato de que, em lugar de se dedicar aos prazeres, ela prefere "dormir" (*héudeis*, v.1). A guirlanda está em "viço" (*thállonta*, v.3), mas
isso dura apenas um momento, pois "pela aurora" (*pros eô*, v.3) estará
"consumida" (*marainómen*, v.3); é efêmero seu esplendor. Tal como a
guirlanda, a juventude (*helikíes*, v.4) da cortesã fenecerá rapidamente;
Ísias, no entanto, se bem que "dez vezes mais perfumada" (*dekákis*
mýron, v.1), dorme, quando urge desfrutar os prazeres. No poema,
a guirlanda surge como um "símbolo" (*sýmbolon*, v.4) da efemeridade da beleza, da juventude e dos prazeres de que Ísias se aparta.

Destaquemos a existência de um recurso poético que intensi-
fica a oposição entre dedicar-se ou não aos prazeres e ao cultivo da
beleza efêmera. No terceiro verso, no meio exato, temos dois verbos
na forma participial, separados apenas por uma vírgula (*thállonta*
e *marainómenon*); perceba-se que, no primeiro hemistíquio, três
palavras antecedem o verbo *thállonta* (*hon nyn men*, v.3) e, simetri-
camente, no fim do segundo hemistíquio, três palavras se seguem a
marainómenon (sendo elas *de pros eô*, v.3). Os dois hemistíquios são
absolutamente simétricos – *hon nyn men thállonta, marainómenon*
de pros eô –, mas com sentido invertido: o primeiro hemistíquio fala
em "vicejar" (*thállonta*), no momento presente ou "agora" (*nyn*); o
segundo, em "consumir-se" (*marainómenon*), no momento futuro
ou na "aurora" (*eô*). Salientemos que o epigrama encerra-se com a
palavra *helikíes* ("juventude"), termo que ajuda a construir a ideia

218   LUIZ CARLOS MANGIA SILVA

de brevidade da beleza, enfatizada nos versos anteriores. E a "guirlanda" (*stéphanos*, v.2) investe-se do sentido de símbolo concreto dessa efemeridade.

No poema, além da guirlanda, outros termos representam indiretamente o universo floral: no primeiro verso, a cortesã é adjetivada com *hedýpneuste* ("de doce hálito"); depois, fala-se em "perfume" (*mýron*, v.1). "Vicejar" e "fenecer" também ligam-se à tópica primaveril, pois destacam uma qualidade das flores, estendida, nos versos seguintes, a seres humanos, em particular, à juventude da cortesã Ísias. Assim, todo o vocabulário do epigrama 118 centra-se na tópica primaveril.

Citemos as outras ocorrências na AP 5 de representações das Graças e das flores. A palavra *khárin* ("graça") aparece no epigrama 53; *kharíessa* ("graciosa") adjetiva uma cortesã em 107; em 108, de novo temos *kharíessa* (*ô kharíessa gýnai*, "oh mulher graciosa") e também *kharíton* ("graças"); em 124, *kháritas* ("graças") aparece junto de flores; em 137, aparece a "Graça" personificada (*Kháritos*); em 139, menciona-se a *kháris* ("graça") de Zenófila; em 193, surge a *khárin* ("graça") de Cleô; e, por fim, temos mais uma vez um trocadilho com o termo em 196 (*hai Khárites kháris*, "As Graças [concedem à Zenófila] graça"). Assim, são treze as ocorrências do termo *kháris* em nosso *corpus*. Desse conjunto, analisamos integralmente quatro casos, citando de passagem as demais ocorrências.

As flores são sobremaneira representadas nos epigramas da AP 5: mais de vinte vezes. Tendo analisado os casos mais emblemáticos, citaremos de passagem as outras ocorrências do que chamamos tópica primaveril. Conferindo feminilidade à esfera de cortejo entre o eu-lírico e a cortesã, as flores são o ornamento fundamental no contexto erótico. No epigrama 32, uma cortesã-abelha (*Mélissa*) é chamada *philanthéos* ("beija-flor" ou "que ama as flores"); em 54, as ancas da cortesã são róseas (*rhodoeidéi pygé*, "rósea anca"); em 55, Dóris também possui "róseas nádegas" (*rhodópygon*); em 124, *kalýkon* e *bótrys* ("cálices" e "cachos de uva") são mencionados; em 136, *mýrois*, *stéphanon* e *rhódon* (respectivamente, "perfumes", "guirlanda" e "rosa"). O epigrama 143 merece menção literal:

O MASCULINO E O FEMININO NO EPIGRAMA GREGO **219**

AP 5, 143, Meléagro
Ὁ στέφανος περὶ κρατὶ μαραίνεται Ἡλιοδώρας·
αὐτὴ δ' ἐκλάμπει τοῦ στεφάνου στέφανος.

A guirlanda de Heliodora consome-se em torno de sua cabeça;
mas ela própria resplandece, guirlanda da guirlanda.

Comparada à guirlanda (termo repetido três vezes no poema: *stéphanos*, v.1, *stephánou* e *stéphanos*, v.2), a cortesã Heliodora a supera (*eklámpei*, "resplandece"), pois sua beleza ainda não se consumiu. No poema 144, de maneira semelhante ao epigrama analisado anteriormente (AP 5, 147), muitas flores são evocadas, tais como *leukóïon* ("goivo"), *nárkissos* ("narciso"), *krína* ("lírios"); fala-se ainda de Zenófila como *ánthesin ánthos* ("flor entre as flores") e de *rhódon* ("rosa"), *kómais* ("grama" no contexto) e *stephánon* ("guirlandas"). No epigrama 145, mencionam-se novamente *stéphanoi* ("guirlandas") e *phýlla* ("folhas"); em 163, *Anthodíaite Mélissa* ("abelha que vive das flores) e *eiarinás kálykas* ("botões primaveris"); em 169, *eiarinón Stéphanos* ("Coroa primaveril"); em 174, *thálos* ("broto", "rebento"); em 175, *myrópnous plókamos* ("cacho perfumado"); em 185, *rhodínous* ("[coroas] de rosas"); em 191, *hiketás stephánous* ("guirlandas suplicantes"); em 194, *hierón thálos* ("rebento sagrado"); em 197, *myrópnoun khróma* ("pele perfumada"); em 198, *myrórranton próthyron* ("umbral banhado a perfume") e *stephánous* ("guirlandas"); em 199, *mýrois* e *sándala* ("perfumes" e "sândalos"); e, por fim, em 210, *rhódeai kálykes* ("botões de rosas").

Analisamos até aqui as mais importantes ocorrências de representação das deusas Graças e de uma tópica primaveril, na produção do livro 5 da AP, ou seja, nos epigramas em que as cortesãs são objetos de cortejo do eu-lírico. Frequentes, portanto, no livro das cortesãs, as evocações das deusas Graças concedem graças às amadas do eu-lírico, com que são comparadas, e a evocação sistemática de flores ajuda a construir um universo de feminilidade e delicadeza bastante próprio da representação das mulheres antigas. Vimos, ademais, que a rosa, flor por excelência de Afrodite e das Graças,

220 LUIZ CARLOS MANGIA SILVA

representa o próprio feminino. Comparadas às deusas femininas Graças ou recebedoras das dádivas concedidas por elas (particularmente ligadas à música e ao bem-falar) ou ainda representadas entre flores e guirlandas, as cortesãs encontram nessas metáforas um componente importante para a construção de sua feminilidade. Curioso será perceber que não só o livro das cortesãs (AP 5) faz uso de semelhantes imagens poéticas, mas também o dos cortesãos (AP 12).

Antologia palatina 12 – Graças, flores e cortesãos

Comecemos a análise do conjunto de epigramas eróticos helenísticos, procedentes do livro 12 ou pederástico, nos quais se faz uso das mesmas metáforas apontadas nos epigramas do livro 5 ou heterossexual. A evocação das Graças e a insistência sobre a imagem das flores, como veremos, símbolos mais propriamente femininos, conferem aos cortesãos certa feminilidade, atestando a preferência dos poetas helenísticos por rapazes afeminados.

O epigrama que segue evoca, a um só tempo, as Graças e a tópica primaveril:

AP 12, 121, Riano
Ἦ ῥά νύ τοι, Κλεόνικε, δι' ἀτραπιτοῖο κιόντι
στεινῆς ἤντησαν ταὶ λιπαραὶ Χάριτες·
καί σε ποτὶ ῥοδόεσσιν ἐπηχύναντο χέρεσσιν,
κοῦρε, πεποίησαι δ' ἥλικος ἐσσὶ χάρις·
τηλόθι μοι μᾶλα χαῖρε· πυρὸς δ' οὐκ ἀσφαλὲς ᾆσσον   5
ἕρπειν αὐηρήν, ἆ φίλος, ἀνθέρικα.

Quando te apertavas, Cleônico, por veredas
estreitas, as resplandecentes Graças te floriram.
E a ti com as róseas mãos ornaram,
foste feito, jovem, para seres como a graça.
Bem longe de mim, salve! Do fogo não é seguro   5
aproximar demais, ah amigo, um graveto ressequido.

O MASCULINO E O FEMININO NO EPIGRAMA GREGO **221**

O poema tem como interlocutor o cortesão "Cleônico" (*Kleónike*, v.1) que, depois de atravessar "estreitas veredas" (*atrapitoîo kiónti*, v.1), as "Graças resplandecentes" (*tai liparái Khárites*, v.2) "cobriram com flores" (*éntesan*, v.2, aoristo de *anthéo*). Agraciado pelas Graças que, com suas "róseas mãos" (*rhodóessin khéressin*, v.3), o "ornaram" (*epekhýnanto*, v.3), o cortesão é, por isso, "igual" (*helikós*, v.4) a "graça" (*kháris*, v.4). Naturalmente, as Graças só poderiam conceder graça. E o "jovem" (*koûre*, v.4), por suas qualidades, deve permanecer afastado do eu-lírico (*thlóthi moi mâla*, "Bem longe de mim!", v.5), pois assim como do "fogo" (*pyrós*, v.5) não se deve aproximar um "graveto" (*anthérika*, v.6), ainda mais se estiver "ressequido" (*auerén*, v.6), do amante não se aproxime o seu objeto de desejo.

Destaquemos, primeiramente, a evocação das Graças (*Khárites*, v.2), que concedem graça (*kháris*, v.4) ao cortesão, cobrindo-o de flores (*éntesan*, v.2), com suas "róseas mãos" (*rhodóessin khéressin*, v.3). Mencionando, pois, as deusas e seu universo floral, *éntesan* ("florir") e *rodóessin* ("róseas") são os termos que aludem diretamente à tópica primaveril. A menção final a "graveto" (*anthérika*, v.6; *anthérix* pode ainda ser traduzido como "espinho", além de "ramo"; *antheríke*, de mesmo radical, é a "planta do asfódelo" (Bailly, 1950)) constitui uma dupla representação do universo floral: a palavra *anthérika* assemelha-se a uma outra, *ánthos* (o verbo *anthéo* apareceu no segundo verso do poema, na forma *éntesan*). Assim, além de seu significado relacionado a "ramo" ou "graveto", *anthérika* reflete a presença das flores (*ánthos*) no poema por sua homônima sonoridade.

Consideremos o poema seguinte:

AP 12, 142, Riano
Ἰξῷ Δεξιόνικος ὑπὸ χλωρῇ πλατανίστῳ
κόσσυφον ἀγρεύσας εἷλε κατὰ πτερύγων·
χὠ μὲν ἀναστενάχων ἀπεκώκυεν ἱερὸς ὄρνις.
ἀλλ' ἐγώ, ὦ φίλ' Ἔρως καὶ θαλεραὶ Χάριτες,
εἴην καὶ κίχλη καὶ κόσσυφος, ὡς ἂν ἐκείνου   5
ἐν χερὶ καὶ φθογγὴν καὶ γλυκὺ δάκρυ βάλω.

222   LUIZ CARLOS MANGIA SILVA

Dexiônico caçava com visgo um melro
sob o plátano verdejante; prendeu-o pelas asas.
E o pássaro sagrado, gemendo, lamentava-se.
Mas eu, oh caro Eros e viçosas Graças,
pudesse eu ser o tordo ou o melro, para nas mãos   5
dele o canto e doces lágrimas lançar.

O caçador "Dexiônico" (*Dexiónikos*, v.1) utiliza "visgo" (*Ixôi*, v.1) para "prender" (*eîle*, v.2) o pássaro de sua preferência, um "melro" (*kóssyphon*, v.2). Sua caçada tem lugar junto de um "plátano verdejante" (*khloreî platanístoi*, v.1). Consegue prendê-lo "pelas asas" (*katá pterýgon*, v.2), o que faz esse "pássaro sagrado" (*hierós órnis*, v.3) "gemer" (*anastenákhon*, v.3) e "lamentar-se" (*apekókyen*, v.3).

Atento à cena descrita, o eu-lírico evoca o "caro" deus "Eros" (*phíl' Éros*, v.4) e as "viçosas Graças" (*thalerái Khárites*, v.4) e afirma: fosse ele próprio o pássaro pego, em lugar de se lamentar e gemer, ele lançaria seu "canto" (*phthongén*, v.6) e "doces lágrimas" (*glyký dákry*, v.6) sobre as "mãos" (*kherí*, v.6) de Dexiônico. Notemos que a presente evocação das Graças relaciona-se ao culto do canto (*phthongén*, v.6), os dons musicais que essas deusas costumam presidir.

Destaquemos o universo floral que, associado às Graças, faz--se notar no epigrama: a cena da caça se passa sob uma árvore, um "plátano" (*platanístoi*, v.1); o adjetivo a ele relacionado, *khloreî* ("verdejante"), destaca o vigor da planta. Chamadas de "viçosas", as triplas Graças e o universo floral manifestam-se ainda na "seiva" ou "visgo" (*Ixôi*, v.1) com que o cortesão caça os pássaros.

Mais uma vez, junto da evocação das feminis Graças e da tópica primaveril, o nome de um cortesão é mencionado. Em um ambiente comum ao elogio de cortesãs (como vimos no caso da AP 5), podemos perceber que os poemas pederásticos representam com iguais metáforas o cortejo masculino, o cortejo de cortesãos.

Consideremos mais um poema:

O MASCULINO E O FEMININO NO EPIGRAMA GREGO   **223**

AP 12, 148, Calímaco
Οἶδ' ὅτι μου πλούτου κενεαὶ χέρες· ἀλλά, Μένιππε,
μὴ λέγε, πρὸς Χαρίτων, τοὐμὸν ὄνειρον ἐμοί.
ἀλγέω τὴν διὰ παντὸς ἔπος τόδε πικρὸν ἀκούων·
ναί, φίλε, τῶν παρὰ σοῦ τοῦτ' ἀνεραστότατον.

Sei que tenho as mãos desprovidas de dinheiro. Mas Menipo,
não recuses – pelas Graças – para mim o meu sonho.
Sofro por tudo, por ouvir estas palavras amargas.
Sim, querido, junto de ti isso é desamabilíssimo.

No poema, "Menipo" (*Ménnippe*, v.1) recusa o cortejo do eu-
-lírico, uma vez que ele já não dispõe de recursos: "Sei que tenho as
mãos desprovidas de dinheiro" (*Oîd' hóti mou ploútou keneái khéres*,
v.1). Sua súplica sincera, no entanto, não demove o cortesão de sua
decisão. Não possuí-lo é um "sofrimento" (*algéo*, v.3), cheio de
"palavras amargas" (*épos pikrón*, v.3) e "desamor" (*anerastótaton*,
v.4). Possuí-lo, no entanto, é como um "sonho" (*óneiros*, v.2). Por
isso, ele implora ("não recuses", *mé lége*, v.2) e evoca as triplas Graças ("pelas Graças", *pros Kharíton*, v.2). Os padecimentos causados
pelos parceiros venais foram um *tópos* bastante difundido entre os
helenísticos, chamado *philokérdia* ("avidez por ganho"). No poema,
as Graças são evocadas como protetoras do desafortunado amante.

Mencionemos mais uma aparição das Graças, dessa vez ao lado
das Horas, com que dividem as honras do cortejo de Afrodite:

AP 12, 38, Riano
Ὧραί σοι Χάριτές τε κατὰ γλυκὺ χεῦαν ἔλαιον,
ὦ πυγά· κνώσσειν δ' οὐδὲ γέροντας ἐᾷς.
Λέξον μοι, τίνος ἐσσὶ μάκαιρα τὺ καὶ τίνα παίδων
κοσμεῖς; ἁ πυγὰ δ' εἶπε· "Μενεκράτεος."

As Horas e as Graças verteram sobre ti doce óleo,
oh bunda. Nem um velho tu deixas dormir.
Dize-me: tu és a venturada de quem? De qual jovem
és o adorno? A bunda responde: "De Menécrates".

224 LUIZ CARLOS MANGIA SILVA

As triplas "Horas" (*Hôrai*, v.1) e as triplas "Graças" (*Khárites*, v.1) aparecem, no poema, a "verter" (*kheûan*, v.1) um "doce óleo [de oliva]" (*glyký élaion*, v.1) sobre uma "bunda" (*pygá*, v.2), tão desejável que mesmo a um "velho" (*gérontas*, v.2) ela não deixaria "dormir" (*knóssein*, v.2). Por desígnio dos deuses, pergunta-se o eu--lírico, essa bunda "venturada" (*mákaira*, v.3) "orna" (*kosmeîs*, v.4) "qual dentre os jovens" (*tína páidon*, v.3)? A resposta vem a seguir, proferida pela própria bunda: "De Menécrates" (*Menekráteos*, v.4). Assim, é o cortesão Menécrates que a bunda ornará, depois de ter sido cuidada e untada pelas mãos feminis das Horas e das Graças.

Passemos à análise dos epigramas cuja tópica primaveril constitui a base da metáfora erótica. Comecemos com o poema seguinte:

AP 12, 165, Meléagro

Λευκανθὴς Κλεόβουλος· ὁ δ' ἀντία τοῦδε μελίχρους
Σώπολις, οἱ δισσοὶ Κύπριδος ἀνθοφόροι.
τοὔνεκά μοι παίδων ἔπεται πόθος· οἱ γὰρ Ἔρωτες
ἐκ λευκοῦ πλέξαι φασί με καὶ μέλανος.

Cleóbulo, flor branca. Sópolis, o contrário, flor negra;
os dois flores crescidas por ação de Cípris.
Por culpa desses jovens, o desejo me acompanha: os Amores
mandam me trançar com o branco e o negro.

Trata-se de um belo poema: em claro-escuro, a cena envolve antagônicos amantes, "Cleóbulo" (*Kleóboulos*, v.1), que é uma "flor branca" (*Leukanthés*, v.1) e "Sópolis" (*Sópolis*, v.2), uma "[flor] de pele negra" (*melíkhrous*, v.1), os dois (*hoi dissói*, v.2) "flores vindas de Cípris" (*Kýpridos anthophóroi*, v.2). Esses belos "rapazes" (*páidon*, v.3) causam no eu-lírico (*moi*, v.3) o "desejo" (*póthos*, v.3); os duplos Cupidos ou os duplos "Amores" (*Érotes*, v.3) envolveram o amante, a "trançá-lo" (*pléxai*, v.4) com antagônicas belezas, a do cortesão alvo e a do negro.

A comparação entre um cortesão e uma flor parece-nos demasiado "delicada" para caracterizar o cortejo de parceiros masculi-

O MASCULINO E O FEMININO NO EPIGRAMA GREGO **225**

nos. As flores, símbolos particularmente femininos, dentre os quais as rosas se destacam, associam-se tradicionalmente às mulheres como forma de caracterizar-lhes a delicadeza desejada. A delicadeza de cortesãos surge, pois, como um novo atributo apreciado pelos poetas helenísticos, como podemos ver pela caracterização dos parceiros. Nem sempre, devemos lembrar, um ideal afastado da virilidade foi o preferido pelos gregos, como denuncia a produção artística do período clássico, analisada por Dover (1994) e Foucault (1984), conforme vimos no Capítulo 2.

Prossigamos nossa análise: mostremos um caso em que a identificação entre cortesão e flor surpreende por sua força feminilizadora:

AP 12, 58, Riano
Ἡ Τροιζὴν ἀγαθὴ κουροτρόφος· οὐκ ἂν ἁμάρτοις
αἰνήσας παίδων οὐδὲ τὸν ὑστάτιον.
τόσσον δ᾽ Ἐμπεδοκλῆς φανερώτερος, ὅσσον ἐν ἄλλοις
ἄνθεσιν εἰαρινοῖς καλὸν ἔλαμψε ῥόδον.

Trezena, excelsa nutriz de meninos. Não cometerias
um erro ao elogiar até o último de teus jovens.
Mas Empédocles é o mais radiante, tanto quanto uma bela rosa
resplandece entre as outras flores primaveris.

A cidade de "Trezena" (*Troizén*, v.1) surge como uma "excelsa" (*agathé*, v.1) "nutriz de rapazes" (*kourotróphos*, v.1). Digna de "elogios" (*ainésas*, v.2) pela qualidade de seus "rapazes" (*páidon*, v.2), um, no entanto, é o "mais radiante" (*phaneróteros*, v.3): seu nome é "Empédocles" (*Empedoklês*, v.3). Esse cortesão se destaca dos outros jovens da mesma maneira que uma "rosa" (*rhódon*, v.4) "resplandece" (*élampse*, v.4) mais do que todas as outras "flores primaveris" (*ánthesin eiarinoîs*, v.4). Assim, flor mais bela entre todas, a rosa é a mais "brilhante", tal como Empédocles.

Notemos que, no poema, o ponto alto da apreciação da beleza de Empédocles encontra-se na comparação com a rosa primaveril,

226 LUIZ CARLOS MANGIA SILVA

o que mostra que, entre os epigramistas helenísticos, as rosas foram as flores superiores. Notemos a semelhança do verso final desse poema com o citado anteriormente (AP 5, 170, Nóssis): em ambos os epigramas, vemos os termos *ánthos* e *rhódon* ("flores" e "rosas") no último verso; em ambos os casos, ainda, temos "rosa" como a última palavra do poema (a tradução não mantém a ordem do texto grego).

Callebat (1992), citado anteriormente, mostrou-nos que a rosa possui uma íntima relação com o feminino, nas literaturas antiga e moderna. Assim, pode-se afirmar que, em seus usos metafóricos, existe uma "identidade perfeita da rosa e da mulher" ou ainda que "a mulher é bela *como* a rosa" (ibidem, p.26). Mulher e rosa são, portanto, termos intercambiáveis.

Dessa forma, ao comparar-se, nesse epigrama, um cortesão a uma rosa, empreende-se a feminilização do jovem. Esse processo de feminilização, que começa com a evocação das Graças e passa pelo cultivo da tópica primaveril, encontra, na imagem do cortesão--rosa, a síntese do que ocorre em outros lugares (como vimos antes e veremos adiante): as metáforas ligadas às qualidades dos cortesãos tendem a atribuir-lhes feminilidade.

No poema seguinte, tal como fizera na introdução à sua antologia, em que comparava cada poeta a uma flor (ver o *Proêmio* constante do livro 4, 1, da AP), Meléagro faz algo semelhante, à maneira de conclusão, com os nomes de cortesãos e flores:[11]

AP 12, 256, Meléagro
Πάγκαρπόν σοι, Κύπρι, καθήρμοσε χειρὶ τρυγήσας
παίδων ἄνθος Ἔρως ψυχαπάτην στέφανον.
ἐν μὲν γὰρ κρίνον ἡδὺ κατέπλεξεν Διόδωρον,
ἐν δ' Ἀσκληπιάδην, τὸ γλυκὺ λευκόιον.
ναὶ μὴν Ἡράκλειτον ἐπέπλεκεν, ὡς ἀπ' ἀκάνθης   5

---

11 Sobre as hipóteses de alocação desse poema na antologia de Meléagro, cf. Gow & Page (1965b, p.650).

O MASCULINO E O FEMININO NO EPIGRAMA GREGO **227**

θεὶς ῥόδον, οἰνάσθη δ᾽ ὥς τις ἔθαλλε Δίων.
χρυσανθῆ δὲ κόμαισι κρόκον, Θήρωνα, συνῆψεν,
ἐν δ᾽ ἔβαλ᾽ ἐρπύλλου κλωνίον Οὐλιάδην·
ἁβροκόμην δὲ Μυΐσκον, αἐιθαλὲς ἔρνος ἐλαίης,
ἱμερτοὺς ἀρετῆς κλῶνας ἀπεδρέπετο.   10
ὀλβίστη νήσων ἱερὰ Τύρος, ἦ τὸ μυρόπνουν
ἄλσος ἔχει παίδων Κύπριδος ἀνθόφορον.

Com as mãos a colher para ti, Cípris, a flor dos jovens
de toda sorte, Eros teceu uma guirlanda sedutora.
Ele trançou Diodoro, suave lírio,
com Asclepíades, doce goivo;
Entrelaçou Heráclito, qual rosa entre espinhos,   5
com Díon, que cultivou a flor da oliveira.
Reuniu Téron, de flor dourada do açafrão nos cabelos,
e lançou sobre Oulíades, o brotinho de trepadeira.
E Miisco, de abundante cabeleira, rebento de oliveira vicejante,
colheu por fim, broto encantador da virtude.   10
Afortunada dentre as ilhas a sagrada Tiro, que possui
um bosque a emanar os perfumes das flores juvenis de Cípris.

A tópica primaveril é excessivamente cultivada no poema, constituindo a principal metáfora. Os nomes de cortesãos são relacionados a flores. O vocabulário caracterizador da presença floral no poema: a "guirlanda" (*stéphanos*, v.2) é composta por "Eros" (*Éros*, v.2), que a "tece" (*kathérmose*, v.1) com as próprias "mãos" (*kheirí*, v.1). O deus "colheu" (*trygésas*, v.1) "flores variadas" (*Pánkarpon ánthos*, v.2-1), todas identificadas a diferentes "jovens" (*páidon*, v.2). Assim, Eros colheu a flor do "lírio" (*krínon*, v.3), identificada ao cortesão "Diodoro" (*Diódoron*, v.3); depois, colheu a flor do "goivo" (*leukóïon*, v.4), a que equivale "Asclepíades" (*Asklepiáden*, v.4); a seguir, como "rosa entre espinhos" (*ap᾽ akánthes rhódon*, v.5-6), colheu "Heráclito" (*Herákleiton*, v.5), e a "flor da oliveira" (*oinásthe*, v.6), "Díon" (*Díon*, v.6). Eros colheu ainda "a

228 LUIZ CARLOS MANGIA SILVA

flor dourada do açafrão" (*khrysanthê krókon*, v.7), "Téron" (*Thérona*, v.7), com que juntou o "brotinho de trepadeira" (*klónion herpýllou*, v.8), "Oulíades" (*Ouliáden*, v.8). Por fim, o deus do amor colheu o "rebento da oliveira vicejante" (*aeithalés érnos eláies*, v.9), um "broto encantador de virtude" (*himertoûs aretês klónas*, v.10), o cortesão "Miisco" (*Myískon*, v.9).

Junto às flores, muitos verbos reafirmam o universo das atividades relacionadas ao cultivo floral: temos, no poema, os verbos (já citados) "colher" (*trygésas*, v.1) e "tecer" (*kathérmose*, v.1). No terceiro verso, temos "trançar" (*katéplexen*); no quinto, derivado do mesmo radical *pléko*, temos "entrelaçar" (*epépleken*). No sexto verso, aparece o verbo "cultivar" (*éthalle*); o verbo "reunir", "juntar" (*synêpsen*), no sétimo verso, adquire o sentido de trançar pelo contexto. Por fim, aparece a forma verbal "colher" (*apedrépeto*, v.10), que se integra à lista dos termos elencados para a expressão da tópica floral.

Os versos finais arrematam a guirlanda e informam que todos os jovens são nascidos na "sagrada [ilha de] Tiro" (*hierá Tiros*, v.11). Assim, essa ilha é "afortunada" (*olbísthe*, v.11), pois possui um "bosque" (*álsos*, v.12) "a emanar perfumes" (*myrópnoun*, v.11) de toda espécie: os perfumes das "flores [crescidas por ação] de Cípris" (*Kýpridos anthóphoron*, v.12), as flores dos "jovens" (*páidon*, v.12) do lugar.

Como se vê, o epigrama é enfático na alusão aos elementos florais e toma por base de suas imagens poéticas à tópica primaveril. Associando flores e perfumes, a variados jovens, a metáfora acaba por estabelecer uma relação entre cortesãos e delicadeza, de onde deriva, naturalmente, a feminilização dos rapazes. Nesse poema, praticamente todo o vocabulário opera sobre essa comparação; e, ali, flores de todo tipo representam jovens de toda sorte.

Citemos, de passagem, as outras ocorrências da tópica primaveril nos restantes epigramas eróticos helenísticos do livro 12 da AP: no epigrama 91, Antíoco é mencionado como *anthémon heithéon* ("flor entre os jovens"), além de *érnos Paphíes iostephánou* ("rebento da Páfia coroada de violetas"); em 93, temos *gyíon ánthos* ("flor dos membros [de Teodoro]); em 95, aparecem juntas as Graças, a Persuasão e flores (*myrópnous Peithó* e *anthológoi Khárites*, "Persuasão que emana perfumes" e "Graças de palavras floridas"); em 129, Diófanto é mencionado como *érnos eïthéois* ("o broto entre os jovens"); em 127, temos *kóman karpón* ("folhagem dos frutos"); em 159, *téthelen éar* ("floresce a primavera"); e por fim, em 163, os cortesãos Cleandro e Eubíoto são citados como *Peithoús ánthea kai Philíes* ("flores da Persuasão e da Amizade").

Passemos agora ao conjunto de epigramas eróticos, cujas metáforas feminilizadoras derivam não da representação das Graças ou da tópica primaveril, como analisado anteriormente, mas de outros igualmente feminis.

Os umbrais

Principiemos por estes versos:

Tua sedução é menos
de mulher do que de casa:
pois vem de como é por dentro
ou por detrás da fachada.

O poema intitulado "A mulher e a casa", de João Cabral de Melo Neto, associa elementos tradicionalmente associáveis: com forte tom erótico, o texto opera sobre uma analogia entre a mulher e a casa. Da mesma maneira que uma casa é sedutora "por detrás da fachada", assim também a mulher, pelo "como é por dentro", é sedutora:

uma casa não é nunca
só para ser contemplada.
Melhor: somente por dentro
é possível contemplá-la.

Centrando-se, pois, na comparação entre o interno (dos cômodos, dos vazios) e o externo (da fachada, do reboco), o poema brinca com a essência e a aparência, com entrar e sair. Nesse vaivém, o poeta aprecia a mulher nos termos próprios de uma tradição: a associação entre o feminino e a casa, o espaço interno, o mistério (escondido pela fachada), é válida, desde os antigos até nós, como signo de representação feminina. Definimos anteriormente (ver Capítulo 2) os tradicionais símbolos relacionados ao feminino e ao masculino; aqui, centrado na "casa" e seus signos derivados, analisaremos a relação do feminino com o *paraklausíthyron* ou, como a chamaremos, a *tópica dos umbrais*.

Associada ao contexto da "festa" (*kômos*) na Grécia antiga, era prática (Tarán, 1997, p.52) dos convivas sair pelas ruas e, diante da casa de uma cortesã (a *hetaíra*), fazer uma serenata ou, mais propriamente, um *paraklausíthyron* ou "lamento diante de uma porta fechada". Não só os gregos, mas também os latinos possuíram uma poesia ligada ao *paraklausíthyron* – a que se conjuga a tópica do *exclusus amator* (Gow & Page, 1965b, p.656) –, em que normalmente temos a seguinte situação discursiva: trancada dentro de casa, encerrada por uma porta, a parceira se recusa a receber o amante, que lamenta do lado de fora, rogando em seu nome e em nome dos deuses; o principal símbolo dessa indisposição para o amor é a porta fechada (*próthyron*, "umbral", é a palavra que mais frequentemente vemos em nosso *corpus*). Os *tópoi* que costumam caracterizar tais poemas aludem às dores do amante, à ingratidão ou indiferença da amante cortejada, à porta fechada. Por esse motivo, chamaremos ao conjunto das metáforas ligadas ao *paraklausíthyron* (palavra que não ocorre literalmente nenhuma vez em nosso *corpus*) de *tópica dos umbrais*.

Consideremos ainda que, embora fosse conhecida com interlocutores do sexo masculino (cortesão ou *erômenos*) a quem um lírico amante dirige seus versos, a frequência de *paraklausíthyron* dirigido a mulheres é maior em nosso *corpus*. No livro das cortesãs, ocorre onze vezes; no dos cortesãos, em apenas cinco casos temos

O MASCULINO E O FEMININO NO EPIGRAMA GREGO **231**

uma situação de *paraklausíthyron* – o que revela, portanto, sua baixa frequência a representar o cortejo pederástico. Gow & Page (1965a, p.125), ao interpretarem certo poema (AP 5, 164), afirmam que o desejo do amante de ver uma cortesã em situação igual à dele (impedida por uma porta, a praguejar contra seu parceiro, como o eu-lírico) tem apenas um sentido retórico (embora existam alguns poucos casos), pois "não se deve supor que mulheres fossem amiúde encontradas lamentando do lado de fora das portas de seus amantes". Assim, não parece exagerado afirmar que a tópica dos "umbrais", do amante fechado para fora, tem conotações sexuais: o avanço do homem, de fora para dentro, e a recusa da mulher em ceder, em deixar que ele "entre", parecem representar a atração dos sexos segundo sua tradicional identificação homem-espaço externo, fora, rua, avançar *versus* mulher-espaço interno, dentro, casa, defender.

Concebendo, portanto, que, na situação do *paraklausíthyron*, os lugares discursivos de suplicante e de quem recusa são, respectivamente, masculino e feminino, trabalharemos com esse hipotético padrão em nossas análises; veremos sua manutenção ou subversão conforme o *corpus* de epigramas eróticos helenísticos.

Antologia palatina 5 – o umbral e as cortesãs

Comecemos pelo seguinte poema:

AP 5, 23, Calímaco

Οὕτως ὑπνώσαις, Κωνώπιον, ὡς ἐμὲ ποιεῖς
κοιμᾶσθαι ψυχροῖς τοῖσδε παρὰ προθύροις.
οὕτως ὑπνώσαις, ἀδικωτάτη, ὡς τὸν ἐραστὴν
κοιμίζεις, ἐλέου δ' οὐδ' ὄναρ ἀρτιάσαις.
γείτονες οἰκτείρουσι· σὺ δ' οὐδ' ὄναρ. ἡ πολιὴ δὲ   5
αὐτίκ' ἀναμνήσει ταῦτά σε πάντα κόμη.

Assim durmas, Conópion, como me fazes
dormir: diante destes umbrais gelados.
Assim durmas, injustíssima, de sorte que despertes
teu amante e nem em sonho obtenhas piedade.
Os vizinhos se compadecem. Tu, nem em sonho. De súbito 5
branca, tua cabeleira te lembrará de todas essas coisas.

Uma típica situação de *paraklausíthyron*: o amante masculino, mais propriamente um "erasta" (*ton erastén*, v.3), está trancado para fora, junto da porta fechada, junto do "umbral" (*prothýrois*, v.2). A cortesã "Conópion" (*Konópion*, v.1) encontra-se cerrada e não se importa, ao que parece, se os "vizinhos se compadecem" (*geítones oiktéirousi*, v.5) dos males por que passa o amante, pois ela, "nem em sonho" (*sy d' oud' ónar*, v.5). O eu-lírico, rejeitado, abandonado diante de umbrais "gelados" (*psykhroîs*, v.2), onde deverá "dormir", dirige-se a essa parceira "injustíssima" (*adikotáte*, v.3): que ela também experimente um dia a mesma situação (*Hoútos hypnósais hos emé poieîs koimâsthai*, "Assim durmas, como me fazes dormir", v.1-2), ocasião em que "[não] obtenhas piedade" (*artiásais*, v.4) "nem em sonho" (*oud' ónar*, v.4). O eu-lírico destaca ainda que "subitamente" (*autik'*, v.6) a "cabeleira encanecida" (*he polié kóme*, v.5-6) da cortesã "lembrará" a ela (*anamnései*, v.6) da brevidade da vida e, por extensão, da futilidade das recusas de amor.

Nesse poema, temos, portanto, a tópica do umbral a emoldurar toda a metáfora; a breve cena ocorre diante da porta fechada (*prothýrois*, v.2) da cortesã: dentro, ela se recusa a conceder seus favores ao amante (*ton erastén*, v.3) que assume a voz no poema. Impedido do acesso à mulher, ele lamenta e maldiz seu objeto de paixão.

No próximo poema, temos uma situação semelhante:

AP 5, 213, Posidipo
Πυθιὰς εἰ μὲν ἔχει τιν', ἀπέρχομαι· εἰ δὲ καθεύδει
ὧδε μόνη, μικρόν, πρὸς Διός, ἐκκάλεσαι.
Εἰπὲ δὲ σημεῖον, μεθύων ὅτι καὶ διὰ κλωπῶν
ἦλθεν Ἔρωτι θρασεῖ χρώμενος ἡγεμόνι.

Se Pitias possui alguém, eu me afasto; mas se ela dorme
assim sozinha, por Zeus!, chama-a cá fora um pouco.
Dize a senha: ébrio, ele veio por entre ladrões,
usando o ardiloso Eros como guia.

Diante da porta da cortesã "Pitias" (*Pythiás*, v.1), o eu-lírico
(que é do sexo masculino, conforme evidenciam as formas verbais
methýon e *khrómenos*, v.3-4) interroga provavelmente uma serva
(Waltz, 1960, p.95, nota 6). Indaga se a cortesã está dormindo
acompanhada (*Pythiàs ei men ékhei tin', apérkhomai*, "Se Pitias
possui alguém, afasto-me", v.1) ou sozinha (*ei de kathéudei hôde
móne*, "mas se ela dorme assim sozinha", v.1-2). Se ela estiver sozinha, "por Zeus!" (*pros Diós*, v.2), "chama-a um pouco" (*ekkálesai
mikrón*, v.2). E para ser recebido, o amante apresenta ainda uma
"senha" (*semeîon*, v.3): "embriagado" (*methýon*, v.3), "por entre
ladrões" (*dia klopôn*, v.3) ele "veio" (*élthen*, v.4), levado por um
"ardiloso guia" (*thraseî hegemóni*, v.4), o deus do amor, "Eros"
(*Éroti*, v.4).

Assim como no poema anterior, este último apresenta a tópica
dos umbrais: ambienta-se diante de um obstáculo (a porta, uma
serva) que afastam o eu-lírico e a cortesã, objeto de seu desejo.

Uma vez mais, a fim de comprovar a recorrência da tópica
dos umbrais no livro das cortesãs, ocasião em que os interlocutores investem-se de posições (discursivas) tradicionais – ou seja, a
mulher é quem aparece representada trancada, ela quem recusa
conceder favores; o homem, fechado para fora, é representado a
lamentar junto do umbral, a desejar a entrada – analisemos o poema
que segue:

AP 5, 189, Asclepíades

Νὺξ μακρὴ καὶ χεῖμα, μέσην δ' ἐπὶ Πλειάδα δύνει,
κἀγὼ πὰρ προθύροις νίσσομαι ὑόμενος,
τρωθεὶς τῆς δολίης κείνης πόθῳ· οὐ γὰρ ἔρωτα
Κύπρις, ἀνιηρὸν δ' ἐκ πυρὸς ἧκε βέλος.

A noite é longa no inverno, o sol se põe em meio às Plêiades
e eu vou encharcado junto ao umbral, ferido de desejo
por aquela ardilosa. Não foi paixão que Cípris
lançou, mas um impertinente dardo de fogo.

Nesse poema, vemos um amante masculino (evidente nas formas verbais *hyómenos* e *trotheís*, v.2-3) recusado, diante de um sólido "umbral" (*prothýrois*, v.2). É "noite" (*Nýx*, v.1), uma "longa" (*makré*, v.1) noite de "inverno" (*kheîma*, v.1). Além de "ferido de desejo" (*tropheîs póthoi*, v.3) pela amante "ardilosa" (*tes dolíes*, v.3), o eu-lírico também está "molhado" (*hyómenos*, v.2) de chuva. Seus infortúnios não se parecem com a "paixão" (*érota*, v.3); talvez a deusa "Cípris" (*Kýpris*, v.4), em lugar disso, tenha mandado um "impertinente" (*anierón*, v.4) "dardo de fogo" (*bélos pyrós*, v.4). Notemos o sutil paradoxo criado com a menção ao fogo, num contexto em que já se mencionaram a "noite" (portanto, o frio), o "inverno", o "molhar" de chuva.

Destaquemos a tradicional representação dos parceiros: a cortesã, de que não sabemos o nome, mas que é "ardilosa" (*dolién*, v.3), preserva-se do amante cerrando a "porta" (*prothýrois*, v.2); ele, do lado de fora, lamenta seus infortúnios. Salientemos que os termos "noite" e "inverno" são símbolos representativos do feminino (ver o quadro de Bourdieu, citado no capítulo 2) e intensificam, portanto, os sentidos feminis dessa mulher que envolve o amante (com noite, com frio, com chuva – chuva, aliás, um símbolo fortemente feminino), mas lhe fecha a porta, trancando-se dentro.

Citemos as várias outras ocorrências da tópica dos umbrais na produção dirigida às cortesãs (AP 5): no epigrama 4, temos a alusão a *thýren* ("umbral"); em 30, aparece uma vez mais a palavra *prothýrois* ("umbrais"); em 153, temos *prothýroisi* e *thyrídon* ("umbrais" e "janelas"); em 164, aparece *prothýrois* ("umbrais"); em 167, *thýren* ("umbrais"); em 191, de novo *prothýroisi* ("umbrais"); em 198, *próthyron* ("umbrais"); e por fim, em 206, aparece *thýrais* ("janelas"). Evidentes em onze poemas, de que analisamos três casos paradigmáticos, essas são as ocorrências da tópica dos umbrais relacionada à produção de epigramas do livro 5 ou das cortesãs.

O MASCULINO E O FEMININO NO EPIGRAMA GREGO **235**

Passemos agora aos casos em que a tópica dos umbrais polariza dois amantes masculinos: a caracterização dos amantes tende a ser simétrica às dos epigramas analisados anteriormente, o que investe de peculiaridades a representação do masculino nesses poemas eróticos.

Antologia palatina 12 – o umbral e os cortesãos

Nos epigramas pederásticos do livro 12 da AP, temos apenas cinco vezes a menção à tópica dos umbrais. Como afirmamos anteriormente (essa ausência corrobora tal visão), trata-se de uma temática apropriada à expressão heterossexual, ou seja, a situação discursiva parece exigir um parceiro masculino, a ser trancado para fora, recusado, e uma parceira feminina, identificada com o espaço da casa, interior, fechada.

Embora numa proporção inferior (a metade do que ocorre no livro 5), o livro 12 apresenta cinco casos da presença da tópica do *paraklausíthyron* ligada ao cortejo de cortesãos. Esses parceiros ocupam o lugar discursivo das cortesãs na AP 5 e é para eles, no livro 12, que os amantes dirigem suas exortações. Defendemos que a presença da tópica dos umbrais na AP 12 contribui para a tese sustentada neste capítulo: a de feminilização dos parceiros, decorrente dos usos de uma adjetivação ligada a símbolos femininos. Se vimos, anteriormente, a configuração dos poemas com alusão a cortesãs, vejamos agora os que representam cortesãos, centrados na tópica dos umbrais.

O epigrama seguinte é exemplo:

AP 12, 118, Calímaco
Εἰ μὲν ἑκών, ᾿Αρχῖν᾿, ἐπεκώμασα, μυρία μέμφου·
εἰ δ᾿ ἀέκων ἥκω, τὴν προπέτειαν ὅρα·
ἄκρατος καὶ ἔρως μ᾿ ἠνάγκασαν· ὧν ὁ μὲν αὐτῶν
εἷλεν, ὁδ᾿ οὐκ εἴα σώφρονα θυμὸν ἔχειν.
ἐλθὼν δ᾿ οὐκ ἐβόησα, τίς ἢ τίνος, ἀλλ᾿ ἐφίλησα
τὴν φλιήν· εἰ τοῦτ᾿ ἔστ᾿ ἀδίκημ᾿, ἀδικῶ.   5

236 LUIZ CARLOS MANGIA SILVA

Se foi por vontade que vim festejar, Arcino, reprova-me mil vezes.
Mas se vim involuntário, contempla minha precipitação.
Vinho puro e desejo me impeliram. Um deles me arrastava,
o outro não concedia discernimento ao meu coração.
Uma vez chegado, não chamei, quem ou por quem. Beijei, porém, 5
os umbrais da casa. Se isso é uma injustiça, então sou injusto.

O eu-lírico chegou aos "umbrais" (*phlién*, v.6) da casa do cortesão "Arcino" (*Arkhîn'*, v.1) "involuntariamente" (*aékon*, v.2) para
"festejar" (*epekómasa*, v.1). O amante (de que sabemos ser do sexo
masculino, como podemos depreender do uso dos adjetivos *hekón*
e *aékon*, nos versos 1 e 2, e da forma verbal *elthón*, no verso 5) justifica-se para seu interlocutor: o "vinho puro" (*ákratos*, v.3) e o
"desejo" (*éros*, v.3) o "forçaram" (*enánkasan*, v.3) a festejar; mas,
se ele veio ("eu vim", *elthón*, v.5), por não querer importunar, "não
chamou" (*ouk ebóesa*, v.5). Ao contrário, ele ficou a "beijar" (*ephílesa*, "amar", "fazer amor" e ainda "beijar") os umbrais da casa.
Não crendo que haja cometido nenhuma insanidade, o eu-lírico
afirmará: "se cometi uma injustiça" (*ei toût' ést' adíkem'*, v.6), então
"sou injusto" (*adikô*, v.6).
Podemos ver, nesse epigrama, a tópica ligada ao *paraklausíthyron* a relacionar amantes masculinos, com a consequente feminilização do parceiro "trancado". O cortesão Arcino recusa receber
o eu-lírico que, chegado involuntariamente, vincula sua aparição
inesperada aos efeitos do vinho e do desejo. Vemos, assim, a per-
manência de uma situação discursiva em que os parceiros, antes
homem e mulher, são agora ambos masculinos, investindo de conotações feminis o cortesão Arcino, o objeto desejado.
Passemos a outro poema:

AP 12, 14, Dioscórides
Δημόφιλος τοιοῖσδε φιλήμασιν εἰ πρὸς ἐραστὰς
χρήσεται ἀκμαίην, Κύπρι, καθ' ἡλικίην,
ὡς ἐμὲ νῦν ἐφίλησεν ὁ νήπιος, οὐκέτι νύκτωρ
ἥσυχα τῇ κείνου μητρὶ μενεῖ πρόθυρα.

O MASCULINO E O FEMININO NO EPIGRAMA GREGO **237**

Se Demófilo conceder estes beijos aos seus amantes,
Cípris, até o fim de sua juventude (como há pouco
o jovem me concedeu), jamais, pela noite, os umbrais
da casa de sua mãe permanecerão tranquilos.

O cortesão "Demófilo" (*Demóphilos*, v.1), que ainda é muito
"jovem" (*népios*, v.3), oferece deliciosos "beijos" (*philémasin*, v.1)
"aos amantes" (*pros erastás*, v.1). O eu-lírico é um desses amantes já
beijados por ele (*hos emé nyn ephílesen*, "[beijos] como há pouco me
beijou", v.3). Evocando "Cípris" (*Kýpri*, v.2), o eu-lírico se indaga:
se o jovem oferecer tais beijos até o "ápice" (*akmáien*, v.2) de sua
"juventude" (*helikíen*, v.2), certamente os "umbrais" (*prothýra*, v.4)
da casa "de sua mãe" (*tei keínou metrí*, v.4) "jamais" (*oukéti*, v.3)
"permanecerão" (*meneî*, v.4) "tranquilos" (*hésykha*, v.4) "durante
as noites" (*nýktor*, v.3), por causa da movimentação de amantes a
pedir seus favores. Notemos que o interlocutor do *paraklausíthyron*
é um cortesão, Demófilo. Aparece num espaço feminilizador, como
defendemos aqui, o que é reiterado pela evocação à noite, no quinto
verso (*nýktor*) que, símbolo erótico por si só, também é um forte
símbolo feminino. Destaquemos ainda que a menção à mãe do cortesão (*metrí*), no verso final, ressalta sua imaturidade (de fato, ele é
bem "jovem"), sua necessidade de ser defendido. O que não temos,
no poema, é um processo de virilização, centrado na evocação de
atributos e símbolos masculinos. Ao contrário: ao selecionar, dentre
os símbolos disponíveis, especialmente aqueles que se relacionam ao
feminino, tais como umbrais, noite, proteção materna, entre outros,
o epigrama tende a revelar um processo de feminilização do cortesão.
Passemos a outro epigrama:

AP 12, 72, Meléagro
Ἤδη μὲν γλυκὺς ὄρθρος· ὁ δ' ἐν προθύροισιν ἄϋπνος
Δᾶμις ἀποψύχει πνεῦμα τὸ λειφθὲν ἔτι,
σχέτλιος, Ἡράκλειτον ἰδών· ἔστη γὰρ ὑπ' αὐγὰς
ὀφθαλμῶν βληθεὶς κηρὸς ἐς ἀνθρακίην.
ἀλλά μοι ἔγρεο, Δᾶμι δυσάμμορε· καὐτὸς Ἔρωτος   5
ἕλκος ἔχων ἐπ' σοῖς δάκρυσι δακρυχέω.

238   LUIZ CARLOS MANGIA SILVA

Já surge a doce aurora. Nos umbrais, porém, o insone
Dâmis ainda exala o ar que lhe resta,
miserável, uma vez que viu Heráclito. Colocou-se
sob o clarão de seus olhos, jogado como cera no braseiro.
Vamos, levanta, oh Dâmis infelicíssimo. Eu próprio   5
possuo a ferida de Eros e choro sobre o teu choro.

Diante dos "umbrais" (*prothýroisin*, v.1) o "insone Dâmis"
(*háupnos Dâmis*, v.1-2) resiste e "exala" (*apopsýkhei*, v.2) o "ar"
(*pneûma*, v.2) "que ainda lhe resta" (*to leiphtén éti*, v.2). O motivo de
sua vigília, durante toda a noite (*Ede men glykýs órthros*, "Já surge
a doce aurora", v.1) é "Heráclito" (*Herákleiton*, v.3), o cortesão que
mantém sua porta fechada: ao "ver" o "brilho de seus olhos" (*augás
ophthalmôn*, v.3-4), o "miserável" (*skhétlios*, v.3) Dâmis derreteu-se
como "cera" (*kerós*, v.4) em um "braseiro" (*anthrakíen*, v.4) e não
conseguiu mais abandonar sua morada. Escravizado por Heráclito,
o amante Dâmis conquista a simpatia do eu-lírico, pois ele próprio
(*kautós*, v.5) também possui a "ferida de Eros" (*Érotos hélkos*, v.5-
6), ou seja, sofre de desejo por alguém, de maneira que, sobre "teu
choro" (*soîs dákrysi*, v.6), também "eu choro" (*dakrykhéo*, v.6).
Nomeando ambos os parceiros – o cortesão, que está cerrado por
uma porta, Heráclito, e seu cortejador, Dâmis –, o poema atesta
ainda o sexo masculino do eu-lírico (o termo *kautós* o testemunha).
Assim, todos os parceiros envolvidos na situação do *paraklausíthyron* são, nesse caso, homens, a despeito da locução própria do
discurso, que amiúde caracteriza parceiros de sexo oposto.

Mais uma vez, portanto, a tópica dos umbrais representa amantes masculinos, o que faz com que a ocorrência de tal metáfora não
esteja restrita à produção do livro das cortesãs (embora lá ela seja
mais frequente). No livro 12, a presença da tópica dos umbrais
inscreve-se em um processo mais amplo de feminilização dos cortesãos cantados nesse livro. Ao lado da representação das Graças e
da tópica primaveril, simétricas em ambos os livros 5 e 12, também
a tópica dos umbrais vem destacar a feminilidade dos parceiros
cortejados pelo eu-lírico.

Citemos, brevemente, os restantes casos dessa tópica no livro 12: no epigrama 23, temos o termo *prothýroisi* ("umbrais"), assim como em 131, *prothýron*; neste último caso, no entanto, a despeito de sua alocação no livro 12, o poema apresenta, junto ao umbral, uma cortesã.

A delicadeza

Um terceiro ponto a destacar sobre a caracterização feminilizadora do parceiro-objeto (cortesãs e cortesãos) nos epigramas eróticos helenísticos refere-se ao uso de adjetivos com sentidos ligados à delicadeza. Qualidade tradicionalmente associada ao feminino, ao lado da representação das Graças, da tópica das flores e dos umbrais, a delicadeza de cortesãs e cortesãos evidencia, mais uma vez, o processo de feminilização responsável pela simetria das representações dos parceiros cortejados. No caso dos cortesãos, suas qualidades feminilizadoras os aproximam mais da representação dos *kínaidoi* do que dos *erômenoi* que a poesia erótica grega preferiu, confundindo assim dois tipos de representação masculina no epigrama helenístico.

Começaremos nossa análise pelos epigramas do livro 5, das cortesãs. Mostraremos que certos adjetivos se relacionam especialmente aos atributos próprios de uma cortesã. Pela frequência dos usos tradicionais nesse *corpus*, assim como na tradição grega, será inusitado encontrá-los, a seguir, a caracterizar igualmente cortesãos. Seu uso, aliás, no *corpus* homoerótico é mais frequente do que se poderia imaginar.

Antologia palatina 5 – a delicadeza das cortesãs

O breve epigrama a seguir nos dá uma ideia da associação evidente entre uma cortesã e seus atributos. O poema trabalha com um trocadilho que forçosamente preservaremos na tradução:

240 LUIZ CARLOS MANGIA SILVA

AP 5, 154, Meléagro
Ναὶ τὰ νηξαμέναν χαροποῖς ἐνὶ κύμασι Κύπριν,
ἔστι καὶ ἐκ μορφᾶς ἁ Τρυφέρα τρυφερά.

Sim, por Cípris a nadar nas vagas claras;
pela forma, Delicada é também delicada.

O nome próprio "Delicada", de nossa tradução, verte o sentido de *Tryphéra*, que possui duas significações no poema: *Tryphéra* (v.1), em maiúscula, é um nome próprio ("Trifera"); em minúscula, *trypherá* (v.2), com acento deslocado, é um adjetivo ("delicada"). Trata-se de um jogo análogo ao que conseguiríamos, em português, com "Bela é bela" ou, como em nossa tradução, "Delicada é delicada". O trocadilho associa, pois, o nome da cortesã e uma qualidade sua.

Destaquemos o contexto feminil do poema, já analisado no Capítulo 4: no primeiro verso, a maioria dos termos alude, direta ou indiretamente, à água; assim, *nexaménan* ("nadar"), *kýmasi* ("ondas"), *Kýprin* ("Cípris", a deusa do mar) e, ainda, *kharopoîs* ("claras") são os termos úmidos que aparecem ali. A tópica do poema, portanto, ao aludir ao elemento *água*, alude, direta e indiretamente, ao feminino. Nesse contexto, o parentesco criado entre a cortesã e seus atributos adquire fortes conotações feminis. Destaquemos ainda que o adjetivo *trypherós* (Bailly, 1950) relaciona-se à delicadeza da pele, das mãos, dos frutos, em sua acepção física; em sua acepção moral, *trypherós* significa "mole", "fraco" ou "feminil"; dirigido a homens, designa um indivíduo "afeminado".

Rápida a passagem do tempo, quando se está acompanhado; lenta, porém, se dormimos sozinhos...

AP 5, 173, Meléagro
Ὄρθρε, τί νῦν, δυσέραστε, βραδὺς περὶ κόσμον ἑλίσσῃ,
ἄλλος ἐπεὶ Δημοῦς θάλπεθ' ὑπὸ χλανίδι;
'Αλλ' ὅτε τὰν ῥαδινὰν κόλποις ἔχομ, ὠκὺς ἐπέστης,
ὡς βάλλων ἐπ' ἐμοὶ φῶς ἐπιχαιρέκακον.

Oh aurora, por que agora, inimiga do amor, volteias lentamente ao redor do mundo, quando outro se aquece sob a coberta de Demô?

O MASCULINO E O FEMININO NO EPIGRAMA GREGO   241

Mas quando, eu possuía a delicada nos braços, vieste rápida,
como que a lançar sobre mim tua luz jubilosa do mal de alguém.

A "inimiga do amor" ou, ainda, a "mal-amada" (*dyséraste*, v.1)
"aurora" (*Órthre*, v.1) é injusta com o eu-lírico: quando um "outro"
(*állos*, v.2) "se aquece" (*tháresth'*, v.2) com a cortesã "Demô"
(*Demoûs*, v.2), jamais ela chega, para que os amantes se separem.
Mas, ao contrário, quando o próprio eu-lírico "possui" (*ékhom'*,
v.3) junto ao "peito" (*kólpois*, v.3) essa "delicada" (*rhadinán*, v.3)
parceira, a aurora "sobrevém rapidamente" (*okýs epéstes*, v.3),
quiçá "rejubilante do mal" (*epikhairékakon*, v.4) que "causa a mim"
(*ep'emói*, v.4) ao "lançar" (*bállon*, v.4) sua "luz" (*phôs*, v.4). Naturalmente, são distintos os efeitos psicológicos relativos à espera ou
ao desfrute da companhia de uma cortesã.

A cortesã Demô, como *Tryphéra* em um poema anterior, é também "delicada". O termo *rhadinán* (Bailly, 1950), no contexto,
pode ser traduzido por "terno", "delicado". Assim, sinônimo do
adjetivo *trypherá*, *rhadinán* enfatiza, como aquele, as qualidades
feminis ligadas à beleza de uma cortesã: sua delicadeza.

Passemos a outro epigrama:

AP 5, 190, Meléagro
Κῦμα τὸ πικρὸν ᾿Ερωτος ἀκοίμητοί τε πνέοντες
ζῆλοι καὶ κώμων χειμέριον πέλαγος,
ποῖ φέρομαι πάντῃ δὲ φρενῶν οἴακες ἀφεῖνται;
᾿Η πάλι τὴν τρυφερὴν Σκύλλαν ἀποψόμεθα;

Vagas amargas de Eros, ciúmes incessantes que emanam
e mar tempestuoso das festas, para onde me levai,
se os lemes de meu coração me abanadonaram completamente?
Será que de novo veremos ao longe a delicada Cila?

Nesse poema, uma tópica marítima pode ser vista (já analisamos
esse poema no Capítulo 4); o eu-lírico aparece identificado a um
barco – "para onde me levam" (*poî phérousi*, v.3), se os "lemes de

242 LUIZ CARLOS MANGIA SILVA

meu coração" (*phrenôn oíakes*, v.3) me "abandonaram" (*apheîntai*, v.3)? Desgovernado por causa das "vagas amargas de Eros" (*Kýma pikrón Érotos*, v.1), de "ciúmes incessantes" (*akóimetoi zêlos*, v.1-2) e de um "mar tempestuoso de festas" (*kômon kheimérion pélagos*, v.2), o amante-barco só teme agora encontrar "perigos" realmente marinhos: o nome "Cila" (*Skyllan*) aparece no verso final e designa, a um só tempo, o terrível monstro marinho que aparece na *Odisseia*, e a perigosa cortesã, pirata espoliadora ou sereia encantadora. O termo *trypherén*, aplicado a Cila, se adequado ao universo das mulheres, adquire o insólito de atribuir uma característica imprevista – a delicadeza – a um bem conhecido monstro. Como Teócrito, que atribui belas qualidades ao feio Polifemo, também aqui o jogo entre essência e aparência parece ser um dos resultados – como de resto na arte helenística.[12] Mais uma vez, portanto, o termo *trypherá* (na forma *trypherén*, v.4) é o escolhido para qualificar uma cortesã, perigosa como um monstro, mas delicada.

Um último epigrama será citado integralmente, a fim de evidenciar os recorrentes usos de termos ligados à delicadeza feminina nos poema helenísticos; trata-se de um termo que ainda não aparecera, *hapalós*:

> AP 5, 194, Asclepíades ou Posidipo
> Αὐτοὶ τὴν ἁπαλὴν Εἰρήνιον εἶδον Ἔρωτες
> Κύπριδος ἐκ χρυσέων ἐρχόμενοι θαλάμων,
> ἐκ τριχὸς ἄχρι ποδῶν ἱερὸν θάλος, οἶά τε λύγδου
> γλυπτὴν, παρθενίων βριθομένην χαρίτων,
> καὶ πολλοὺς τότε χερσὶν ἐπ᾽ ἠϊθέοισιν ὀϊστοὺς   5
> τόξου πορφυρέης ἧκαν ἀφ᾽ ἁρπεδόνης.

> Os Amores, saídos eles próprios da morada
> de ouro de Cípris, viram a delicada Irênion,
> rebento sagrado da cabeça aos pés, como esculpida

---

12 Para essa questão, cf. a obra de Onians (1996).

O MASCULINO E O FEMININO NO EPIGRAMA GREGO   243

em mármore branco, repleta dos encantos juvenis –
e então desferiram, com as mãos, da corda   5
do arco purpúreo muitas flechas sobre os rapazes.

A cortesã "Irênion" (*Eirénion*, v.1), de tão "delicada" (*hapalén*, v.1 – esse termo qualificou uma flor em AP 5, 147, analisado anteriormente) –, arrebatou os "próprios Amores" (*Autói Érotes*, v.1) quando saíam da "morada" (*thalámon*, v.2) de sua mãe, "Cípris" (*Kýpridos*, v.2). Qual um "rebento sagrado" (*hierón thálos*, v.3), admirável "dos pés à cabeça" (*ek trikhós ákhri podôn*, v.3), "como esculpida em mármore" (*hoîa te lýgdou glyptén*, v.3-4), a cortesã de "encantos juvenis" (*partheníon kharíton*, v.4) ensandeceu os Cupidos, que então "desferiram" (*êkan*, v.6) de seus "arcos purpúreos" (*tóxou porphyrées*, v.6) "muitas flechas" (*polloús oistoús*, v.5) sobre os "rapazes" (*eïthéoisin*, v.5). Admirados pela beleza de Irênion, cujo aspecto delicado é ressaltado, os próprios Amores permaneceram cativos. Sua pele, a que *hapalén* pode se referir, possui ainda a cor branca, qual o mármore (v.3-4), de maneira que um outro atributo – a pele branca – tradicionalmente relacionado às mulheres na cultura grega é evocado.

Citemos, de passagem, as outras ocorrências de atributos de delicadeza no conjunto de poemas dirigidos a cortesãs (AP 5). São onze as ocorrências, de que demos testemunho integral de quatro. As outras são: em 151, temos *trypherói khrotí* ("a delicada pele [da cortesã Zenófila])"; em 160, Demô é chamada *leukopáreie* ("de alva face"); em 174, temos Zenófila, um *trypherón thálos* ("rebento delicado"); em 185, aparece uma vez mais o nome *Tryphéra* ("Delicada"); em 198, menciona-se o *trypherón meídema* ("sorriso delicado") de Anticleia; em 199, temos um novo termo, *malakái mítrai* ("cintos delicados"); e em 308, aparece o verbo *malássein* ("amolecer"). Essas são, pois, as ocorrências de termos ligados à delicadeza referindo-se a mulheres, às cortesãs helenísticas do livro 5 da *Palatina*. Destaquemos que seus usos relacionados ao feminino surgem--nos consonante uma tradição que associa a delicadeza às mulheres. Passemos ao livro 12.

244 LUIZ CARLOS MANGIA SILVA

Antologia palatina 12 – a delicadeza dos cortesãos

Paradoxalmente, no livro dos cortesãos, um vocabulário caracterizador da delicadeza dos parceiros é mais frequente do que no das cortesãs. Se no livro 5 são onze as ocorrências, no livro 12 são quatorze. Embora os adjetivos ressaltem atributos considerados femininos, seu sobreuso ocorre no livro masculino, ou seja, a caracterizar atrações pederásticas. Os epigramas eróticos helenísticos denotam, portanto, o gosto pelos cortejo de parceiros afeminados. Analisemos os mais importantes casos:

AP 12, 109, Meléagro
Ὁ τρυφερὸς Διόδωρος ἐς ἠϊθέους φλόγα βάλλων
ἤγρευται λαμυροῖς ὄμμασι Τιμαρίου,
τὸ γλυκύπικρον Ἔρωτος ἔχων βέλος. ἦ τόδε καινὸν
θάμβος ὁρῶ· φλέγεται πῦρ πυρὶ καιόμενον.

O delicado Diodoro, que lança flamas sobre os jovens
e possui a arma doce e amarga de Eros, foi feito
cativo dos olhos vorazes de Timário. De fato, vislumbro
um novo espanto: fogo extinto se acende com fogo.

No poema, o cortesão "Diodoro" (*Diódoros*, v.1) cujas "flamas" (*phlóga*, v.1) incendeiam os "rapazes" (*eïthéous*, v.1) é adjetivado com o termo *trypherós* ("delicado", v.1). Tendo já caracterizado cortesãs (na AP 5, 154, 190, anteriormente analisados), agora o termo refere-se a um parceiro masculino. Destaquemos que Diodoro, se, de um lado, incendeia os rapazes e possui a "arma" (*bélos*, v.3) "doce e amarga" (*glypýpikron*, v.3) do deus "Eros" (*Érotos*, v.3), de outro, "foi feito cativo" (*égreutai*, v.2) dos "olhos vorazes" (*lamyroîs ómmasi*, v.2) de "Timário" (*Timaríou*, v.2). O gênero deste nome próprio é duvidoso: embora Bailly (1950) e Gow & Page (1965b, p.641) afirmem tratar-se de um nome feminino, a terminação em diminutivo (*–íon*), se bem que mais comum em nomes de cortesãs,[13]

---

13 Defendem Gow & Page (1965b, p.641): "O motivo, *erômenos erastheís* [efebo apaixonado], é comum [...]; esta variação – o raptor de homens pego por uma mulher – é uma novidade. Este e o epigrama seguinte estão fora de lugar na AP 12".

é neutra. O compilador da AP, no entanto, considerou-o masculino, pois alocou o poema no livro 12, dos cortesãos (o nome *Timárion* ocorre outra vez, no mesmo livro, no epigrama 113; no livro feminino, AP 5, ocorre no epigrama 96).

Se se trata de uma cortesã ou de um cortesão o objeto de desejo de Diodoro, para os fins da presente análise confirmemos apenas o uso do adjetivo "delicado" (*trypherós*) relacionado a ele (considerado por Gow & Page (1965b) um *erômenos*), pondo em relevo uma qualidade sua semelhante à das cortesãs. A origem do termo *trypherós* relaciona-se ao substantivo *tryphé* ("moleza", "lassidão", "vida delicada e sensual") e ao verbo *trypháo* ("ser delicado ou voluptuoso", "ser mole ou afeminado"). Moleza e lassidão, enfatizemos, não eram os atributos preferidos pelos pederastas segundo a arte da época clássica (conforme Dover (1994) e Foucault (1984)) e constitui, portanto, uma qualidade particular da produção de epigramas eróticos helenísticos.

O poema seguinte constitui mais um caso:

AP 12, 133, Meléagro
Διψῶν ὡς ἐφίλησα θέρευς ἀπαλόχροα παῖδα,
εἶπα τότ' αὐχμηρὰν δίψαν ἀποπροφυγών·
"Ζεῦ πάτερ, ἆρα φίλημα τὸ νεκτάρεον Γανυμήδευς
πίνεις, καὶ τόδε σοι χείλεσιν οἰνοχοεῖ;
καὶ γὰρ ἐγὼ τὸν καλὸν ἐν ἠιθέοισι φιλήσας   5
'Αντίοχον ψυχῆς ἡδὺ πέπωκα μέλι."

No verão, sedento eu beijei o jovem de pele tenra;
afastada a seca sede, então eu disse:
"Oh Zeus pai, acaso tomas os beijos nectáreos
de Ganimedes, que para ti com os lábios os verte?
Pois também eu, quando beijei dentre os jovens o belo   5
Antíoco, bebi com a alma um doce mel."

O eu-lírico, ao "beijar" (*ephílesa*, v.1) um "jovem de pele tenra" (*hapalókhroa paîda*, v.1) quando "sentia sede" (*Dipsôn*, v.1) no

246 LUIZ CARLOS MANGIA SILVA

"verão" (*théreus*, v.1), pode "afastar" (*apoprophygón*, v.2) para longe essa "seca sede" (*aukhmerán dípsan*, v.2) com a seiva de tais beijos. De igual forma, pensa ele, talvez o "pai Zeus" (*Zeû páter*, v.3) beba os beijos de seu jovem escanção: "bebes" (*píneis*, v.4) os "beijos nectáreos" (*phílema nektáreon*, v.3) de "Ganimedes" (*Ganymédeus*, v.3)? Se isso é verdade, igualmente o eu-lírico "beijou" (*phílesas*, v.5) o "belo Antíoco" (*kalón Antíokhon*, v.5-6) e "bebeu" (*pépoka*, v.6) "com a alma" (*psykhés*, v.6) um "doce mel" (*hedý méli*, v.6). Assim, os beijos dos amados são a melhor bebida para os sedentos.

Destaquemos as qualidades de Antíoco: mencionado por sua beleza no quinto verso ("belo", *kalón*), no primeiro é citado por sua "pele tenra" ou "pele delicada". Do adjetivo *hapalókhroa*, a primeira parte do composto, *hapalós*, já apareceu aqui a caracterizar uma cortesã (a *hapalén Eirénion*, no epigrama 194 da AP 5; também a flor do narciso foi chamada *hapalén* na AP 5, 147). Assim, com atributos semelhantes aos da cortesã e da flor, o cortesão Antíoco é admirado pelo seu amante.

Mais um poema:

AP 12, 59, Meléagro
Ἁβρούς, ναὶ τὸν Ἔρωτα, τρέφει Τύρος· ἀλλὰ Μυΐσκος
ἔσβεσεν ἐκλάμψας ἀστέρας ἠέλιος.

Por Eros! A ilha de Tiro nutre delicados jovens.
Mas Miisco, sol que brilha, ofusca as estrelas.

A venturada ilha de "Tiro" (*Týros*, v.1) é um lugar privilegiado por "nutrir" (*tréphei*, v.1) – "por Eros!" (*nai ton Érota*, v.1) – os jovens mais "delicados" (*Habroús*, v.1). Dentre todos, um, no entanto, é superior: "sol que brilha" (*eklámpsas eélios*, v.2), "Miisco" (*Myïskos*, v.1) "ofusca" (*hésbesen*, v.2) até mesmo as "estrelas" (*astéras*, v.2). Notemos a concisão do segundo verso, centrada em termos cheios de brilho (e opacidade): o verbo "brilhar" (*eklámpsas*), a alusão a "sol" (*eélios*) e a "estrelas" (*astéras*) fazem o verso reluzir, em sutil contraste com o verbo "ofuscar" (*hésbesen*) que principia a sequência.

O MASCULINO E O FEMININO NO EPIGRAMA GREGO **247**

A palavra *habrós* não apareceu a caracterizar nenhuma cortesã do livro 5. No livro 12, no entanto, ela já aparecera uma vez: no epigrama 256, o mesmo cortesão Miisco é qualificado como *habrokóme*, "de cabeleira abundante" ou, como sugere Bailly (1950), de "cabeleira *afeminada*". De fato, o termo *habrós* associa-se ao feminino e seu uso relacionado a homens constitui uma feminilização. Assim, a virtude da ilha de Tiro é gerar jovens afeminados.

Um último exemplo da preferência pederástica nos epigramas do livro 12. A cena como um todo parece justificar-se sozinha:

AP 12, 37, Dioscórides
Πυγὴν Σωσάρχοιο διέπλασεν 'Αμφιπολίτεω
μυελίνην παίζων ὁ βροτολοιγὸς "Ερως,
Ζῆνα θέλων ἐρεθίζαι, ὁθούνεκα τῶν Γανυμήδους
μηρῶν οἱ τούτου πουλὺ μελιχρότεροι.

O brincalhão Eros, funesto aos mortais,
fez macias as nádegas de Sósarcos de Anfípolis,
com a intenção de excitar Zeus: as coxas desse jovem
são muito mais doces que as de Ganimedes.

A "bunda" ou "as nádegas" (*Pygén*, v.1) do cortesão "Sósarco" (*Sosárkhoio*, v.1) são "macias" (*myelínen*, v.2), obra do filho de Afrodite, "Eros" (*Éros*, v.2) "brincalhão" (*páizon*, v.2) e "funesto" (*brotoloigós*, v.2; esse adjetivo caracteriza, desde Homero, o deus da guerra Ares). O deus do amor talvez tenha feito assim macias essas nádegas com a intenção de "excitar" (*erethízai*, v.3) ao soberano olímpico, "Zeus" (*Zêna*, v.3): é que as "coxas" (*merôn*, v.4) do jovem Sósarco são "mais doces" (*melikhróteroi*, v.4) do que as do escanção "Ganimedes" (*Ganymédous*, v.3). Os atributos do cortesão são assim valorizados em comparação aos de Ganimedes.

Uma bunda "macia" (*myelínen*, v.2) parece denotar uma vida afastada de práticas atléticas, afastada de um ideal viril. Gow & Page (1965b, p.242) destacam que o termo, na poesia latina, refere-se mais propriamente a um *cinaedus* (o *kínaidos* grego), um adulto

248 LUIZ CARLOS MANGIA SILVA

afeminado, do que a um *erômenos*. Embora acreditemos que essa afirmação seja correta, em relação aos epigramas eróticos helenísticos devemos afirmar apenas que os jovens são caracterizados de maneira feminil, e não conforme a tradição poética faz supor. Lembremos ainda que um elogio dirigido a uma bunda masculina já fora visto aqui, em um poema anteriormente analisado (AP 12, 38).

Citemos as outras ocorrências de adjetivos feminilizadores no livro 12, para caminharmos para a conclusão: em 57, temos uma *habrós ágalma* ("delicada estátua"); em 91, o cortesão Estasícrates é citado como *hedýn* e *habrón* ("doce" e "delicado"); em 94, temos Diodoro, *Terpnós* ("encantador"), e Díon, *hedyepés* e *hapalókhroos*, ("de doce falar" e "tenra pele"); em 125, temos a menção à *habrá oktokaidétous páidos* ("delicadeza dos jovens de 18 anos") e à *hapaloî khrotí* ("pele tenra") de um cortesão; em 170, menciona-se um jovem de pele *melíkhros* ("doce", "castanha"); em 154, temos Miisco, cujo nome é *glykús* e *kharíeis* ("doce" e "gracioso"); em 158, temos a alusão a Eros, deus *habropédilos* ("de delicados calçados"); e, por fim, no já citado epigrama 38, um *glyký élaion* ("doce óleo") é vertido sobre uma bunda masculina.

Conclusão

Pudemos analisar, neste capítulo, o conjunto das representações do epigrama erótico helenístico em que uma série de símbolos culturais (metáforas, imagens, em uma palavra, *tópica*) femininos é evocada para caracterizar os parceiros cortejados pelo eu-lírico. Assim, um processo de feminilização estende-se não só ao livro 5 (das cortesãs), mas também ao livro 12 (dos cortesãos).

Analisamos, primeiramente, o conjunto das representações das deusas Graças (*Khárites*) e das flores (*ánthos, rhódon*), que constituem a base da tópica de muitos epigramas – tanto os que representam cortesãs (e, nesses casos, as Graças passam ainda por modelos de beleza feminina) como os que representam cortesãos. Depois, analisamos o conjunto das representações ligadas à tópica dos umbrais (*paraklausíthyron*) que, conforme pudemos avaliar, trata-se de um símbolo potencialmente feminino; a despeito disso, no livro das cortesãs (AP 5) ou no livro dos cortesãos (AP 12; neste último menos numeroso), a tópica é evocada e, ao lado das representações das Graças e das flores, contribui para um tipo de caracterização apropriada a cortesãs, mas não necessariamente a cortesãos. Em seguida, analisamos os adjetivos relacionados às parceiras femininas, assim como aos masculinos, e pudemos perceber que, também nesse caso, a força de símbolos feminilizadores, tais como a delicadeza, a maciez, entre outros, impõe-se às cortesãs, mas também aos cortesãos. Devemos considerar, portanto, que, no âmbito das representações do epigrama erótico helenístico, um processo de feminilização aplica-se a cortesãs (como poder-se-ia esperar), mas igualmente a cortesãos. Sabemos que a tradição artística grega não apreciava homens afeminados, pelo menos durante a época clássica, conforme demonstramos no Capítulo 2. Assim, devemos considerar – com Dover (1994, p.105), aliás, que o sugere de passagem – que, no período helenístico, os padrões conhecidos de beleza dos rapazes ou efebos (ou ainda *erômenoi*), ligados a um ideal de virilidade, transformam-se: a quase totalidade dos casos na AP 12 evidencia a preferência por jovens afeminados.

Destaquemos que, conforme evidenciamos no Capítulo 2, a tradição grega preferiu representar os jovens de maneira viril na época clássica, depreciando os afeminados. Adultos afeminados – os *kínaidoi* – não eram desconhecidos, mas constituíam mais um alvo de crítica (de Aristófanes, entre outros) do que elogios.

No caso dos epigramas helenísticos da AP 12, as representações, embora feminilizadoras, não se referem aos *kínaidoi*, uma vez que há ênfase na idade juvenil (evidente no uso da palavra grega *akmé*, "ápice [da juventude]", frequente nos epigramas; ver, por exemplo, AP 12, epigrama 14). Tratando-se, portanto, de *erômenoi* (Calímaco usa a palavra *erómenon* na AP 12, epigrama 43) que, nesse caso, são jovens cortesãos, as representações helenísticas apropriam-se dos qualificativos dos *kínaidoi*, mas aplicam-nos aos *erômenoi* tradicionalmente cantados na poesia erótica grega.

O resultado das análises das representações das cortesãs no livro 5 da AP e dos cortesãos no livro 12 é, portanto, o de evidenciar a homogeneidade das caracterizações (tendendo à feminilização) de toda sorte de parceiros, cortesãs ou cortesãos.

Conclusão:
GÊNERO E OS EPIGRAMAS
ERÓTICOS HELENÍSTICOS

Neste livro, avaliamos a inadequação dos critérios de classificação dos epigramas eróticos helenísticos em dois livros pela *Antologia palatina*. Pretendendo separar tais poemas conforme o sexo/gênero do amado cortejado – de forma que o livro 5 reúne os epigramas em que um eu-lírico masculino dirige-se a cortesãs, e o livro 12, a cortesãos –, o critério da *Palatina* incorre em diferentes simplificações da representação do desejo nesses poemas.

Mostramos, no Capítulo 1, que as antologias que abrigaram tais epigramas na Antiguidade – a de Meléagro de Gádara, da qual provém a maior parte de nosso *corpus*, e a de Filipe de Tessalônica, ambas intituladas *Guirlanda* – não apresentavam o critério sexo/gênero como um dos fundamentos de editoração dos poemas. Embora nossa intenção não fosse tentar reconstruir os epigramas nas antologias antigas (para isso, remetemos ao estudo de Gutzwiller (1998, p.326-7), em que se podem ver as hipotéticas sequências homo e heterossexuais relacionadas), demonstramos que o critério principal da editoração de Meléagro foi temático: reunidos pelos mesmos temas, evidentes pela tópica cultivada, os epigramas helenísticos que compõem dos livros 5 e 12 da AP estiveram reunidos, intercalados e provavelmente abrigados em um único volume de papiro (erótico, portanto) dos quatro que reuniram essa *Guirlanda*.

252 LUIZ CARLOS MANGIA SILVA

Assim, reunidos – e não separados, como quer a AP –, os epigramas eróticos helenísticos guardam profundas semelhanças. A separação segundo o teor masculino ou feminino do cortejo, desconhecida, portanto, revela-se como um hábito cristão e tardio, negligente quanto ao sabor da expressão do desejo na Antiguidade.

Ao proceder a um estudo de gênero na Antiguidade, no Capítulo 2, demonstramos que, mais do que a determinação biológica dos indivíduos, a que o termo *sexo* faz menção, a categoria *gênero* é um construto cultural. Não podendo ser reduzido à simples determinação dos corpos anatômicos (embora sempre a eles fazendo referência), gênero refere-se às representações de homens e de mulheres nos domínios da linguagem, nos domínios dos discursos sociais que os (re)apresentam. No caso dos gregos, definimos os principais símbolos culturais relacionados ao masculino e feminino. Embora variando segundo o tempo, os lugares e as fontes, tomamos o caso das representações do período clássico (porque mais abundantes) como hipotéticos "padrões" para as nossas análises; baseados em Dover (1994) e Foucault (1984), mas também em Hubbard (2003), entre outros, pudemos conhecer os símbolos culturais (de que a poesia faz largo uso) caracterizadores do masculino e feminino no mundo antigo. Embora arbitrários, tais símbolos tiveram a força de produzir e reproduzir as identidades de gênero (por um processo que, com Bourdieu (1999, p.32-44), chamamos de "somatização" ou "incorporação" das diferenças sexuais), e um exame atento desses símbolos permite distinguir os atributos desejáveis e indesejáveis a homens e mulheres no seio da sociedade grega. Em nosso caso, com base nos epigramas eróticos helenísticos, a intenção foi a investigação de tais símbolos no *corpus* de 250 poemas que extraímos dos livros 5 e 12 da *Palatina*.

No primeiro conjunto analisado (Capítulo 3), demonstramos que os epigramas não fazem nenhuma alusão às características do amado cortejado pelo eu-lírico. Trata-se de representações poéticas em que o eu-lírico não se dirige a seus objetos de desejo (cortesãs – AP 5 – ou cortesãos – AP 12), mas antes aos patronos do desejo erótico, os deuses Eros e Afrodite. Fazendo valer uma estrutura dis-

O MASCULINO E O FEMININO NO EPIGRAMA GREGO 253

cursiva bastante cultivada pela lírica erótica grega, salientada por Luque (2000, p.14), os epigramas configuram-se como um triângulo, em que podemos ver "o amante, o amado e, em um terceiro vértice, Eros ou Afrodite como interlocutores". Os poemas analisados no Capítulo 3 não apresentam, portanto, o segundo termo (o amado), pois representam apenas o amante (o eu-lírico ou primeiro vértice) a fazer queixas, súplicas e reprovas aos deuses do amor (terceiro vértice). Por esse motivo, todos os epigramas analisados não são passíveis de uma classificação segundo o critério sexo/gênero do amado cortejado, porque ele simplesmente não aparece (ainda conforme Luque (2000), ele permanece na "penumbra"). A tais poemas chamamos "andróginos", na medida em que não são definíveis em termos de masculino e feminino, categorias ausentes ali. Esquematicamente indeterminados, queremos ver que, não sendo arbitrária, tal omissão acaba por revelar um rico procedimento poético, negligenciado, todavia, pelos critérios da AP.

Partindo para as análises dos epigramas em que a presença dos amados é detectável, no Capítulo 4 pudemos apurar que, mesmo sendo discernível, a representação do cortejo de cortesãs e de cortesãos faz uso de uma mesma tópica – a tópica das águas ou tópica náutica. Devemos reconhecer, primeiramente, as marcas de masculino e feminino evidentes pelos diferentes vocábulos utilizados, a caracterizar ambos, cortesãs e cortesãos; no entanto, tais marcas (de sexo) perdem sua força ao encontrar uma mesma representação cultural de gênero, ou seja, ainda que se possa afirmar tratar-se ora de um cortejo hetero, ora de um cortejo homossexual, a alusão aos mesmos símbolos (a tópica do mar em sua diversas formalizações, tais como barcos à deriva, náufragos, piratas, entre outras) torna os amados uma só categoria (feminilizada, pois o elemento água, como demonstramos, refere-se especialmente ao feminino) de parceiros. A representação homogênea dos parceiros em cortejo, baseada nos mesmos símbolos culturais evidentes pela tópica literária cultivada, não é um traço irrelevante. Nos poemas, os amados e as amadas são uma só espécie de parceiros em termos de gênero, em termos de representação cultural. A separação dos epigramas eróticos hele-

254   LUIZ CARLOS MANGIA SILVA

nísticos pretendida pela *Palatina* escamoteia, uma vez mais, qualidades inerentes à produção helenística: a da identidade entre as representações do masculino e do feminino nesses epigramas.

Reforçando o caráter feminilizador dos epigramas eróticos helenísticos, analisamos, no Capítulo 5, a representação dos amados baseada em símbolos tradicionalmente femininos no universo da cultura grega. Flores, delicadeza, evocação às feminis Graças, portas fechadas — todos esses atributos referem-se particularmente às mulheres no mundo antigo. No entanto, caracterizam nos epigramas helenísticos tanto homens como mulheres (o que reforça a tese sustentada no Capítulo 4). Aprofundando a questão, devemos perceber, nessa representação de cortesãs e de cortesãos, uma mudança dos gostos pederásticos, pois sabemos que a tradição literária não representou os *erômenoi* (jovens efebos, alvo dos pederastas durante a época clássica), senão com adjetivos ligados à masculinidade, pois o culto de jovens *viris* foi mais ou menos generalizado durante o período clássico. O gosto por ideais masculinos, que correspondia ao apreço pelas atividades atléticas, pelos corpos moldados nos exercícios, parece mudar na época helenística: destacadas por alguns estudiosos, mas apenas de passagem (Dover, 1994, p.105; Thornton, 1997, p.106), as preferências pederásticas durante a época helenística são dirigidas a jovens afeminados, conforme atesta o *corpus* de epigramas eróticos analisados. Assim, ao representarem as cortesãs e os cortesãos com os mesmos atributos feminis, segundo a tradição literária grega, os epigramas eróticos helenísticos fazem com que a categoria gênero torne-se irrelevante, ou melhor: ao expressarem homens e mulheres com iguais símbolos culturais, tornam homogêneas as identidades de gênero no âmbito desses poemas, fazendo com que todos os parceiros representados (cortesãs e cortesãos) sejam femininos ou feminilizados.

Temos, portanto, como resultado a confirmação de que os critérios classificatórios da *Antologia palatina* aplicados aos epigramas eróticos helenísticos são inadequados. Ao escamotear importantes qualidades desses poemas eróticos (seja a inexistência dos amados em parte do *corpus*, seja a representação dos amados com uma mesma tópica literária ligada à água, seja ainda pela caracterização feminilizada dos parceiros), a separação dos epigramas pela *Palatina* impede que uma mudança do gosto pederástico possa ser vista: assimilada pela representação das cortesãs (AP 5), a representação dos cortesãos do livro 12 mostra-os feminilizados, denunciando uma nova preferência entre os poetas líricos gregos. Como expressão cultural, nos epigramas eróticos helenísticos, os amados são, pois, sempre femininos, mesmo que se trate de homens. A manutenção da separação dos epigramas eróticos helenísticos em duas produções não deve ser seguida, mas questionada e refutada. As modernas publicações, a par dos resultados do cotejo de ambas as produções, deveriam preferir apresentá-los reunidos ao sabor dos antigos. Assim, os leitores modernos poderão perceber melhor a representação do desejo entre os helenísticos, além de notar a profunda homogeneidade das visões culturais, poéticas, de gênero, expressas nos epigramas eróticos helenísticos.

Encerremos, por fim, com um epigrama que, embora não esteja abrigado nos livros eróticos, nem mesmo possua uma datação confiável (pois é anônimo), compõe o livro 9 ("epigramas descritivos") da *Palatina* e serve aos propósitos de nossas análises. Trata-se de uma (hipotética) inscrição, feita sobre uma fonte (*pegés*, v.1, palavra feminina no grego): no poema, a fonte dirige-se ao viandante:

AP 9, epigrama 38, Anônimo
Εἰ μὲν ἀνὴρ ἥκεις, ἄρυσαι, ξένε, τῆσδ' ἀπὸ πηγῆς·
εἰ δὲ φύσει μαλακός, μή με πίῃς πρόφασιν.
ἄρρεν ἐγὼ ποτόν εἰμι, καὶ ἀνδράσι μοῦνον ἀρέσκω·
τοῖς δὲ φύσει μαλακοῖς ἡ φύσις ἐστὶν ὕδωρ.

Se és um homem, estrangeiro, vem, bebe desta fonte.
Se és, porém, afeminado, não me tomes por pretexto:
eu sou uma bebida masculina e só a homens sacio;
aos lânguidos por natureza, sua natureza já é úmida.

REFERÊNCIAS BIBLIOGRÁFICAS

ABREU, D. M. B. As imagens náuticas na poesia amorosa e na poesia de exílio de Ovídio: a propósito dos *Amores* e dos *Tristia*. *Ágora*, n.4, p.79-98, 2000.

ACHCAR, F. *Lírica e lugar-comum*: alguns temas de Horácio e sua presença em português. São Paulo: Editora da Universidade de São Paulo, 1994.

ADAMS. J. N. *The Latin sexual vocabulary*. London: Duckworth, 1982.

ADRADOS, F. R. Lírica grega: epigrama. In: LÓPEZ-FÉREZ, J. A. *Historia de la literatura griega*. Madrid: Cátedra, 1988.

ALMEIDA PRADO, A. L. A. Normas para a transliteração de termos e textos gregos. *Clássica*, v.19, n.2, p.298-9, 2006.

ANDRADE, M. M. A "Cidade das mulheres": a questão feminina e a *Pólis* revisitada. In: FUNARI, P. P. A. et al. (Org.) *Amor, desejo e poder na Antiguidade*: relações de gênero e representações do feminino. Campinas: Editora da Unicamp, 2003.

ARGENTIERI, L. Meleager and Philip as epigram collectors. In: BING, M.; BRUSS, J. S. *Brill's companion to Hellenistic epigram*. Leiden, Boston: Brill, 2007.

ARISTÓTELES. *Poética*. Trad. E. Souza. São Paulo: Nova Cultural, 1973.

ARISTOTLE. *Poetics*. Edited and translated by Stephens Halliwell. London-Cambridge: Harvard University Press, 2005.

AUBRETON, R. *Anthologie grecque: Anthologie palatine*. Paris: Les Belles Lettres, 1994. t.XI, livre XII.

BACHELARD, G. *A psicanálise do fogo*. Trad. P. Neves. São Paulo: Martins Fontes, 1999.

_____. *A água e os sonhos*. Trad. A. P. Danesi. São Paulo: Martins Fontes, 2002.

258   LUIZ CARLOS MANGIA SILVA

BAILLY, A. *Dictionnaire Grec-Français*. Paris: Hachette, 1950.

BALLESTER, X. Metáfora, metonimia y... *Myrtia*, n.18, p.143-62, 2003.

BARNARD, S. Hellenistic women poets. *The Classical Journal*, v.73, n.3, p.204-13, 1978.

BONANNO, M. G. Asclep. XV G.-P. (= AP XII 46), 2 *phégete*. *Eikasmos*, n.VII, p.154-9, 1996.

BOOTH, J. Moonshine: Intertextual Illumination in Propertius 1.3.31-3 and Philodemus, *Anth. Pal.* 5.123. *Classical Quaterly*, v.51, n.2, p.537-49, 2001.

BOURDIEU, P. *A dominação masculina*. Trad. M. H. Kühner. Rio de Janeiro: Bertrand Brasil, 1999.

BUCK, M. S. *The Greek anthology*: the amatory epigrams. Honolulu: University Press of the Pacific, 2003.

BUFFIÈRE, F. *Eros adolescent*: la pédérastie dans la Grèce antique. Paris: Les Belles Lettres, 1980.

BURKERT, W. *Religião grega na época clássica e arcaica*. Trad. M. J. S. Loureiro. Lisboa: Fundação Calouste Gulbenkian, 1993.

CAIRNS, F. *Generic composition in Greek and Roman Poetry*. Edinburgh: Edinburgh University Press, 1972.

————. Asclepiades and the Hetairai. *Eikasmos*, n.IX, p.165-93, 1998.

CALAME, C. *The poetics of Eros in Ancient Greece*. Transl. J. Lloyd. New Jersey: Princeton University Press, 1992.

————. *Masks of authority*: fiction and pragmatics in Ancient Greek poetics. Transl. P. M. Burk. Ithaca, London: Cornell University Press, 2005.

CALIMACH, A. *Lovers' legends*: the gay Greek myths. New York: Haiduk Press, 1986.

CALLEBAT, L. Rosa: la rose. *Voces*, n.III, p.21-9, 1992.

CAMBIANO, G. et al. *Lo spazio letterario Della Grecia Antica*. Roma: Salerno Editrice, 1993. v.I.

CAMERON, A. *The Greek anthology from Meleager to Planudes*. New York: Oxford University Press, 2003.

CAMPBELL, D. A. *The golden lyre*: the themes of the Greek lyric poets. London: Trynite Press, 1983.

CANTARELLA, E. *Pandora's daughters*. Baltimore, London: The John Hopkins University Press, 1987.

————. *Bissexuality in the ancient world*. Transl. C. Ó. Cuilleanáin. New Haven, London: Yale University Press, 2002.

CARSON, A. *Eros the bittersweet*: an essay. New Jersey: Princeton University, 1986.

CARVALHO, M. L. S. B. *Eros na* Antologia Palatina. Lisboa, 1987. Dissertação (Mestrado) – Faculdade de Letras de Lisboa, Universidade de Lisboa.

CASTELLI, C. Eros camuso. Meleagro, AP V, 177, 178, 179. *Acme*, v.LVIII, fasc.I, p.365-75, 2005.

CLACK, J. *Asclepiades of Samos and Leonidas of Tarentum*: the poems. Illinois: Bolchazy Carducci, 1999.

―――. *Dioscorides and Antipater of Sidon*: the poems. Illinois: Bolchazy Carducci, 2001.

COHEN, D. Seclusion, separation, and the *status* of women in Classical Athens. *Greece & Rome*, v.XXXVI, n.1, p.3-15, 1989.

COUAT, A. *La poésie alexandrine*. Paris: Payot, 1968.

CROISET, A. *Histoire de la littérature grecque*. Paris: Boccard, 1913.

DE LA FUENTE, J. M. El insecto como tema retórico y poético. *Minerva*, n.17, p.85-102, 2004.

DETIENNE, M. *Les jardins d' Adonis*. Paris: Gallimard, 1989.

DEZOTTI, J. D. *O epigrama latino e sua expressão vernácula*. São Paulo, 1990. Dissertação (Mestrado em Letras Clássicas) – Faculdade de Filosofia, Letras e Ciências Humanas, Universidade de São Paulo.

DEZOTTI, M. C. C. *Pandora cômica*: as mulheres de Aristófanes. São Paulo, 1997. Tese (Doutorado em Letras Clássicas) – Faculdade de Filosofia, Letras e Ciências Humanas, Universidade de São Paulo.

DEZOTTI, M. C. C.; QUINELATO, E. A fábula grega e o feminino. In: FUNARI, P. P. A. et al. (Ed.) *Amor, desejo e poder na Antiguidade*: relações de gênero e representações do feminino. Campinas: Papirus, 2003.

DÍEZ PLATAS, M. F. Naturaleza y femineidad. Los epítetos de las ninfas en la épica griega arcaica. *CFC: egi*, n.10, p.19-38, 2000.

DORDA, E. C. Los tópicos eróticos en la elegía helenística. *Emérita*, n.LXV, fasc.1, p.1-15, 1997.

DOUTERELO, E. El léxico y el tema del amor en "Las Traquínias" de Sófocles. *CFC: egi*, n.7, p.195-206, 1997.

DOVER, K. J. *A homossexualidade na Grécia antiga*. Trad. L. S. Krausz. São Paulo: Nova Alexandria, 1994.

DURIGAN, J. A. *Erotismo e literatura*. São Paulo: Ática, 1986.

ECONOMOU, G.; DONIGER, W. *Acts of love*: ancient Greek poetry from Aphrodite's garden. New York: The Modern Library, 2006.

ELIOT, T. S. O que é poesia menor. In: ―――. *De poesia e poetas*. São Paulo: Brasiliense, 1991.

ESCOBAR, A. Hacia una definición lingüística del tópico literário. *Myrtia*, n.15, p.123-60, 2000.

ETKIND, E. L'épigramme: la structure de la pointe. *Poétique*, n.86, p.143-54, 1991.

260 LUIZ CARLOS MANGIA SILVA

FANTHAM, E. et al. *Women in the Classical World*: image and text. New York, Oxford: Oxford University Press, 1994.

FARAONE, C. A.; MCCLURE, L. K. *Prostitutes and courtesans in the ancient world*. London: The University Wisconsin Press, 2006.

FEITOSA, L. C. *Amor e sexualidade*: o masculino e o feminino em grafites de Pompéia. São Paulo: Annablume, Fapesp, 2004.

FERNÁNDEZ-GALIANO, M. *Antología palatina*: epigramas helenísticos. Madrid: Gredos, 1978.

FERREIRA, M. L. R. Reflexões sobre o conceito de gênero. In: FERREIRA, M. L. R. (Org.) *Pensar no feminino*. Lisboa: Editorial Colibri, 2001.

FLACELIÈRE, R. *L'amour en Grèce*. Paris: Hachette, 1960.

FOUCAULT, M. *História da sexualidade*: o uso dos prazeres. Trad. M. T. C. Albuquerque. Rio de Janeiro: Edições Graal, 1984. v.2.

FOWLER, B. H. *The Hellenistic aesthetic*. Wisconsin: The Wisconsin University Press, 1979.

_____. *The hellenistic poetry*. EUA: The Wisconsin University Press, 1990.

FUNARI, P. P. A. Romanas por elas mesmas. *Cadernos Pagu*, n.5, p.179-200, 1995.

FUNARI, P. P. A. et al. (Ed.) *Amor, desejo e poder na Antiguidade*: relações de gênero e representações do feminino. Campinas: Papirus, 2003.

GALCERÁN, M. Naturalismo e anti-naturalismo em torno da distinção sexo/gênero. In: FERREIRA, M. L. R. (Org.) *Pensar no feminino*. Lisboa: Editorial Colibri, 2001.

GARSON, R. W. The use of paradox in the amatory epigrams in the *Greek anthology*. *Acta Classica*, n.XXIV, p.160-2, 1981.

GARTON, S. *Histories of sexuality*. London: Equinox, 2003.

GENTILI, B. Epigramma et elegia. In: _____. *Entretiens sur l'Antiquité Classique*: l'epigramme grecque. Genève: Vandoeuvres, 1968. t.XIV.

GIANGRANDE, G. Asclépiade, Héracleia et la lampe. *REG*, n.86, p.319-22, 1973.

_____. Fifteen hellenistic epigrams. *Journal of Hellenic Studies*, v.95, p.31-44, 1975.

GOSETTI-MURRAYJOHN, A. Sappho as the tenth Muse in the Hellenistic epigram. *Arethusa*, n.39, p.21-45, 2006.

GOW, A. S. F.; PAGE, D. L. (Ed.) *The Greek anthology*: Hellenistic epigrams. Cambridge: Cambridge University Press, 1965a. v.I.

_____. *The Greek anthology*: Hellenistic epigrams. Cambridge: Cambridge University Press, 1965b. v.II.

_____. *The Greek anthology*: the Garland of Philip and some contemporany epigrams. Cambridge: Cambridge University Press, 1968a. v.I.

————. *The Greek anthology*: the Garland of Philip and some contemporary epigrams. Cambridge: Cambridge University Press, 1968b. v.II.

GREENE, E. (Ed.) *Reading Sappho*: contemporany approaches. Berkeley, Los Angeles, London: University of California Press, 1996.

————. *Re-reading Sappho*: reception and transmission. Berkeley, Los Angeles, London: University of California Press, 1996.

GRIMAL, P. *Dicionário da mitologia grega e romana*. Trad. V. Jabouille. Rio de Janeiro: Bertrand, 1993.

GUAL, C. G. *Antologia de la poesia griega (VII-IV a.C.)*. Madrid: Alianza Editorial, 1983.

GUTZWILLER, K. *Poetics Garlands*: Hellenistic epigram in context. California: University California Press, 1998.

————. (Ed.) *The new Posidipus*: a Hellenistic poetry book. New York: Oxford University Press, 2005.

HALPERIN, D. M. Platonic Eros and what men call love. *Ancient Philosophy*, v.V, n.2, p.161-204, 1985.

————. *One hundred years of homosexuality*: and other esaays on Greek love. New York, London: Routledge, 1990.

HARDER, M. A. et al. *Hellenistic epigrams*. Leuven, Paris, Virginia: Peeters, 2002.

HINE, D. *Puerilities*: erotic epigrams of the Greek Anthology. Transl. D. Hine. New Jersey: Princeton University Press, 2001.

HOLLANDA, H. B. Os estudos sobre mulher e literatura no Brasil: uma primeira avaliação. In: COSTA, A.; BRUSCHINI, C. (Org.) *Uma questão de gênero*. Rio de Janeiro; São Paulo: Rosa dos Tempos; Fundação Carlos Chagas, 1992.

HORNBLOWER, S.; SPAWFORTH, A. (Ed.). *The Oxford Dictionary*. Oxford, New York: Oxford University Press, 1996.

HUBBARD, T. K. (Ed.) *Greek love reconsidered*. New York: Wallace Hamilton Press, 2000.

————. *Homosexuality in Greece and Rome*: a sourcebook of basic documents. Berkeley, Los Angeles, London: University of California Press, 2003.

HUNTER, R. *Theocritus and the archeology of Greek poetry*. Great Britain: Cambridge University Press, 1996.

IBÁÑEZ, J. M. N. (Coord.) *Estudios sobre la mujer en la cultura griega y latina*. León: Universidad de León, Secretariado de Publicaciones, 2005.

JOHNS, C. *Sex or symbol?* Erotic images of Greece and Rome. New York: Routledge, 1982.

KILMER, M. Genital phobia and depilation. *Journal of Hellenic Studies*, v.102, p.104-12, 1982.

262 LUIZ CARLOS MANGIA SILVA

KONSTAN, D. Plato on love and friendship. *Hypnos*, n.6, p.154-69, 2000.

_____. *A amizade no mundo clássico*. Trad. M. E. Fiker. São Paulo: Odysseus, 2005.

KÖRTE, A.; HÄNDEL, P. *La poesía helenística*. Trad. J. G. Costa. Barcelona: Editorial Labor, 1973.

KREVANS, N. The arrangement of epigrams in collections. In: BING, M.; BRUSS, J. S. *Brill's companion to Hellenistic epigram*. Leiden, Boston: Brill, 2007.

LAURENS, P. *L'abeille dans l'ambre*. Célébration de l'épigramme de l'époque alexandrine à la fin de la Renaissance. Paris: Les Belles Lettres, 1989.

LAVEDAN, P. *Dictionnaire illustré de la mythologie et des antiquités grecques et romaines*. Paris: Hachette, 1952.

LEÃO, D. Petrônio e a inconstância dos *pueri delicati*. *Humanitas*, n.58, p.11-131, 2006.

LEFKOWITZ, M. R.; FANT, M. B. *Women's life in Greece and Rome*: a source book in translation. London: Duckworth, 1992.

LEGRAND, P.-E. *La poésie alexandrine*. Paris: Payot, 1924.

LENIN, V. I. *Sobre a emancipação da mulher*. Trad. M. C. Marcondes. São Paulo: Alfa-Ômega, 1980.

LESKY, A. *Historia de la literatura griega*. Madrid: Gredos, 1985.

LESSA, F. S. *O feminino em Atenas*. Rio de Janeiro: Mauad, 2004.

LÉVÊQUE, P. *O mundo helenístico*. Trad. T. Meneses. Lisboa: Edições 70, 1967.

LINS, D. (Org.) *A dominação masculina revisitada*. Trad. R. L. Ferreira. Campinas: Papirus, 1998.

LÓPEZ-FÉREZ, J. A. *Historia de la literatura griega*. Madrid: Cátedra, 1988.

LUQUE, A. *Los dados de Eros*: antología de la poesía erótica griega. Intr., trad. y notas A. Luque. Hipérion: Madrid, 2000.

MACHADO, L. Z. Feminismo, academia e interdisciplinaridade. In: COSTA, A.; BRUSCHINI, C. (Org.) *Uma questão de gênero*. Rio de Janeiro; São Paulo: Rosa dos Tempos; Fundação Carlos Chagas, 1992.

MAGINI, D. Asclepiade e le origini dell' epigramma erotico. *Acme*, v.LIII, fasc.III, p.17-37, 2000.

MARQUES, L. M. F. da S. *Dos epigramas amorosos da Antologia Palatina*. Lisboa, 1950. Tese (Licenciatura em Filologia Clássica) – Faculdade de Letras da Universidade de Lisboa.

MARROU, H.-I. *História da educação na Antiguidade*. São Paulo: Herder, 1986.

MAZEL, J. *As metamorfoses de Eros*: o amor na Grécia antiga. Trad. A. P. Danesi. São Paulo: Martins Fontes, 1988.

O MASCULINO E O FEMININO NO EPIGRAMA GREGO 263

MCCLURE, L. K. (Ed.) *Sexuality and gender in the Classical world*: readings and sources. Oxford: Blackwell, 2002.

MEDEIROS, W. Entre o cisne e a abelha. A *recusatio* horaciana do lirismo sublime. *Humanitas*, v.LIII, p.219-24, 2001.

MURGATROYD, P. The sea of love. *Classical Quaterly*, v.45, n.1, p.9-25, 1995.

NUSSBAUM, M. C.; SIHVOLA, J. (Ed.) *The sleep of reason*: erotic experience and sexual ethics in Ancient Greece and Rome. Chicago, London: The University of Chicago Press, 2002.

OLIVA NETO, J. A. *Falo no jardim*: Priapéia grega, Priapéia latina. Trad. do grego e do latim, ensaios introdutórios, notas e iconografia J. A. Oliva Neto. Cotia; Campinas: Ateliê Editorial; Editora da Unicamp, 2006.

OLIVEIRA, F. et al. (Coord.) *Mar greco-latino*. Coimbra: Imprensa da Universidade de Coimbra, 2006.

OLIVEIRA, M. L. N. F. *O tema das Musas na cultura grega*. Lisboa, 1982. Tese (Doutorado em Línguas e Literaturas Clássicas) – Faculdade de Letras, Universidade Clássica de Lisboa.

ONIANS, J. *Arte y pensamiento en la época helenística*. Madrid: Alianza Editorial, 1996.

PAGE, D. *The epigrams of Rufinus*. London, New York, Melbourne: Cabridge University Press, 2004.

PADUANO, G. *Antologia palatina*: epigrammi erotici. Milano: Biblioteca Universale Rizzoli, 1989. libros V e XII.

PAES, J. P. *Poesia erótica em tradução*. Seleção, tradução, introdução e notas J. P. Paes. São Paulo: Companhia das Letras, 1990a.

_____. *Tradução*: a ponte necessária. São Paulo: 1990b.

_____. *Poemas da* Antologia grega *ou* Palatina *(VII a.C. a V d.C.)*. São Paulo: Companhia das Letras, 1995.

PARISINOU, E. "Lighting" the world of the women: lamps and torches in the hands of women in the late archaic and classical periods. *Greece & Rome*, v.47, n.1, p.19-43, 2002.

PATON, W. R. *The Greek Anthology*. Cambridge-London: Harvard University Press, 1999.

PÉREZ, J. M. M. La pasión del cisne: el mito de Leda y Zeus en sus recreaciones. *Minerva*, n.14, p.203-31, 2000.

PETROPOULOS, J. C. B. *Eroticism in Ancient and Medieval Greek poetry*. London: Duckworth, 2003.

PISCITELLI, A. Ambivalência sobre os conceitos de sexo e gênero na produção de algumas teóricas feministas. In: AGUIAR, N. *Gênero e ciências*

264 LUIZ CARLOS MANGIA SILVA

humanas: desafio às ciências desde a perspectiva das mulheres. Rio de Janeiro: Record, Rosa dos Tempos, 1997.

PLATÃO. *O banquete*. Trad. J. C. Souza. São Paulo: Abril Cultural, 1972.

PRADO, J. B. T. *Elegias de Tibulo*: introdução, tradução e notas. São Paulo, 1990. Dissertação (Mestrado em Letras Clássicas e Vernáculas) – Faculdade de Filosofia, Letras e Ciências Humanas, Universidade de São Paulo.

RABINOWITZ, N. S.; RICHLIN, A. *Feminist theory and the classics*. New York, London: Routledge, 1993.

RAGUSA, G. *Fragmentos de uma deusa*: a representação de Afrodite na lírica de Safo. Campinas: Editora da Unicamp, 2005.

RECIO, M. R. El espacio marino como depósito de las manifestaciones divinas. *Arys*, n.5, p.39-46, 2002.

REYNOLDS, L. D.; WILSON, N. G. *Scribes & scholards*: a guide to the transmission of Greek & Latin literature. New York: Oxford University Press, 1991.

ROBINSON, T. Platão: sobre alma, corpo, sexo e gênero. *Hypnos*, ano 9, n.12, p.94-101, 2004.

ROBERTS, N. *As prostitutas na História*. Trad. M. Lopes. Rio de Janeiro: Record, 1998.

ROCHA PEREIRA, M. H. *Estudos de história da cultura clássica*. Lisboa: Fundação Calouste Gulbenkian, 1979. v.I.

ROSTAGNI, A. *Poeti Alessandrini*. Torino: Fratelli Bocca, 1916.

ROUSSELLE, A. *Pornéia*: sexualidade e amor no mundo antigo. Trad. C. N. Coutinho. São Paulo: Brasiliense,1984.

ROY, J. An alternative sexual morality for Classical Athenians. *Greece & Rome*, v.42, n.1, p.11-22, 1997.

RUBIN, G. *A circulação de mulheres*: notas sobre uma "economia política" dos sexos. Trad. E. Piza; supervisão H. Saffioti. São Paulo: Pontifícia Universidade Católica, 1992.

SAFFIOTI, H. Novas perspectivas metodológicas de investigação das relações de gênero. In: SILVA, M. A. M. (Org.) *Mulher em seis tempos*. Araraquara: Gráfica da FCL-UNESP, 1989-1990. v.II.

_____. Rearticulando gênero e classe social. In: COSTA, A.; BRUSCHINI, C. (Org.) *Uma questão de gênero*. Rio de Janeiro; São Paulo: Rosa dos Tempos; Fundação Carlos Chagas, 1992.

SALLES, C. *Nos submundos da Antiguidade*. São Paulo: Brasiliense, 1987.

SÁNCHEZ, M. B. *Antología de la poesía erótica de la Grecia antigua*. Sevilla: Ediciones El Carro de la Nieve, 1991.

O MASCULINO E O FEMININO NO EPIGRAMA GREGO **265**

SAÉZ, R. M. M. El tema simposíaco en la poesía latina, de Horácio a Marcial I: los elementos externos del simpósio. *Myrtia*, p.129-47, 1991.

SCOTT, J. Gênero: uma categoria útil de análise histórica. *Educação e Realidade*, v.20, n.2, p.71-100, 1995.

SEGURADO E CAMPOS, J. A. O simbolismo do fogo nas tragédias de Séneca. *Euphrosyne*, v.V, p.185-247, 1972.

SERGENT, B. *L'homoséxualité dans la mithologie grecque*. Paris: Payot, 1984.

SICUTERI, R. *Lilith, a lua negra*. Trad. N. Telles e J. A. S. Gordo. Rio de Janeiro: Paz e Terra, 1985.

SIDER, D. The love poetry of Philodemus. *American Journal of Philology*, v.108, n.2, p.310-23, 1987.

_____. *The epigrams of Philodemos*. Introduction, text and commentary D. Sider. New York: Oxford University Press, 1997.

SILVA, L. C. A. M. *Epigrama erótico helenístico*. Araraquara, 2003. Dissertação (Mestrado em Estudos Literários) – Faculdade de Ciências e Letras, *campus* de Araraquara, Universidade Estadual Paulista.

SISSA, G. Filosofias do género: Platão, Aristóteles e a diferença sexual. In: DUBY, G.; PERROT, M. *História das mulheres no Ocidente*: a Antiguidade. Trad. M. H. C. Coelho et al. Porto: Afrontamento, 1990. v.1.

SOIHET, R. História, mulheres, gênero: contribuição para um debate. In: AGUIAR, N. *Gênero e ciências humanas*: desafio às ciências desde a perspectiva das mulheres. Rio de Janeiro: Record, Rosa dos Tempos, 1997.

STONE, M. *Quand Dieu était femme*. Montreal, Paris: L'Étincelle, 1989.

TARÁN, S. L. ΕΙΣΙ ΤΡΙΧΕΣ: an erotic motif in the *Greek Anthology*. *Journal of Hellenic Studies*, v.105, p.90-107, 1985.

_____. *The art of variation in the Hellenistic epigram*. Leiden: Brill Academic, 1997.

TARN, W. W. *La civilization hellénistique*. Trad. E. J. Lévy. Paris: Payot, 1936.

THEOGNIS. *Poèmes élégiaques*. Texte établi et traduit par Jean Carrière. Paris: Les Belles Lettres, 1962.

THOMAS, J. Le sens symbolique de la bataille d'Actium. *Euphrosyne*, v.XIX, p.303-8, 1991.

THORNTON, B. *Eros*: the myth of ancient Greek sexuality. Colorado: Westview Press, 1997.

TRAVER VERA, Á. J. El mito de Dánae: interpretación y tratamiento poético desde los orígenes grecolatinos hasta los Siglos de Oro en España. *Cuadernos de Filología Clásica: Estudios Latinos*, n.11, p.211-34, 1996.

TRYPANIS, C. A. *Greek poetry*: from Homer to Seferis. Chicago: The University of Chicago Press, 1991.

266 LUIZ CARLOS MANGIA SILVA

VANOYEKE, V. *La prostitution en Grèce et à Rome*. Paris: Les Belles Lettres, 1990.

VARELA, J. U. El néctar y la ambrosía: nota interpretativa al Himno a Apolo (189-193). *Myrtia*, n.7, p.141-5, 1992.

VATIN, C. *Recherches sur le mariage et la condicion de la femme mariée a l'époque hellénistique*. Paris: Boccard, 1970.

VEREMANS, J. Tibulle II, 4: un paraclausithyron? *Euphrosyne*, v.XVII, p.99-112, 1989.

VERNANT, J.-P. *Mito e pensamento entre os gregos*: estudos de psicologia histórica. Trad. H. Sarian. São Paulo: Difel, 1973.

_____. One... two... three: Eros. In: HALPERIN, D. M. et al. *Before sexuality*: the construction of erotic experience in the Ancient Greek World. New Jersey: Princeton University Press, 1990.

_____. *Mito e sociedade na Grécia antiga*. Trad. M. Campello. Rio de Janeiro: J. Olympio, 1992.

VEYNE, P. *A elegia erótica romana*: o amor, a poesia e o Ocidente. Trad. M. M. Nascimento e M. G. S. Nascimento. São Paulo: Brasiliense, 1985.

VILLARO, B. O. La *Antología griega* en la poesía española contemporánea. *Minerva*, n.15, p.207-18, 2001.

VIOQUE, G. G. *Antología palatina II*: la *Guirnalda* de Filipo. Madrid: Editorial Gredos, 2004.

VIOQUE, G. G.; GUERRERO, M. A. M. *Epigramas eróticos griegos. Antologia palatina*. Madrid: Alianza Editorial, 2001. libros V y XII.

WALTZ, P. *Anthologie grecque*: *Anthologie palatine*. Paris: Les Belles Lettres, 1928. t.I, livres I-IV.

_____. *Anthologie grecque*: *Anthologie palatine*. Paris: Les Belles Lettres, 1960. t.II, livre V.

WILLIAMS, C. A. Greek love at Rome. *Classical Quaterly*, v.45, n.2, p.517-39, 1995.

WINKLER, J. J. *The constraints of desire*: the anthropology of sex and gender in ancient Greece. London: Routledge, 1990.

ZAIDMAN, L. B. As filhas de Pandora: mulheres e rituais nas cidades. In: DUBY, G.; PERROT, M. *História das mulheres no Ocidente*: a Antiguidade. Trad. M. H. C. Coelho e t al. Porto: Afrontamento, 1990. v.1.

ZANKER, G. *Modes of viewing in Hellenistic poetry and art*. London: The University of Wisconsin Press, 2004.

ANEXOS

Relação dos epigramas citados integralmente

Capítulo 3

AP 5

10, Alceu
176, Meléagro
179, Meléagro
188, Leônidas
180, Meléagro
309, Diófanes
64, Asclepíades
169, Asclepíades
170, Nóssis
134, Posidipo
306, Filodemo
46, Filodemo

AP 12

45, Posidipo
48, Meléagro
166, Asclepíades
120, Posidipo
46, Asclepíades
47, Meléagro
83, Meléagro
119, Meléagro
135, Asclepíades
102, Calímaco

Capítulo 4

AP 5   AP 12

190, Meléagro   86, Meléagro
161, Asclepíades   76, Meléagro
156, Meléagro   78, Meléagro
154, Meléagro   53, Meléagro
125, Basso   131, Posidipo
120, Filodemo   167, Meléagro
145, Asclepíades   157, Meléagro
42, Dioscórides   52, Meléagro
171, Dioscórides   102, Calímaco
43, Calímaco   65, Meléagro
                             38, Riano

Capítulo 5

AP 5   AP 12

140, Meléagro   121, Riano
146, Calímaco   142, Riano
148, Meléagro   148, Calímaco
195, Meléagro   38, Riano
147, Meléagro   165, Meléagro
170, Nóssis   58, Riano
118, Marco Argentário   256, Meléagro
143, Meléagro   118, Calímaco
23, Calímaco   14, Dioscórides
213, Posidipo   72, Meléagro
189, Asclepíades   109, Meléagro
154, Meléagro   133, Meléagro
173, Meléagro   59, Meléagro
190, Meléagro   37, Dioscórides
194, Asclepíades/Posidipo

Para a transliteração de termos e textos em grego antigo[1]

As equivalências entre os alfabetos

α → a
β → b
γ → g
δ → d
ε → e
ζ → z
η → e (longo)
θ → th
ι → i
κ → k
λ → l
μ → m
ν → n
ξ → x
ο → o
π → p
ρ → r (rh, inicial aspirada)
σ / ς → s
τ → t
υ → y (ou u, em ditongos)
φ → ph
χ → kh
ψ → ps
ω → o (longo)

---

1 Com base em Almeida Prado (2006, p.298-9).

SOBRE O LIVRO

Formato: 14 x 21 cm
Mancha: 23,7 x 42,5 paicas
Tipologia: Horley Old Style 10,5/14
Papel: Offset 75 g/m² (miolo)
Cartão Supremo 250 g/m² (capa)
1ª edição: 2011

EQUIPE DE REALIZAÇÃO

Coordenação Geral
Marcos Keith Takahashi